Chiapas ⑥

COMITÉ EDITORIAL
Andrés Barreda, Armando Bartra, Antonio García de León,
Cuauhtémoc González Pacheco, John Holloway, Rubén Jiménez Ricárdez,
Márgara Millán, Mariano Noriega, Enrique Rajchenberg

COMISIÓN CONSULTIVA
Alejandro Álvarez, Catherine Héau-Lambert,
Friedrich Katz, Ruy Mauro Marini †, Álvaro Matute,
Humberto Muñoz, Francisco Pir...

EDITORA
Neus Espresate

DIRECTORA
Ana Esther Ceceña

APOYO TÉCNICO
Itzam Pineda

D1721350

> 66
> La única duda que
> subsiste es si el gobierno es
> impotente para impedir el
> degüello, o cómplice."
>
> ■ Manuel Vázquez Montalbán

Universidad Nacional Autónoma de México
Dr. Francisco Barnés de Castro
Rector
Mtro. Xavier Cortés Rocha
Secretario General
Dr. Humberto Muñoz García
Coordinador de Humanidades
Instituto de Investigaciones Económicas
Dra. Alicia Girón González
Directora

INSTITUTO DE INVESTIGACIONES
ECONÓMICAS,
Universidad Nacional Autónoma de México
Ciudad Universitaria, México, D. F.

EDICIONES ERA, S. A. DE C. V.
Calle del Trabajo 31,
14269 México, D. F.

Primera edición: 1998
ISBN: 968-411-421-4
DR © 1998

Impreso y hecho en México / Printed and made in Mexico

Este libro no puede ser fotocopiado
ni reproducido total o parcialmente
por ningún otro medio o método
sin la autorización por escrito del editor.

*This book may not be reproduced,
in whole or in part, in any form,
without written permission
from the publishers.*

e-mail: anae@servidor.unam.mx

Índice

"
Al atardecer me gusta caminar por los puestos
   avanzados
a lo largo de la frontera de nuestra incierta
   libertad
veo enjambres de soldados bajo sus luces
escucho golpes de tambores y aullidos bárbaros
realmente es inconcebible que la ciudad siga
   defendiéndose
el asedio ha durado mucho tiempo los enemigos
   deben alternarse
nada los une sino el deseo de exterminarnos
godos tártaros suecos tropas del emperador
   regimientos de la Transfiguración
quién puede contarlos
[...]
contemplamos el hambre a la cara el fuego a la
   cara la muerte a la cara
y lo peor de todo −la traición a la cara

y sólo nuestros sueños no han sido humillados."

■ **Zbigniew Herbert**
   "Informe desde la ciudad sitiada"
   (versión de José Emilio Pacheco)

Presentación

La estrategia del gobierno mexicano con respecto a Chiapas consiste no en construir condiciones de paz y diálogo, sino en retomar la iniciativa de un proceso que lleve a la derrota o sometimiento de los insurrectos, entendiendo por ellos al EZLN y a todas las comunidades, zapatistas o no, indígenas o no, que no son incondicionales de su proyecto. Es una lucha contra la dignidad y la autodeterminación. Es una lucha contra la participación ciudadana. Por eso no tiene perspectivas.

Empeñado en mantener las estructuras regionales de poder que durante años han despojado, maltratado y humillado a las poblaciones indias, opta por exacerbar las condiciones de inhumanidad e incivilidad que originaron el levantamiento, rechazando su oportunidad de transitar civilizadamente hacia el tercer milenio.

Una nueva era histórica ha iniciado su camino entre los indígenas chiapanecos pero teje su entramado en todos los rincones del mundo. Muchas viejas estructuras estallarán a su paso, muy fuertes serán los bastiones materiales y conceptuales que defiendan la vieja concepción del mundo; sin embargo, la imaginación y la utopía que se derramaron en Chiapas ya se esparcen por selvas y montañas, por bosques y ciudades y carcomen los muros que aprisionan la vida y la libertad.

Las mujeres indígenas que enfrentan con sus manos, su entereza de espíritu y su calidad moral a los ejércitos del poder; los representantes de 1 111 comunidades de la esperanza que encapuchados vinieron a mostrar que el diálogo se compone de murmullos, que las redes tienen muchos hilos; los hacedores de futuro que resisten y crean cotidianamente nuevos horizontes ya forman parte de la historia universal pero de una historia viva, que se escribe todos los días con múltiples y variadas voces.

El gobierno mexicano no ha entendido que la dignidad y la esperanza son contagiosas y son imposibles de contener. No quiere entender que esta guerra ya fue ganada mil veces por los constructores de esa nueva era histórica que fueron masacrados en Acteal, que son violentados reiteradamente en sus municipios autónomos, que son secuestrados colectivamente en sus comunidades. Los diálogos de San Andrés fueron sólo el inicio de un gran diálogo universal en el que los más pequeños se engrandecen y adoptan su verdadera dimensión, frente a un gobierno que se revela cada vez más incapaz de resolver sus propias contradicciones.

Alejandro Toledo Ocampo

Hacia una economía política de la biodiversidad y de los movimientos ecológicos comunitarios*

A las puertas del tercer milenio de nuestra era, la emergencia de un proyecto civilizatorio alternativo al que nos propone la civilización industrial por la vía de la globalización basada en el libre comercio, la privatización, el desarrollo sustentable y el manejo y la conservación de la biodiversidad es, sin duda, un acontecimiento de enorme importancia en la historia humana. ¿Cuáles son los rasgos que identifican esta alternativa civilizatoria? ¿Por qué aparece en el centro de los debates sobre la biodiversidad? ¿Por qué ocupa un sitio privilegiado en los movimientos sociales, especialmente los emprendidos por las comunidades indígenas en las luchas por sus autonomías y la defensa de sus territorios y medios de vida?

Se trata, en primer lugar, de una civilización diferente, incompatible con la propuesta básica de la civilización industrial: la capitalización de la naturaleza, y su manejo y control al servicio del mercado. Es una alternativa civilizatoria que se propone como objetivo fundamental la reinserción de la humanidad en la naturaleza, a partir del reconocimiento de la cultura ecológica de los pueblos como el soporte fundamental de la conservación de la biodiversidad. Se trata de la lucha por recuperar y restituir la continuidad de la coevolución de las sociedades humanas y los ecosistemas, interrumpida, destruida y fragmentada por la civilización industrial.

En segundo lugar, plantea la construcción de un nuevo paradigma capaz de incorporar en un sistema unificado de conocimientos los procesos ecológicos, económicos y culturales, como fundamentos de una *racionalidad*

* Los planteamientos y los ejemplos que integran este ensayo forman parte de un libro del autor sobre *Economía de la biodiversidad*, próximo a publicarse en la serie Estudios Básicos para la Educación y la Formación Ambiental de la Red de Formación Ambiental del Programa de Naciones Unidas para el Medio Ambiente (PNUMA)-Oficina Regional para la América Latina y el Caribe.

productiva alternativa. Se trata de una racionalidad liberada del juego perverso del mercado. Esto significa no solamente revalorar los procesos productivos, como algo más que procesos consumidores de energía y productores de desechos, y acotar la escala de las actividades económicas a fin de no afectar el funcionamiento de los ecosistemas, como lo proponen la economía ambiental neoclásica y la economía ecológica, sino también abordar frontalmente los problemas de la *distribución* de los potenciales productivos de los procesos económicos y de la biodiversidad, así como las cuestiones ligadas con las desigualdades que, a escala local, nacional e internacional, hoy se sustentan en la racionalidad del mercado. No sólo habrá que reconocer la imposibilidad de valorar ciertos aspectos de la biodiversidad a partir de los instrumentos analíticos de la economía y tratar de remediar las fallas del mercado a través de incentivos económicos. No se busca internalizar las externalidades socioambientales de la economía, ni introducir los costos ecológicos en el análisis de costos-beneficios, como lo pretende la economía ambiental neoclásica. Se trata de cambiar el uso autodestructivo que la racionalidad económica del mercado hace de la biodiversidad. Se propone cambiar su racionalidad por una civilización alternativa. Sustituir el modelo económico dominante por "un paradigma productivo que integre a la naturaleza y a la cultura como fuerzas productivas" (Leff, 1993), y que permita continuar el proceso coevolutivo entre los sociosistemas humanos y los ecosistemas naturales, interrumpido drásticamente por la civilización industrial.

La biodiversidad es, por ello, el espacio social de la disputa entre el proyecto de la civilización industrial y este proyecto alternativo. En el centro de esta batalla se encuentra la lucha de los pueblos por el mantenimiento y el disfrute de la biodiversidad de la Tierra.

La batalla en favor de esta propuesta alternativa se sustenta en dos estrategias básicas: la primera es la crítica de las propuestas de la globalización y la sustentabilidad de la civilización industrial, como una manera de aceptar el desafío teórico de hacer la crítica de la capitalización de la naturaleza y de construir una economía política de la biodiversidad.[1] La segunda es la emergencia de un amplio número de movimientos sociales orientados a rediseñar los patrones de utilización de la biodiversidad y a asegurar la sustentabilidad ecológica, bajo principios democráticos y de igualdad social. En estas dos vertientes se fundamenta la construcción de esta alternativa civilizatoria.

---

[1] Toda una corriente de pensamiento crítico ha surgido en el mundo, desde la India (V. Shiva y J. Bandyopadhyay), Nueva Zelanda (M. O'Connor) y América Latina (E. Leff, V. M. Toledo y A. Escobar, entre sus representantes más notables).

8

La crítica de la capitalización de la naturaleza

En un momento crucial del debate sobre las alternativas civilizatorias de la humanidad, surge la crítica del modelo sustentado en la racionalidad del mercado, no sólo como un ejercicio académico, sino como la propuesta por parte del pensamiento económico de crear y proponer un modelo alternativo al de la civilización occidental. Éstos son algunos de sus planteamientos.

Al fin del milenio el sistema capitalista ha entrado de lleno a lo que se conoce como su fase ecológica. En ella, el sistema de mercado se ha propuesto relegitimarse, estableciendo y consolidando las nuevas condiciones de su reproducción.

Las crisis ambientales, generadas por el acelerado proceso de autodestrucción y desequilibrio de los fundamentos biofísicos de la producción, por el incremento incesante del consumo de recursos naturales no renovables y por la destrucción de las condiciones naturales de regeneración de los recursos naturales renovables, han colocado al capitalismo ante la necesidad de una reestructuración profunda de sus estrategias de acumulación y reproducción (O'Connor, 1994).

La crisis de la racionalidad de la economía, del crecimiento y del desarrollo, de las ideas y concepciones fundamentales que han dominado y modelado el pensamiento y la vida de las sociedades modernas ha terminado por debilitar la ilusión de la omnipotencia del hombre como amo y señor absoluto de la naturaleza, así como la creencia en la infalibilidad del cálculo económico en la organización de la producción y en la generación de ganancias, y la fe ciega en el absurdo de la organización racional de la sociedad bajo el control de la ciencia y la tecnología. Antes de enfrentar la catástrofe final, los dirigentes de las potencias hegemónicas han decidido tratar de superar estas crisis por la vía de una nueva construcción de lo social que pone énfasis en *el manejo* en un mundo teorizado en términos de *"sistemas globales"*: "una sola Tierra", "la aldea global", "la nave espacial", "nuestro futuro común" (Escobar, 1995):

Nuestro futuro común (WCED, 1987) planteó a los pueblos del mundo el imperativo de su ingreso a esta nueva fase de recomposición del sistema de mercado al nivel mundial:

Hacia mediados del siglo XX vimos a nuestro planeta desde el espacio por primera vez en la historia de la humanidad. Esta visión ha causado un impacto tan grande sobre nuestro pensamiento como la revolución copernicana del siglo XVI, que reveló a la humanidad que la Tierra no era el centro del universo. Desde el espacio, vimos a un pequeño y frágil globo dominado no por la actividad humana sino por nubes, océanos, superficies verdes y suelos. La imprudencia de la humanidad está haciendo cambios fundamentales en los patrones del sistema planetario. Muchos de estos cambios están acompañados por procesos peligrosos que amenazan a la vida. Esta nueva realidad, de la cual nadie escapa, debe ser *reconocida y manejada*. [Subrayado A. T.]

La Estrategia Mundial para la Conservación planteó a los pueblos del mundo que su objetivo principal es *salvar la Tierra*:

El propósito de *cuidar la Tierra* es coadyuvar a mejorar la situación del planeta y de la población mundial, basándose en dos requisitos: mantener las actividades humanas dentro de los límites de capacidad de carga de la Tierra y restaurar los desequilibrios que existen entre las partes más ricas y pobres del mundo en materia de seguridad y oportunidades [...]
Ésta es una estrategia para un tipo de desarrollo que aporte mejoras reales en la calidad de la vida humana y al mismo tiempo conserve la vitalidad y diversidad de la Tierra. Su fin es un desarrollo que atienda esas necesidades de forma sostenible. Hoy puede parecer cosa de visionarios, pero es alcanzable. Un número creciente de personas considera que esta es *la única opción racional* que nos queda [...] [Subrayado A. T.]

El sistema de mercado se ha lanzado así a la búsqueda de su relegitimación imponiendo a los pueblos del mundo dos tareas de alta prioridad: por una parte se trata de salvar la biodiversidad de la Tierra, a la que identifica como *nuestra herencia natural, nuestra herencia cultural, nuestros estilos tradicionales de vida*. Y por la otra, conservarla *para satisfacer las necesidades de las generaciones presentes dejando abiertas el mayor número de opciones para las generaciones futuras*. ¿Quién osaría oponerse a la legitimidad de estos argumentos? Después de todo, si la biodiversidad es parte fundamental de la naturaleza capitalizada, conservarla es lo mismo que garantizar su aprovechamiento a partir de su representación y significación como capital, y asegurar su transferencia a las generaciones futuras es garantizar la reproducción de las condiciones de acumulación con base en el mercado.
Así, la crisis del ambiente (la deforestación, el cambio climático, el adelgazamiento de la capa de ozono, la desertificación, la contaminación de los cuerpos de agua y, sobre todo, la pérdida de la biodiversidad), provocada por las tensiones directas o indirectas del sistema de producción mercantil sobre el medio ambiente biofísico, otorga hoy, paradójicamente, al sistema capitalista una nueva oportunidad de tomar en sus manos la misión de *"salvar la Tierra y sus recursos"*; de controlar, dirigir e imponer a los pueblos del mundo una nueva estrategia de salvación inventándose, de paso, una rele-

gitimación de sí mismo: *el manejo racional y sustentable de los recursos naturales del planeta.*

Bajo este ropaje ideológico se cobija un complejo proceso de reestructuración de todas las relaciones económicas, sociales y culturales del mundo, para recomponerlas en una nueva estructura operativa que se preste más a un manejo estructural y funcional capaz de garantizar la sustentabilidad del sistema basado en la producción de mercancías. Este proceso de globalización es una revolución del sistema capitalista de una importancia tan grande que sólo es equiparable con la que se operó con el surgimiento de las sociedades modernas gobernadas por las leyes del mercado en los siglos XVIII y XIX, o con el surgimiento de los imperialismos tecnoeconómicos contemporáneos. Es, en realidad, el punto culminante de la interdependencia del proceso productivo regulado por el mercado y el de una profunda modificación cuantitativa y cualitativa del capitalismo como sistema de producción y proceso civilizatorio (Ianni, 1996).

Esta mutación concierne a la integración de una estructura de control y poder mucho más sutil y totalitaria que la que comprende la sola esfera de la producción material y su apropiación. Es un proceso gigantesco de destrucción de las determinaciones en las que han vivido las sociedades del mundo: su magia, su diferencia, su sentido de sí mismas, sus formas de vida comunitaria, para reorganizarlas dentro de una nueva estructura global y homogenizante: *la del desarrollo sustentable y la de la conservación y el manejo de la biodiversidad de la Tierra.*

Esta nueva construcción de lo social y articulación en los moldes civilizatorios –procesos de trabajo, producción, distribución y consumo– de la racionalidad capitalista es lo que *el desarrollo sustentable* busca imponer como solución a los problemas en los que se debate la economía basada en el intercambio mercantil. Con ellas, el capitalismo entra de lleno a su fase ecológica.

En esta fase, el sistema capitalista busca resolver la contradicción entre la conservación de la naturaleza y la acumulación, mediante la capitalización de la naturaleza. A través de este proceso, el sistema capitalista se propone, por una parte, resolver los *problemas de oferta* derivados del agotamiento de los recursos naturales y de la degradación de los servicios ambientales requeridos para la producción mercantil y, por la otra, enfrentar la resistencia política a la depredación ecológica y cultural provocada por la expansión del capital (Leff, 1994).

La *capitalización de la naturaleza* es la representación de los reservorios de los recursos del mundo como capital y la codificación de estos acervos como comercializables en el mercado global, como recursos a los que se les puede colocar un valor y un precio, y como bienes vendibles para la producción y el consumo, esto es, para la reproducción del sistema de acumulación capitalista.

A través de la capitalización de la naturaleza, el *modus operandi* del capitalismo sufre una doble mutación: por una parte, lo que formalmente fue tratado como un dominio *externo* y *explotable* es redefinido como *stock de capital o base de recursos*. Y lo que se había considerado como la forma dinámica externa de la acumulación, lo que alimentaba la reproducción del sistema, se ha transformado en *un sistema de manejo y conservación* de la naturaleza capitalizada (Escobar, 1995).

La estrategia plantea, primero, lo que se ha llamado *"una conquista semiótica del territorio"*. Proclama como racional y adecuada la apropiación de la naturaleza y sus servicios ambientales. En seguida pone en marcha un proceso de *ideologización y valorización* de estos servicios que no son producidos como mercancías, tratándolos como si lo fueran. Se trata de un gigantesco y vasto proceso de internalización de las condiciones de la producción en el seno de la naturaleza, de una estrategia de relegitimación a través de la *capitalización* de las condiciones naturales de la producción. Se busca establecer claros *"derechos de propiedad"* sobre los servicios de la naturaleza, los materiales genéticos, los conocimientos tradicionales y la biodiversidad, con el propósito de facilitar su ponderación como valores económicos y cuyos manejos sustentables caen bajo la responsabilidad de quienes controlan los mercados. El sistema capitalista hace así del "manejo sustentable" de los recursos de la Tierra una nueva fuente de su dinamismo.

El *modus operandi* del sistema capitalista moderno en su *fase ecológica* no es el de la búsqueda y apropiación de la utilidad como tal, sino el de su *dominación semiótica*. Lo que importa no es *instituir socialmente* la forma mercancía, sino representar a la naturaleza como capital al servicio de la acumulación, legitimándola como forma social. La exitosa capitalización de un elemento de la naturaleza (un bosque tropical, un humedal costero, un arrecife coralino, una playa, etcétera), o la exitosa transferencia de un costo, señala *una conquista semiótica*: la inserción del elemento en cuestión dentro de la *representación dominante* de la actividad global del sistema capitalista. La asignación de valores al medio ambiente tiene un indudable valor de uso para el proyecto de reproducción del capital como *una forma de relaciones sociales*. Lo que importa en este proceso es la generalización del código del valor de cambio como una operación semiótica (O'Connor, 1994).

Desde esta perspectiva del desarrollo sustentable y de la capitalización de la naturaleza, la biodiversidad es una de las más importantes dimensiones del capital natural. Estrechamente ligada con las funciones de regulación, soporte, producción e información de la naturaleza valorizadas por el mercado, su pérdida compromete seriamente el destino de un proyecto de civilización basado en la producción y el consumo de mercancías. Por eso a este proyecto la biodiversidad le ofrece beneficios económicos directos, indirectos y, sobre todo, de opción y existenciales.

Para cumplir sus objetivos de acumulación y reproducción en su fase ecológica, el sistema de mercado ha puesto en marcha un gigantesco aparato ideológico, político, económico, tecnológico y militar orientado a la conservación y al uso sustentable de la biodiversidad.

El discurso de la biodiversidad se ha centrado en el conocimiento de las causas de la pérdida, en el desarrollo de una estrategia para detener este proceso y en el establecimiento de una cultura de la conservación. Se trata de crear un nuevo género de vinculaciones entre capital, ciencia y naturaleza. Para ello se ha puesto en marcha una Estrategia Global de la Biodiversidad (WRI, IUCN, UNEP, 1991) y una Convención sobre la Biodiversidad (Río de Janeiro, 1992). El Banco Mundial se ha aprestado a financiar esta gigantesca operación con inversiones de miles de millones de dólares. Un enorme aparato, que abarca lo mismo gobiernos nacionales, comisiones especiales para el conocimiento y la protección de la biodiversidad, ONG, jardines botánicos, universidades, institutos de investigación, ha incorporado un ejército de biólogos, taxónomos, parataxónomos, activistas, planificadores a esta tarea de garantizar al sistema de mercado los recursos naturales para los fines de su reproducción.

Así, "la biodiversidad y su aprovechamiento capitalista para el desarrollo de las fuerzas productivas y para la apropiación y control general de la naturaleza son, en la actualidad, sustento de las nuevas posibilidades de expansión del capital, y por ello forman parte de los nuevos recursos que permiten romper obstáculos y plantear límites más lejanos al fin histórico de este modo de producción" (Ceceña y Barreda, 1995).

Las estrategias del Norte para alcanzar la sustentabilidad

Dado que los estilos productivos de alta intensidad energética y los elevados niveles de consumo que sostienen a esta civilización industrial dependen, en el futuro inmediato, de los recursos naturales del Sur, tanto el acceso a estos recursos como los niveles disponibles deben ser garantizados, a juicio de los estrategas del Norte. Y ambos dependen, directa e indirectamente, de las funciones ecológicas de la biodiversidad. Éste es el papel estratégico que juega la biodiversidad desde la perspectiva de la sustentación del sistema industrial.

Para hacer sostenible su proyecto civilizatorio, el Norte plantea varias reorientaciones en sus estrategias de dominación y explotación de la fuerza de trabajo y la naturaleza:

1. Enfrentar el reto científico y tecnológico de racionalizar los influjos de energía y materiales hacia las actividades económicas, mediante ajustes a sus estructuras productivas, sustituciones entre insumos y más eficientes utilizaciones de los recursos naturales, hasta alcanzar los niveles que les aseguren recursos naturales por periodos prolongados y les permitan la disminución del impacto ambiental por unidad de producto agregado, o, lo que es lo mismo, en condiciones que garanticen el mantenimiento de coeficientes de bajo impacto ambiental o de baja intensidad ambiental (Ekins y Jacobs, 1995).

2. El mercado seguirá jugando un papel decisivo, pero será necesario que sea perfeccionado mediante una información más eficiente y mejorado a través de la utilización de instrumentos económicos adecuados, que corrijan sus fallas. Esto será especialmente crítico al nivel de las políticas nacionales y locales de conservación de la biodiversidad. La eficacia de estos instrumentos económicos dependerá en un alto grado de la existencia de una democracia política formal que facilite y valide las decisiones de política económica, y de instituciones suficientemente robustas para garantizar la ejecución de las políticas ambientales orientadas a mantener la base de recursos que garanticen la reproducción de la economía bajo las normas del mercado.

3. El negocio global de la protección de la biodiversidad y de los recursos naturales del mundo sólo deberá recurrir en última instancia a la fuerza. Es mucho más barato movilizar recursos a través de las instituciones financieras internacionales (Banco Mundial, Fondo Monetario Internacional, Banco Interamericano de Desarrollo y otras agencias dedicadas a la conservación) y dejar que el trabajo fuerte lo hagan gobiernos democráticos, por consensos obtenidos a través de organismos internacionales (Lutz y Caldecott, 1996)... Pero el "puño de hierro" debe estar listo al fondo, dispuesto para cuando sea necesario (Chomsky, 1994, 1996 y 1997).

La tarea de la legitimación de este proyecto, sin embargo, enfrenta dificultades insuperables, empezando por las que le plantean sus propias limitaciones conceptuales. Su teorización basada en sistemas globales reduce inevitablemente las dimensiones complejas que ofrece la vida en la Tierra a un conjunto de variables abstractas cuyos comportamientos son impredecibles y, por lo tanto, inmanejables. Cuando trata con la población humana, sólo acierta a analizarla bajo la óptica neomalthusiana de su crecimiento exponencial, y de la presión que ello significa para la producción de alimentos y para los recursos naturales. Ignora o pretende englobar en su racionalización mercantil sus dimensiones cualitativas: sus particularidades y diferencias locales, sus culturas, sus lenguajes, sus distintas formas de ordenar sus realidades materiales y espirituales, sus formas de sentir y experimentar sus pertenencias a comunidades locales. Desde su visión unidimensional, al mosaico de culturas que forma la población humana trata de imponer una monocultura global basada en el intercambio de mercancías, una auténtica celda de hierro sin puertas ni ventanas, donde ni pueblos ni individuos tienen la menor posibilidad de escapar, donde todos los espacios, locales, nacionales y regionales, se reflejan en el espejo común de lo global: universo cerrado, donde la tecnología y los medios de comunicación electrónicos alteran los espacios y el tiempo y disuelven lenguas, religiones, culturas y civilizaciones. Todo se transforma en un solo y gigantesco mercado capaz de valorizar ecosistemas, especies, genes, ideas y sistemas de pensamientos.

Queda claro que las propuestas de la globalización y del desarrollo sustentable, con las que los representantes de la civilización industrial pretenden legitimar sus sistemas de producción y consumo, no significan que tales planteamientos ignoren en sus estrategias la realidad de las diferencias y la diversidad cultural de la humanidad. Lo que pretenden es abarcarlas y someterlas al control y a la hegemonía de la racionalidad económica del mercado.

Teóricamente, esta pretensión enfrenta las dificultades derivadas de la inconmensurabilidad que caracteriza las relaciones entre la biodiversidad y la economía, de la imposibilidad de traducir a precios de mercado las contribuciones de la naturaleza a la producción, de la imposibilidad de desagregar la naturaleza en unidades discretas y homogéneas de valor, y de ajustar la temporalidad de los ciclos naturales a los ciclos del capital: los tiempos biológicos y los tiempos de la economía son asimétricos (Leff, 1995).

Socialmente, este bioimperialismo se enfrenta a un movimiento por la biodemocracia, que lentamente, pero con firmeza, empieza a manifestarse en diferentes partes del mundo. Se trata de una lucha por el reconocimiento de los derechos de las comunidades a disfrutar de su biodiversidad; por una redefinición de la productividad y de la eficiencia capaz de reflejarse en el uso múltiple de los ecosistemas; por el reconocimiento de los valores culturales de la biodiversidad, y por el control de sus recursos por las comunidades locales.

Las implicaciones

Dado que el capitalismo y la naturaleza tienen un carácter antagónico irreductible, determinado por la forma de explotación del trabajo y la naturaleza, la crítica de las tendencias intrínsecamente depredadoras del capitalismo y la revaloración de los roles productivos de la naturaleza y la cultura, así como la lucha por un sistema productivo ecológicamente sano, se propo-

15

nen principalmente la superación de la explotación capitalista y la eliminación de la mercantilización de los productos del trabajo y la naturaleza.

En otros términos: cualquier movimiento serio hacia una racionalidad productiva alternativa ha de tener claro que lucha frontalmente contra la valuación monetaria y la capitalización de la naturaleza, propuestas por el capitalismo. Esta lucha no puede librarse a través de formas que mantienen intactas las relaciones de explotación y subordinación que caracterizan al sistema capitalista. No se trata de pintar de verde las cadenas. Lo que se busca es romperlas. De lo que se trata es de construir una nueva forma de producción *postcapitalista,* basada en valores ecocéntricos y democráticos *inherentemente anticapitalistas.*

Los términos de la gran batalla por la biodiversidad entre el Norte y los movimientos ecológicos del Sur, que marcará el siglo XXI, empiezan a delinearse: es, por un lado, una batalla por asegurar la sustentabilidad del capitalismo y, por el otro, una lucha anticapitalista por una nueva civilización al margen de los dictados del mercado.

La perspectiva latinoamericana

La emergencia en el Tercer Mundo de las luchas indígenas y campesinas en favor de sus recursos naturales constituye un factor de enorme significación en la batalla de la biodiversidad. Este proceso ha cobrado especial relevancia en un área crítica: América Latina.

América Latina es la región que concentra la más rica de las biodiversidades del planeta. Su territorio continental, de una extensión de 20 millones de km², y su amplitud latitudinal, que rebasa los 30° N en su extremo septentrional y se extiende hasta los 55° S en su extremo austral, la dotan de singularidades ecogeográficas de enorme importancia para el desarrollo y la proliferación de la vida sobre la Tierra. Resalta, en primer lugar, la accidentada topografía de una parte de su territorio, debida a los sistemas montañosos que la surcan de norte a sur, y entre los que sobresale el excéntrico eje vertebral de los Andes, que con sus más de 7 mil km de longitud constituye la cadena montañosa más larga del mundo. Fuera de estas cordilleras y de los casos excepcionales de México, Colombia, Perú, Ecuador y Bolivia, cuyos territorios poseen una alta proporción de sistemas montañosos, el resto de América Latina es una gigantesca planicie de muy escasa elevación. Sistemas montañosos y planicies integran mega-ambientes entre los que se distribuyen, en un amplio gradiente, distintas unidades: pisos altitudinales fríos, templados y cálidos, a los que suceden zonas de baja latitud, hiperhúmedas, húmedas, subhúmedas, semiáridas, áridas y desérticas. Sin duda, otro de sus rasgos ecológicos más sobresalientes es que, no obstante sus numerosas y amplias zonas desérticas, se trata de la región más húmeda del planeta. Su promedio anual de precipitaciones está 50 por ciento por encima del promedio mundial. Su escorrentía media, estimada en 370 mil m³ por segundo, equivale al 30 por ciento de las aguas dulces que los continentes descargan a los océanos. La posición latitudinal de sus mares, sus diferentes regímenes climáticos y la dirección e intensidad de sus corrientes determinan y controlan la alta productividad de sus ambientes marinos, especialmente frente a los costas peruanas, el norte de Chile y California, en la vertiente pacífica; los mares brasileños, venezolanos y mexicanos, en la costa atlántica. Completa esta riqueza ecológica una sucesión prácticamente ininterrumpida de ambientes costeros, entre los que sobresalen lagunas y estuarios, manglares y humedales costeros. A grandes rasgos, éste es el escenario ecogeográfico donde la naturaleza, en un proceso de millones de años, y el hombre, en un lento proceso de domesticación de plantas y animales que partió de la revolución neolítica, pudieron montar la más rica biodiversidad de la Tierra (Giglio y Morello, 1980; PNUMA-AECI-MOPU, 1990; Gallopín, 1995; Morello, 1995).

Éste es el escenario ecológico donde hoy se libra una compleja y difícil batalla por la reapropiación de la biodiversidad de la Tierra. Brasil, Colombia y México, tres países dotados de una proporción importante de la megadiversidad de América Latina, ofrecen algunos ejemplos de movimientos sociales que han colocado en el centro de sus luchas el derecho de los pueblos del mundo a su diversidad cultural y al disfrute de su diversidad biológica.

El destino amazónico: la alianza de los pueblos de la selva

La inmensa cuenca amazónica abarca una superficie cercana a los 5.8×10^6 km², con un área de drenaje de aproximadamente una tercera parte de la extensión territorial de Sudamérica. El canal principal del río Amazonas, integrado por los sistemas Urubamba-Ucayali-Amazonas, recorre unos 6 500 km desde su nacimiento hasta la desembocadura y posee cerca de mil tributarios. Las descargas medias se han estimado en 175 mil m³ sec⁻¹ o el equivalente a una descarga total de $5.5 \times 10^{12} \times$ m³ año⁻¹, que representa de 15 a 20 por ciento de la oferta fluvial de agua dulce de la Tierra (Salati y Vose, 1984).

Del área total de la cuenca, aproximadamente 5.4×10^6 km² están cubiertos de selvas tropicales húmedas, que constituyen cerca de 48 por ciento de la superficie forestal estimada de la Tierra. La deforestación de esta inmensa cubierta vegetal ha sido estimada por científicos brasileños del Instituto Nacional de Pesquisas Espaciais en 280 mil km² en 1988, con un promedio anual de 21 mil km² año⁻¹ de 1978 a 1988. Otros estudios, sin embargo, han estimado tasas que oscilan entre un rango de 50 mil a 80 mil km² año⁻¹. Las imágenes de satélite Landsat, estudiadas por Skole y Tucker (1993), permitieron estimar el incremento de la deforestación de 78 mil km^2 en 1978 a 230 mil en 1988, mientras que el hábitat forestal tropical severamente afectado con respecto a su diversidad biológica (considerando la destrucción de hábitats, el aislamiento de fragmentos de hábitats contiguos y los efectos laterales de la frontera entre una zona forestada y deforestada) se incrementó en el mismo periodo de 208 mil km^2 a 588 mil km^2 (Skole y Tucker, 1993).

Salati y colaboradores estimaron que unos 19 mil km^2 (7 por ciento) de la Amazonia colombiana ya habían sido deforestados en 1987; casi 73 mil (12 por ciento) de la Amazonia peruana habían sufrido el mismo destino, y casi 7 mil de las selvas amazónicas ecuatorianas habían desaparecido. Sólo la Amazonia venezolana permanecía relativamente al margen de la destrucción. Allí únicamente 4 mil km^2 se habían talado. Esto significa que un total de 113 mil km^2 de selvas amazónicas no brasileñas habían desaparecido en los años recientes (Salati et al., 1988).

Este acelerado proceso de devastación constituye una seria amenaza para el mantenimiento de los equilibrios biofísicos que regulan este supersistema biólogico, del que depende una proporción considerable de la biodiversidad de la Tierra. Los efectos directos e indirectos al interior de la propia cuenca amazónica y sobre el clima de la Tierra han sido tema de intensos debates en los últimos años. Menos acaloradas han sido las discusiones sobre las causas de la deforestación. Y todavía menos atención ha recibido un tema crucial para el destino amazónico: las prácticas genocidas contra la población indígena del área.

Sin embargo, los debates sobre las causas de la deforestación y sobre las políticas practicadas por los modernizadores de las selvas amazónicas con respecto a las poblaciones locales (gobiernos, organismos internacionales de asistencia técnica y financiera, empresas multinacionales y especuladores de todo tipo) han terminado por cobrar relevancia en los años recientes. De tales discusiones quedan en claro algunas cuestiones fundamentales para el destino amazónico.

La deforestación despoja a las poblaciones locales de su diversidad biológica y cultural y, por lo tanto, de un patrimonio que estas poblaciones han mantenido por milenios. Cancela, de igual modo, cualquier posibilidad futura de construcción de una sociedad sobre bases sustentables. La pérdida de suelos, por erosión o compactación; la alteración de los patrones de circulación del agua; la liberación de gases que contribuyen al incremento del efecto invernadero; la extinción de especies de importancia crítica para las funciones ecológicas de dispersión, polinización y control de plagas; el bloqueo de patrones de sucesiones ecológicas, y la cancelación de opciones social y ambientalmente atractivas de desarrollo son algunos de los impactos de la deforestación que hoy empiezan a valorarse desde la perspectiva de los movimientos sociales que luchan en favor de la biodiversidad y que conmueven al mundo en el fin del milenio.

Una correcta valoración de las causas económicas, políticas y sociales que promueven hoy la destrucción de las selvas tropicales amazónicas es el primer paso hacia la recuperación de sus usos sustentables y hacia la construcción de una civilización duradera en los trópicos. La conversión de los espacios boscosos hacia usos ganaderos extensivos es la principal causa de la deforestación de las selvas amazónicas. Es preciso señalar que este uso ha sido impulsado por enormes subsidios gubernamentales y apoyado por financiamientos internacionales. La enorme cantidad de insumos requeridos para habilitar grandes extensiones y mantener la rentabilidad de los ranchos ganaderos sólo ha sido posible por los inmensos subsidios gubernamentales. Las explotaciones extractivas, como la de maderas preciosas, han significado la destrucción rápida de especies valiosas en algunas regiones. Esto ha sido ampliamente favorecido por la construcción de carreteras y vías de penetración hacia algunas áreas de la selva amazónica hasta hace muy poco tiempo inaccesibles. Las actividades mineras no sólo han contaminado con metales, como el mercurio, los sistemas acuáticos amazónicos, sino que también han significado la destrucción de grandes extensiones boscosas utilizadas como combustible. Las enormes presas construidas en distintos puntos críticos de la cuenca amazónica sólo ocupan físicamente 2 por ciento de los cuerpos de agua de la Amazonia Legal, pero el potencial de sus perturbaciones de los sistemas acuáticos es enorme. Los proyectos agroindustriales (hule, arroz, caña de azúcar, café, soya, tabaco, etcétera) han significado la alteración de los frágiles suelos amazónicos y la contaminación de tierras y aguas por la utilización masiva de agroquímicos necesarios para controlar plagas y enfermedades (Fearnside, 1997).

Esta visión de los aprovechamientos de las selvas amazónicas se basa en la aceptación de un hecho al parecer ineluctable: la desaparición de las poblaciones indígenas que han habitado y protegido las selvas por miles de años. La única alternativa que les ofrece el sistema capitalista es su incorporación a un mundo globalizado a partir de la aceptación de la pérdida de su identidad, de la destrucción de sus organizaciones comunales, de la cesión de sus conocimientos tradicionales, para competir en un sistema individualista, dispuesto sólo a colocarlas en el escalón más bajo de la pirámide del desarrollo sustentable.

Para cada proyecto, para cada forma de utilización de los recursos amazónicos ideada y puesta en práctica por los representantes del sistema capitalista, las sociedades indígenas han representado un obstáculo infranqueable: sus organizaciones colectivas, su ética no individualista, su desinterés por la

19

acúmulación, su capacidad de adaptación a los ciclos biológicos de las selvas han chocado brutalmente con el modelo capitalista de producción. Esta colisión se ha reflejado en la ocupación militar de territorios, levantamientos guerrilleros y represiones sangrientas. Desde la construcción de carreteras, presas y otras obras de infraestructura hasta las explotaciones madereras, mineras y agroindustriales, todas han significado una abierta violación de los derechos humanos de los habitantes indígenas de las selvas amazónicas y tipifican claros casos de ecocidio, etnocidio y genocidio (Sponsel, 1994).

Hoy, las poblaciones ashaninka, en el Alto Cayali, en la Amazonia peruana, y los yanomami, de la Sierra de Parima, en las tierras altas que dividen las inmensas cuencas de drenaje del Orinoco y el Amazonas, ofrecen ejemplos de los conflictos entre los modernizadores representantes de la civilización occidental y los representantes de las antiguas civilizaciones amazónicas. Hasta hace muy poco tiempo, ambas poblaciones representaban culturas viables. Planes, programas y proyectos de desarrollo, como el Plan Peruano de 1960, consideraron sus hábitats como "territorios vacíos". Simple, llana y sencillamente, negaron su existencia, los borraron de la faz de la Tierra (Bodley, 1994).

Una cuestión de fondo hay que plantear y reconocer como base para idear y poner en práctica alternativas para las selvas amazónicas: la incapacidad de los mecanismos del sistema capitalista para afrontar exitosamente la complejidad ecológica y cultural que le ofrecen las selvas amazónicas. Sin este reconocimiento es imposible avanzar en la exploración de opciones sociales y ambientales sustentables.

Diezmadas y sacrificadas por la civilización industrial, las poblaciones indígenas constituyen, sin embargo, las únicas esperanzas de una civilización ecológicamente viable para las selvas amazónicas. Las poblaciones yanomami, que habitan las fronteras septentrionales de las selvas amazónicas venezolanas y brasileñas ejemplifican bien esta situación crucial. Diseminadas en unas 350 aldeas, con una población estimada, hacia 1990, en 8 500 habitantes en Brasil y 12 500 en Venezuela, el territorio yanomami ocupa 9 millones de hectáreas en Brasil y aproximadamente 10 millones de hectáreas en Venezuela. Los yanomami representan uno de los grupos indígenas ecológicamente más sofisticados de la Tierra. Practican desde hace miles de años un sistema asombrosamente complejo e intrincado de cultivos mudables que mantiene los delicados equilibrios de las selvas tropicales. Un huerto yanomami típico contiene no menos de 35 plantas cultivables, entre las cuales pueden encontrarse: cuatro tipos de bananos, varios tipos de mandioca dulce y agria, cosechas de raíces como taro y batata, una palmera de durazno especial que es una reserva importante en tiempos de escasez, maíz que suplementa la dieta de los yanomami, caña que se usa para hacer flechas y otras armas, algodón para producir hamacas, tabaco, que mastican hombres, mujeres y niños y que se usa en ceremonias curativas, y varios tipos de drogas que se utilizan con fines rituales. Los yanomami son cazadores y pescadores expertos y recogen cientos de plantas silvestres, nueces e insectos. De igual modo, alternan de un modo sofisticado territorios de cultivo, caza y pesca (Davis, 1991).

Sin duda, los yanomami y los ashaninkas podrían aportar un gran número de conocimientos al esfuerzo de la construcción de una civilización alternativa en la compleja y delicada área de selvas amazónicas. Sus propuestas, planteadas a partir de sus esfuerzos de sobrevivencia, figurarán sin duda en un lugar destacado en el escenario de las confrontaciones que verá el próximo milenio.

La Alianza de los Pueblos de la Selva amazónica en defensa de la vida[2]

La Alianza de los Pueblos de la Selva surge en función de una historia que empieza con la colonización de la Amazonia. Los indios eran los dueños legítimos de la Amazonia y, cuando en 1877 empezó su colonización, hubo una especie de tráfico de esclavos hacia allí: eran nordestinos, cuyos patrones –los grandes seringalistas del inicio del ciclo del caucho–, aprovechándose de su miseria, los usaron para esta colonización. Esas personas fueron preparadas para luchar contra los indios, formando un ejército de blancos en defensa de los seringalistas, de las empresas, de los grupos de banqueros internacionales, como era el caso de Inglaterra y Estados Unidos que estaban interesados en el caucho de la Amazonia. En ese momento empezó el conflicto entre los indios y los blancos.

En esa época, más de sesenta tribus de la Amazonia fueron masacradas en beneficio de los patrones. A cada grupo diezmado correspondía la formación de grandes áreas de seringales (el árbol del caucho). Así es como empezó esta historia. Esto seguía así cuando en la década de los setenta (de este siglo) el gobierno militar decidió acabar con el monopolio estatal del caucho y los seringalistas quebraron. La situación empeoró mucho para los seringueiros que hasta entonces se consideraban como una especie de esclavos con la supervivencia garantizada. A principios de la década de los setenta, con la implantación del sistema latifundista en la Amazonia, con la política de especulación de la tierra, la situación cambió, iniciándose entonces la gran deforestación y los despidos en masa.

---

[2] Adaptado de una entrevista realizada al líder de los seringueiros Chico Mendes, asesinado en diciembre de 1988, intitulada: "Chico Mendes, la defensa de la vida", aparecida en la revista *Ecología Política*, n. 2, 1989, pp. 37-47.

De 1970 a 1975 llegaron los hacendados del sur. Con el apoyo de incentivos fiscales de SUDAM (Superintendencia para el Desarrollo de la Amazonia), compraron más de 6 millones de hectáreas de tierra, repartieron centenares de yaguncos (guardias armados) por la región, expulsando y matando a posseiros (colonos pobres) e indios, quemando sus barracas, matando incluso a mujeres y animales. En aquel momento, aunque todos vivían en el bosque, nadie tenía conciencia de lucha. Los patrones no permitían que los hijos de los seringueiros fueran a la escuela, pues allí aprendían a sumar y descubrían que les estaban robando.

A partir de 1975 empieza a nacer una conciencia y se organizan los primeros sindicatos rurales paralelamente a la actividad de la Iglesia católica. Todo ocurrió de manera muy lenta hasta 1980, cuando se generalizó por toda la región el movimiento de resistencia de los seringueiros para impedir la gran deforestación. Nos inventamos el famoso "empate", nos poníamos delante de los peones con sus sierras mecánicas e intentábamos impedir la deforestación. Era un movimiento de hombres, mujeres y niños. Las mujeres tenían un papel muy importante como línea de frente, y los niños se utilizaban para evitar que los pistoleros disparasen. Teníamos un mensaje para los peones: nos reuníamos con ellos y les explicábamos que si destruían la selva no tendrían con qué sobrevivir y, así, muchas veces se nos unían.

Esta lucha se convirtió en una batalla por la conservación de los recursos naturales, al ver que la región se estaba convirtiendo en poco tiempo en una gran región de pastos.

En 1985 se organizó el Consejo Nacional de Seringueiros y en octubre de ese mismo año se organizó un Encuentro Nacional de Seringueiros. Allí se planteó la necesidad de concertar una alianza con los indios. Una alianza entre los pueblos de la selva. Es aquí donde surge la lucha por las reservas extractivistas de la Amazonia, que también es un área indígena. Los indios no quieren ser colonos, quieren tener la tierra en común, y los seringueiros se unieron a esta conciencia. No queremos un título de propiedad de la tierra, queremos que sea de la Unión, y que los seringueiros tengan el usufructo. Esto llamó la atención de los indios que empezaban a organizarse.

A nivel de los dirigentes esa idea ya estaba clara. Por eso empezamos a trabajar con la base, con la realización de encuentros regionales en áreas vecinas habitadas por indios, éstos empezaron a participar, y creamos comisiones conjuntas de indios y seringueiros.

Con el avance de la lucha, el sindicato de seringueiros se fortaleció y las mujeres empezaron a participar más exigiendo la creación de un departamento femenino. Hicieron su primer congreso el día 1° de mayo de 1988, y desde entonces las mujeres indias también empezaron a participar más y pronto formarán parte de la mesa de un congreso.

Se está coordinando este trabajo para todos los estados de la Amazonia. En enero de 1987, recibimos una visita de una Comisión de la ONU que siguió de cerca nuestra lucha con los hacendados contra la deforestación. Denunciamos que esa deforestación era el resultado de los proyectos financiados por los bancos internacionales. Comprobamos que la deforestación se realiza con la ayuda financiera del BID.

Los seringueiros y los indios hace mucho que viven en la región. Los seringueiros viven del extractivismo, deforestan además lo necesario para sus cultivos de subsistencia y nunca amenazan la Amazonia. Por otro lado, la principal actividad económica de la región continúa siendo la extractivista: caucho y castaña de Pará. Durante mucho tiempo hemos luchado por la Amazonia, pero no teníamos una propuesta alternativa. Pero a partir de 1985 empezamos a articular propuestas alternativas: queremos que la Amazonia sea preservada, pero también que sea económicamente viable.

Creemos que con las reservas extractivistas garantizamos la política de comercialización del caucho, que sabemos está amenazada por las plantaciones de seringueiros del sur. Pero el problema no es ése. También tenemos la castaña, que es uno de los principales productos de la región y que está siendo devastada por los hacendados y los madereros. También tenemos la copaíba, la bacaba, el acaí, y la miel de abejas, y una variedad de árboles medicinales que hasta ahora no han sido investigados, el babacu y una variedad de productos vegetales, como el cacao, el guaraná y otros cultivos que se pueden utilizar sin destruir la selva. Se trata de productos cuya comercialización e industrialización garantizaría que la Amazonia, en diez años, se transformase en una región económicamente viable, no sólo dentro del país sino también para el resto del mundo.

Colombia: estado, capital y movimientos sociales

Con un poco más de un millón de km² de superficie, que equivalen solamente a 0.77 por ciento de la superficie de las tierras emergentes del mundo, el territorio colombiano aloja aproximadamente 10 por ciento de la biodiversidad del planeta. Con 1 754 especies de aves (19.4 por ciento del total mundial), aproximadamente 55 mil plantas fanerógamas, 155 especies de quirópteros (17.2 por ciento del total mundial), Colombia es reconocida hoy como un centro de alta biodiversidad de la Tierra.

Con un territorio integrado por siete pisos altitudinales (basal, premontano, montano bajo, montano, subalpino, alpino y nival, según el sistema de Holdridge) que oscilan entre los 0 y los 5 775 m sobre el nivel del mar, Colombia es una de las regiones biogeográficas, climáticas y edáficas más complejas del continente americano.

Los movimientos indígenas encabezados por el Consejo Regional Indígena del Cauca (CRIC), que se han desarrollado entre las comunidades que se asientan a lo largo de las cordilleras Oriental, Central y Occidental, son bastante conocidos por su combatividad. Menos visibles han sido los movimientos encabezados por las poblaciones negras de la costa del Pacífico. Éstos, sin embargo, se sitúan en el centro de la batalla por la biodiversidad latinoamericana.

MOVIMIENTOS ECOLÓGICOS EN LA COSTA DEL PACÍFICO COLOMBIANO[3]

Las selvas tropicales de la costa del Pacífico colombiano constituyen un espacio social idóneo para observar y estudiar, por un lado, los cambios en los modos de reapropiación de la naturaleza por el capital y, por el otro, los procesos de reinvención de la naturaleza y la búsqueda de alternativas de desarrollo económico y social, por parte de las poblaciones y comunidades locales (Escobar, 1997).

La costa del Pacífico en Colombia es una región de selvas tropicales de una biodiversidad legendaria. En ella se han practicado en los años recientes tres clases de políticas de explotación de sus recursos: a) las vinculadas con los procesos de apertura hacia la economía mundial, que buscan la integración del país a las economías de la cuenca del Pacífico; b) las nuevas estrategias de desarrollo sustentable y de conservación de la biodiversidad, y c) el incremento de formas visibles de movilización de las poblaciones negras e indígenas en defensa de sus recursos (Escobar, 1997).

El escenario

La región de la costa del Pacífico colombiano es una vasta área de selvas tropicales, de una extensión aproximada a los 1 100 km de largo y entre los 90 y 180 km de ancho, que se prolonga desde Panamá hasta Ecuador y que es estrechada por los Andes Occidentales y el Pacífico. Esta amplia extensión del territorio colombiano cuenta con una población aproximada a los 900 mil habitantes, que viven en ciudades medianas, pequeñas poblaciones y comunidades rurales que se esparcen entre los ríos que fluyen de los Andes hacia el Pacífico.

Como la mayoría de las regiones que cuentan con una alta diversidad biológica, el Pacífico colombiano es una región extremadamente pobre

---

[3] Arturo Escobar, *Cultural Politics and Biological Diversity: State, Capital and Social Movements in the Pacific Coast of Colombia*, Departamento de Antropología, Universidad de Massachusetts, Amherst (mimeo).

medida con los patrones de desarrollo occidentales. Para empezar, es una región inhóspita con uno de los más altos niveles de lluvias, calor y humedad en el mundo. De bajos niveles nutricionales y de ingresos *per capita*, con altas tasas de enfermedades como la malaria.

Poblada en un alto porcentaje por afrocolombianos descendientes de esclavos negros traídos de África en el siglo XVI, y por cerca de 50 mil indígenas, principalmente emberas y waununas, que viven en la provincia del Chocó, las poblaciones negras han mantenido y desarrollado un conjunto de prácticas culturales significativamente diferentes de las de sus ancestros españoles y africanos, tales como las actividades productivas múltiples, familias extensas, matrilinialidad, danzas, tradiciones orales y musicales, cultos funerarios, brujerías, etcétera. Aunque esta región nunca ha estado aislada del mercado mundial —ha vivido sucesivamente los periodos de auge del oro, las maderas preciosas, el hule y los materiales genéticos—, no fue sino hasta los años ochenta cuando la región experimentó políticas coordinadas de desarrollo económico. Es en este periodo cuando los grandes planes de desarrollo promovidos por el estado colombiano dan lugar a la movilización de las tres fuerzas que hoy deciden el destino de la región: el estado, el capital y los movimientos sociales.

El discurso del estado y el capital: apertura y desarrollo sustentable

Con casi cuatro centurias de atraso con respecto al resto del país, la región de la costa del Pacífico entra a la era de la economía global y del desarrollo sustentable a través del PLADEICOP (Plan para el Desarrollo Integral para la Costa Pacífica). Como prácticamente todos los planes elaborados por las entidades gubernamentales latinoamericanas bajo la asesoría de la burocracia internacional, se trató de una visión tecnocrática de la costa pacífica sin vinculación con sus realidades y que no tomó en cuenta las particularidades de las culturas locales. Y las familias afrocolombianas han debido realizar procesos de hibridación de prácticas tradicionales con las tecnologías modernas recomendadas por la tecnoburocracia responsable de la ejecución de programas que buscan la reconversión de la agricultura tradicional a técnicas orientadas a la mercantilización de la tierra, el trabajo y la producción.

La costa pacífica colombiana, rebautizada como "el mar del siglo XXI", se ha incorporado a los planes gubernamentales de integración con la cuenca del Pacífico, desde principios de los años noventa. De acuerdo con estos proyectos, la región está destinada a jugar un papel estratégico como plataforma de lanzamiento hacia la economía del futuro. Desde esta perspectiva, el descubrimiento de su riqueza biológica, de su biodiversidad, es un factor importante en esta visión del futuro, por contradictorio que pudiera parecer. En el centro de estas contradicciones, se plantea el objetivo de alcanzar un desarrollo sustentable para la región. En la realidad, se trata de la puesta en práctica de una política mucho más devastadora que la enunciada en el plan original. Esto ha provocado la oposición de las poblaciones locales, quienes han visto en el discurso de la apertura y del desarrollo sustentable una manera de controlar y aprovecharse de sus recursos naturales.

A las tradicionales explotaciones de sus recursos madereros y mineros por corporaciones multinacionales y financiadas en parte con dinero de las operaciones del narcotráfico (que han significado la devastación de las selvas a un ritmo de 600 mil hectáreas al año), ahora se han agregado programas de cultivos de plantación como los de la palma africana, granjas camaronícolas, empresas pesqueras ribereñas y de litoral, empacado de productos pesqueros para la exportación y el turismo. Cada una de estas actividades ha traído consigo una enorme carga de transformaciones ecológicas, económicas y culturales. Las plantaciones de palma africana, por ejemplo, han crecido mediante el despojo, por la compra o por la fuerza, de las tierras de los agricultores afrocolombianos, desplazándolos de sus recursos y reduciéndolos a la proletarización masiva. Pero Colombia es ahora el quinto productor mundial de palma africana. La introducción de la camaronicultura ha transformado también el paisaje ecológico y cultural de la región. Ha perturbado los frágiles equilibrios de los flujos de energía de sus sistemas costeros, destruyendo grandes áreas de manglares y estuarios de importancia vital para la productividad biológica. El camarón es procesado y empacado por mujeres, muchas de las cuales abandonaron sus antiguas prácticas agrícolas y pesqueras de subsistencia, para proletarizarse en condiciones bastante precarias. La camaronicultura es una operación altamente tecnologizada que requiere laboratorios para la producción de larvas, alimentos artificiales, y cuidadosas y controladas condiciones de cultivo. Ciencia y capital se requieren en estas empresas promovidas por las multinacionales. Destinadas a la rápida generación de ganancias, no producen ninguna clase de transformaciones positivas y durables en las estructuras sociales y culturales locales. Están diseñadas para el despojo. La escala de sus operaciones, sin embargo, ha introducido una serie de desequilibrios sociales profundos. Nuevas formas de pobreza y desigualdades sociales han aparecido en el panorama regional: la proletarización de las masas rurales, el surgimiento de nuevas élites que han aprovechado el pastel de la modernización y el crecimiento notable de sus ciudades.

Los movimientos sociales afrocolombianos: una respuesta al desarrollo sustentable

A partir de los primeros años de la década de los setenta, un vibrante movimiento social conmueve a las comunidades de la costa pacífica colombiana: el movimiento de las poblaciones afrocolombianas contra el discurso oficial sobre la biodiversidad y el desarrollo sustentable; por la titulación de sus tierras comunales; por sus derechos ciudadanos, y por el reconocimiento de su identidad cultural. Esta situación ha cambiado dramáticamente la concepción de que se trataba de una población indolente e incapaz de aprovechar por sí misma sus recursos. El movimiento se ha propuesto la construcción de un proceso de desarrollo autónomo y basado en su identidad cultural y social: en la defensa de sus recursos naturales y su medio ambiente.

Estos objetivos fueron expresados en la Tercera Convención de Comunidades Negras, celebrada en el valle del río Cauca en septiembre de 1993. Allí el movimiento declaró sus principales objetivos políticos del modo siguiente: primero, el derecho a una identidad, esto es, el derecho a ser negro de acuerdo con la lógica cultural y la visión del mundo enraizada en la experiencia negra, en oposición a la cultura nacional dominante, principio también llamado de "la reconstrucción de la conciencia de la negritud", y el rechazo al discurso dominante de "la igualdad". Segundo, el derecho a un territorio como un espacio para realizarse y como un elemento esencial para el desarrollo de la cultura. Tercero, el derecho a la autonomía política, como un prerrequisito para la práctica del ser social e individual, y para promover la autonomía social y económica. Cuarto, el derecho a la construcción de su visión del futuro. Quinto, un principio de solidaridad con las luchas de las poblaciones negras a través del mundo, en favor de sus visiones alternativas.

El Chocó, como el departamento que concentra la mayoría de la población negra del país, es el centro neurálgico de este movimiento, que se ha denominado Proceso Nacional de Comunidades Negras. Su característica más distintiva es la articulación de propuestas políticas con una base y un carácter primariamente etnocultural. Su lucha, por consiguiente, no es un catálogo de demandas en favor del "desarrollo" y de la satisfacción de "necesidades": es, abiertamente, una lucha en términos de la defensa del derecho a la diferencia cultural. En ello reside el carácter radical de este movimiento, que concibe la identidad como un conjunto de prácticas que caracterizan a una "cultura negra": las tradiciones orales, la ética de la no-acumulación, la importancia de la afinidad y de las familias extensas, la matrilinialidad y los conocimientos tradicionales sobre las selvas y sus recursos.

La elección de la diferencia cultural como un concepto articulante de la estrategia política es decisiva. Y la interrelación entre territorio y cultura es

27

de igual modo de una importancia fundamental. Los activistas de este movimiento conceptualizan el territorio "como un espacio para la creación de futuros, para la esperanza y la continuidad de la existencia". La pérdida del territorio está ligada "al retorno a los tiempos de la esclavitud". Pero el territorio es también una concepción económica ligada a los recursos naturales y a la biodiversidad.

Así, la concepción del derecho al territorio como "un espacio ecológico, productivo y cultural" es una nueva demanda política en el panorama de los movimientos sociales latinoamericanos. Se trata de una lucha por la reterritorialización de los espacios afectados y capturados por los aparatos ideológicos, políticos y económicos de la modernidad, la globalización y el desarrollo sustentable. Como la cuestión de la identidad, la del territorio figura en el corazón del movimiento negro en Colombia.

El trópico en llamas: los movimientos ecológicos indígenas y campesinos en el sureste de México

Hoy el sureste mexicano es un amplio campo de batalla, donde se lleva a cabo una confrontación militar, política, económica, social, cultural y religiosa que rebasa el ámbito de lo local, de lo regional y de lo nacional, para inscribirse en la lucha general por la defensa de la diversidad biológica y cultural del planeta.

Pero esta confrontación militar sólo es el extremo más visible de la amplia gama de luchas sociales, políticas, culturales y religiosas que hoy se libran en esta parte del territorio mexicano y que tienen por eje la conservación de los recursos naturales y de la identidad cultural de sus poblaciones. Hoy el sureste mexicano es el escenario de "una guerra de baja intensidad", que se manifiesta en la violencia cotidiana de las disputas por la tierra entre comunidades indígenas y campesinas, y los grandes propietarios ganaderos; en el bloqueo de instalaciones petroleras, y las protestas por la contaminación de las áreas de pesca y de cultivos; en las luchas de las poblaciones por la conservación de su riqueza forestal; en la confrontación fratricida entre diferentes grupos políticos en el seno de las comunidades rurales, y en las intensas batallas de las comunidades por la conservación y reinvención de sus tradiciones culturales y religiosas.

Hoy este mundo rural está conmocionado por la toma violenta de tierras ganaderas, los desalojos por parte de la policía estatal y el ejército, las represiones de las guardias blancas pagadas por los caciques ganaderos, las requisas domiciliarias y los encarcelamientos, los secuestros y ejecuciones sumarias de dirigentes campesinos y sus familiares, las violaciones y los asesinatos de miembros inocentes de la población civil. Y, en las zonas petroleras, por

28

los bloqueos de instalaciones, caminos de acceso y carreteras. Los enfrentamientos con los diversos cuerpos de policías estatales y federales, y con el ejército regular, forman parte de las acciones cotidianas de protesta de las poblaciones afectadas por un sistema de producción que persiste en transferirles sus costos ecológicos y sociales.

En el sureste habita 60 por ciento de la población indígena del país. Sus habitantes integran un complejo mosaico de culturas, religiones, idiosincrasias y prácticas productivas integradas a sus condiciones ecológicas. En 1990, de los 22 movimientos ecológicos visibles por su fuerza incontestable a nivel nacional, 16 ejercían sus acciones de protesta en la región contra la destrucción de sus ecosistemas (Toledo, 1992). Se trata de comunidades indígenas y campesinas que ejercen acciones de protesta y movilizaciones masivas en una lucha generalizada por el manejo de sus bosques (tzotziles, tzeltales, zoques, mixes, nahuas, zapotecos, chontales, chinantecos y huastecos); por la conservación y el manejo de sus recursos naturales (las comunidades que rodean las zonas de reservas de Montes Azules, S'ian Kaan, Calakmul, El Triunfo, El Ocote, Los Chimalapas, Santa Marta); por la restauración de sus ecosistemas afectados por la contaminación petrolera (chontales y nahuas); por la reapropiación de sus productos (mieleros de Yucatán; cafetaleros de Chiapas y Oaxaca; vainilleros de la Huasteca); por la defensa de sus pesquerías (huaves y chontales de Tabasco y Oaxaca), y por la restauración de sus suelos empobrecidos (mixtecos).

El escenario

El sureste de México es uno de los sitios privilegiados del territorio nacional por su diversidad biológica y cultural singularmente alta. Es, como todo el universo biogeográfico mexicano, un mosaico de regiones ecológicas, ecosistemas y especies. Rodeado en su porción atlántica por los cálidos y ricos mares tropicales del Golfo y el Caribe y de las no menos ricas zonas de surgencias costeras del golfo de Tehuantepec, en el Pacífico sur mexicano, y surcado por los grandes sistemas montañosos norte y centroamericanos, el sureste posee una enorme riqueza biótica. Dotada de las más amplias plataformas continentales de los mares mexicanos, de los más numerosos bancos de arrecifes coralinos, de las mayores y más productivas lagunas costeras, de la extensión más amplia de planicies costeras atlánticas y pacíficas, de las más extensas comunidades de manglares, de las más grandes reservas de aguas dulces, de los mayores ríos y de las extensiones más importantes de selvas tropicales de México, esta región es una de las zonas biológicas más ricas entre las que se ubican y caracterizan el cinturón genético de la Tierra.

29

La población

Este sistema ambiental complejo y altamente integrado constituye el escenario natural de algunas de las mayores hazañas culturales de la historia del hombre en el continente americano. Poblada por olmecas, mayas, chontales, popolucas, nahuas, mixes, zapotecas, huaves, zoques, cakchiquiles, mames, kanjobales, chujes, jacaltecos, choles, tzotziles, tzeltales y tojolabales, la diversidad cultural del sureste ha sido, en diferentes momentos de la ocupación humana de su territorio, fiel reflejo de su diversidad biológica. Desde comunidades agrícolas rústicas hasta estados agrícolas complejos y refinados, las poblaciones del sureste lograron manejar, de un modo sustentable, por cientos de años, esta inmensa riqueza biológica.

Sus poblaciones, muy al contrario de lo que registra la historia oficial, eran antes de la llegada de los españoles notablemente densas. Existen evidencias que permiten estimar conservadoramente la población total del área en 1 millón 700 mil habitantes algunos años antes de la llegada de los españoles, cifra impresionante, si se compara con cualquiera de los asentamientos humanos de la época. Sólo en Yucatán, se estimaba una población de más de un millón de pobladores. Tabasco y la región de la laguna de Términos tenían por lo menos 250 mil habitantes. Una cantidad similar se estimaba en la región entre los ríos Tonalá y Coatzacoalcos. Y aproximadamente 200 mil habitantes se encontraban dispersos en las serranías chiapanecas y oaxaqueñas. El Soconusco contaba por lo menos con 80 mil pobladores.

El exterminio

Los conquistadores y civilizadores occidentales iniciaron en el siglo XVI su tarea simplificadora de la biodiversidad del sureste con el exterminio de su población. Fue el primer paso. Sólo en los primeros años de la conquista, hacia 1550, la población ya se había reducido a 400 mil habitantes, es decir, 75 por ciento había desaparecido víctima del primer choque brutal con los recién llegados. Algunos años después, hacia 1600, se censaron solamente 250 mil pobladores. El primer siglo de la colonia significó así el exterminio de 85 por ciento de la población prehispánica. Las acciones militares, las enfermedades, las reducciones y las encomiendas redujeron los 250 mil habitantes del área de laguna de Términos y Tabasco a sólo 8 200. Del millón cien mil habitantes de Yucatán sólo quedaron 150 mil. En la región del río Coatzacoalcos y Tonalá, sólo vivían escasos 3 mil pobladores. Los 80 mil habitantes del Soconusco se redujeron a 4 mil. Sólo los pobladores de los Altos de Chiapas, los zoques y los mixes oaxaqueños, mejor resguardados por sus sierras, se pudieron salvar del exterminio total.

La repoblación indígena de la región fue un proceso lento que requirió siglos. Pero hay que señalar que jamás volvió a alcanzar las densidades prehispánicas.

Las presas hidroeléctricas: ¿bienestar o catástrofe?

El sureste de México concentra 46 por ciento de los escurrimientos superficiales del país. Todos sus grandes ríos: el Grijalva y el Papaloapan, en la vertiente atlántica, y el río Tehuantepec, en la vertiente pacífica, han sido represados. Ellos generan más de 60 por ciento de la energía hidroeléctrica que requiere el consumo interno de México. Los costos ecológicos y sociales han sido inmensos. La construcción de presas ha significado la alteración drástica de los ríos como sistemas de transporte de nutrientes y minerales, y el desalojo de poblaciones enteras. Son, por lo tanto, otras tantas fuentes de conflicto en la región. Desde las gigantescas obras llevadas a cabo en el Alto Grijalva, hasta las que represaron los sistemas del Papaloapan y el río Tehuantepec, las presas se significaron por las políticas de desalojos de las comunidades indígenas de sus asentamientos ancestrales. En algunos casos, como los de las comunidades desalojadas en los Altos de Chiapas, donde se inundaron más de 100 mil hectáreas de las más fértiles tierras agrícolas para alojar las aguas de los vasos de las gigantescas presas de Malpaso, La Angostura, Chicoasén y Peñitas, fueron obligadas a cambiar sus actividades agrícolas por la pesca de aguas dulces; y otros, como la región oaxaqueña de la Chinantla, fueron trasladados violenta y masivamente a otras regiones. El caso de los indígenas chinantecos ejemplifica claramente estos procedimientos brutales con los que se ha llevado a cabo la modernización de la sociedad mexicana.

El Alto Papaloapan: ecocidio y etnocidio

En 1947 se puso en marcha la Comisión del Río Papaloapan, con la finalidad de ejecutar el Proyecto Cerro de Oro (presas Temazcal y Cerro de Oro) en el Alto Papaloapan: una gigantesca obra (más de 700 km^2, con una capacidad máxima de almacenamiento de 13 billones de m^3) destinada a controlar los flujos (44 billones de m^3 anuales) de una de las mayores cuencas hidrológicas de México, que comprende 357 municipios de tres estados de la república: 264 en Oaxaca, 64 en Veracruz y 29 en Puebla. En 1950 se construyó la primera parte del proyecto (presa Temazcal). En 1972 se aprobó la segunda fase (la presa Cerro de Oro), que se inició en 1974. Con estas decisiones se puso en marcha un plan de reacomodo de la población que inevitablemente sería desplazada, mazatecos y chinantecos principalmente.

31

Se eligieron para este reacomodo algunas áreas del Istmo Central entre los valles de los ríos Lalana y Trinidad, en territorio oaxaqueño, y el valle del Uxpanapa, en el veracruzano.

El primer paso fue desmontar miles de hectáreas de selvas tropicales lluviosas, y el segundo, llevar a cabo un costoso plan de reacomodo de los indígenas desplazados. Se operó así un doble desenraizamiento. La población indígena se vio obligada a abandonar miles de hectáreas de las más fértiles de sus tierras (19 mil hectáreas en el caso de los chinantecos), que serían sepultadas por la inundación de los vasos de las presas. Más de 20 mil mazatecos, y entre 15 y 20 mil chinantecos, fueron desalojados y obligados a abandonar un hábitat y un medio que les había proporcionado el sustento durante siglos. Y, por otra parte, se destruyó la cubierta vegetal, especialmente en las áreas ocupadas por la selva tropical lluviosa del Istmo Central.

Todo el horror de los cambios operados a partir de la construcción de las grandes presas y de las colonizaciones dirigidas con el propósito de aprovechar para fines agrícolas e industriales las tierras y los recursos maderables del trópico húmedo se conjugaron para hacer de las experiencias vividas por los indígenas afectados una de las más grandes tragedias sociales y ecológicas en la historia de la modernización de la sociedad mexicana.

Al final de esta pesadilla modernizadora, los mexicanos hubieron de pagar puntualmente al Banco Mundial los millones de dólares invertidos (1 600 en todo el Proyecto Cerro de Oro), así como los altísimos costos de mantenimiento de las presas, y perdieron miles de hectáreas de un patrimonio biológico irrecuperable. Los chinantecos salieron de este brutal sueño tecnocrático sin su hábitat, sus dioses, su cultura, y más explotados por quienes sí supieron sacar provecho de los errores de la maquinaria modernizadora: los caciques y los ganaderos, los narcotraficantes, los políticos y las empresas constructoras.

Hoy estas poblaciones desalojadas de sus hábitats se han agrupado en asociaciones que luchan por recuperar parte de su patrimonio biológico y cultural perdido.

La petrolización del trópico

Los costos ecológicos y sociales de la política petrolera mexicana en el siglo XX fueron íntegramente cargados a las poblaciones indígenas, campesinas y de pescadores del sureste. Zonas litorales de pesca, estuarios, lagunas costeras, pantanos, manglares, planicies, selvas bajas caducifolias, cuencas altas, selvas lluviosas: todo mostraba ya, después de un siglo de manejos imprudentes, algunas formas de desequilibrio atribuibles directa o indirectamente a esta obra de extracción intensiva de los ricos mantos petroleros.

32

En el plano social, las contradicciones llegaron a su máximo. El crecimiento desmesurado de las ciudades petroleras desbordó toda la capacidad de las administraciones locales para sortear problemas críticos: vivienda, agua potable, drenaje, escuelas y servicios médicos. La presión sobre los servicios colectivos fue más intensa que nunca. El costo de la vida se elevó sustancialmente alterando las condiciones de vida de las poblaciones locales.

Las razones de estado que justificaron el ecocidio y el etnocidio que se practicaron en las zonas petroleras del sureste fueron las de subsidiar con energía barata los procesos de industrialización y generar las divisas necesarias para pagar los costos de la modernización ("La patria es primero", rezaba el lema oficial de esta fase de explotaciones intensivas...) y la cada vez más pesada deuda externa. Así se justificaron las expropiaciones de ejidos, tierras comunales, invasiones de áreas de pesca, destrucción de lagunas costeras, manglares, selvas tropicales, y la contaminación de los ríos.

Pero hoy ya no es posible seguir transfiriendo los terribles costos ecológicos y sociales del sistema energético de hidrocarburos a las poblaciones indígenas y campesinas del sureste. Con claridad estas poblaciones han expresado su decisión de no cargar más el peso de un sistema productivo cuyos dirigentes, una y otra vez, las han engañado, humillado y ofendido, expropiándoles sus recursos naturales, alterando sus estilos de vida y excluyéndolos sistemáticamente de sus beneficios.

Sólo en el periodo 1990-1994, se presentaron ante la empresa estatal Pemex 315 080 reclamaciones por derrames, pérdida de artes de pesca, cultivos y corrosión de alambradas; se cerraron y bloquearon 1 706 instalaciones petroleras, por protestas multitudinarias de los pobladores; 8 274 MB de producción de aceite y 21 624 MMPC de producción de gas tuvieron que ser diferidos. Las pérdidas para la empresa por concepto de indemnizaciones fueron multimillonarias: 1 228 millones de nuevos pesos.

Las enormes tensiones sociales acumuladas en las regiones procesadoras de hidrocarburos alrededor de los pozos petroleros, los complejos industriales dedicados al procesamiento y a la distribución de productos refinados y petroquímicos, constituyen los más claros signos del clima de violencia que vive el sureste de México al fin del milenio.

La ganaderización del trópico

Junto con el petróleo, la ganadería de bovinos ha representado la actividad más destructiva de los ecosistemas tropicales del sureste de México. Su expansión es más reciente que la del petróleo, no obstante que las llanuras costeras de la región fueron ocupadas por esta actividad desde la colonia. En el último medio siglo, la ganadería se adueñó de prácticamente todos los espacios del trópico. De muy distintas maneras, el proceso de ganaderización significó una contrarreforma agraria silenciosa e ineluctable, que se expandió devastando, sobre todo, selvas bajas caducifolias y selvas altas. La legalización de los latifundios ganaderos mediante certificados de inafectabilidad que permitían el acaparamiento de miles de hectáreas; la fragmentación de grandes propiedades entre miembros de las familias prominentes de la burguesía rural, frecuentemente caciques locales y políticos de nivel nacional; los apoyos financieros nacionales e internacionales (FIRA, Banco Mundial y Banco Interamericano de Desarrollo) promovieron el gradual y sistemático despojo de las mejores tierras de cultivo de las comunidades rurales y la expansión y ocupación de enormes extensiones de superficies boscosas. La frontera ganadera no tuvo límites en el sureste. Lo mismo invadió humedales y llanuras costeras, márgenes de ríos, que zonas montañosas. En menos de medio siglo, las superficies de los estados más ricos en diversidad biológica del sureste, como Veracruz y Chiapas (cada uno con más de 8 mil especies de plantas con flores identificadas), fueron despojadas de su manto vegetal y transformadas en gigantescos potreros. El 62 por ciento de la superficie de Veracruz y 63 por ciento de la superficie de Chiapas son hoy ocupados por una ganadería extensiva, que emplea 1.5 hectáreas por cabeza de ganado. Chiapas pasó de una superficie ganadera estimada en 16 por ciento de su territorio, en 1940, a 63 por ciento en sólo cuatro décadas. Tabasco es otro caso típico de esta devastación: hacia mediados del siglo, se estimaba que 48 por ciento de su superficie estaba todavía ocupada por diversas asociaciones vegetales selváticas. A principios de los ochenta, esta proporción se redujo hasta 9 por ciento.

Los bosques tropicales

Una de las mayores tragedias ecológicas de México es la casi completa desaparición de sus selvas tropicales altas. Aunque explotadas desde la colonización española del territorio mexicano, su destrucción es un fenómeno relativamente reciente. La gran Selva Lacandona del sur, por ejemplo, sólo ha sido víctima de intensos e irracionales aprovechamientos forestales, insensatos programas de colonización, exploraciones petroleras, y del avance incontenible de la ganadería, desde fines del siglo pasado y durante las cinco últimas décadas del presente. Las selvas bajas de Tabasco desaparecieron por completo ante los avances de la ganadería en las últimas cinco décadas. Las selvas del alto Uxpanapa y la Gran Selva Zoque conocida como Los Chimalapas han visto amenazadas sus riquezas florísticas en el último tercio del siglo. La desaparición de las selvas es, pues, un producto de la modernización de los espacios rurales mexicanos.

Los movimientos ecológicos en el Istmo de Tehuantepec

Prácticamente desde la llegada de los conquistadores españoles a las regiones tropicales del sureste de México, el objetivo de establecer una ruta comercial a través de la región ístmica, el paso más estrecho del territorio mexicano entre los océanos Atlántico y Pacífico, se planteó como una empresa viable y capaz de aprovechar la situación estratégica del Istmo de Tehuantepec como ruta comercial entre los países del Oriente y el Occidente. Con la apertura del Canal de Panamá a principios del siglo, el proyecto perdió importancia dentro de las prioridades geopolíticas de las potencias imperiales dominantes, que se repartieron el mundo y explotaron los recursos naturales de la región, entre ellos, especialmente, los hidrocarburos. Pero siempre se mantuvo como proyecto, hasta nuestros días.

Ante el fin del tratado sobre el Canal de Panamá, el tema del establecimiento de una vía rápida a través del Istmo de Tehuantepec ha vuelto a inquietar a los mexicanos, especialmente a los habitantes de esta región, que alberga algunos de los últimos tesoros biológicos de los trópicos mexicanos y que forma parte de las selvas tropicales mesoamericanas consideradas como zonas prioritarias (*hot spots*) por la comunidad científica internacional.

Las comunidades locales, en su mayoría poblaciones indígenas mixes-popolucas, zapotecas, zoques y chontales, afectadas por los planes de desarrollo emprendidos en la región a lo largo del proceso de modernización de la sociedad mexicana, especialmente en el último siglo, se aprestan a luchar por la defensa de sus recursos naturales y han manifestado de una manera abierta su oposición a los planes gubernamentales. Éstos consisten, básicamente, en el establecimiento de una vía rápida de cuatro carriles que permita el transporte de mercancías a base de contenedores. Con la realización de esta obra, el gobierno mexicano pretende atraer capitales privados nacionales e internacionales que permitan explotar los recursos ístmicos (bosques tropicales, hidrocarburos y algunos recursos pesqueros). Éste es el denominado Megaproyecto del Istmo de Tehuantepec. A través de él, el gobierno mexicano intenta poner en marcha un paquete de proyectos entre los que se destacan los siguientes:

1. *Industria química y petroquímica* en Cosoleacaque, Coatzacoalcos, Ixhuatlán del Sureste y Salina Cruz.
2. *Refinación* en Salina Cruz
3. *Industria forestal:* plantaciones comerciales de eucalipto en Las Choapas, Agua Dulce, Moloacán, Los Tuxtlas, cuenca del río Uxpanapa en el estado de Veracruz; Chimalapas, Santiago Yaveo y San Juan Cotzocón, en el

estado de Oaxaca. También se contempla establecer una planta de celulosa de papel en Coatzacoalcos.

4. *Pesca*: proyectos de camaronicultura y la rehabilitación de las flotas pesqueras.

5. *Explotación de minerales no metálicos*: mármol, roca fosfórica, cal, sal de mar.

6. *Complejos turísticos*: ampliación del complejo hotelero de Huatulco.

La voz y las decisiones de las comunidades indígenas istmeñas: "El Istmo es nuestro"

Durante los días del 22 al 24 de agosto de 1997, los istmeños celebraron un foro nacional para discutir estos planes gubernamentales y presionar a sus promotores para que informaran sobre los mismos a las poblaciones locales, al mismo tiempo que se aprestaban a diseñar estrategias para la defensa de sus recursos naturales. Las mesas de trabajo reunidas en diferentes puntos del Istmo adoptaron resoluciones entre las que destacan las siguientes:

• Es necesario definir el tipo de desarrollo que queremos y que necesitamos de acuerdo a nuestras culturas, costumbres, recursos naturales y humanos con que contamos y que este modelo de desarrollo que nos plantean sea más humano, cultural, ambientalista, regional y nacionalista.

• Declaramos no estar dispuestos a que nos impongan el modelo de desarrollo para impulsar el Istmo, ya que consideramos que este proyecto atenta contra la soberanía regional y nacional, contra la autonomía de los pueblos indígenas, contra la seguridad nacional y contra las culturas, los recursos naturales y la economía de la región.

• Nos declaramos a favor del desarrollo del Istmo sin participación de capitales extranjeros privados y estamos dispuestos a entablar un diálogo con las autoridades gubernamentales de Oaxaca y Veracruz, así como con el gobierno federal, para definir el modelo de desarrollo para el Istmo integrando las propuestas de las comunidades y pueblos indígenas de la región.

• A pesar de las condiciones precarias en las que se encuentran los indígenas en nuestro país, nuestros antepasados han sabido defender nuestras tierras y nuestros recursos naturales. Ejemplos recientes los encontramos en las luchas de los pueblos de las comunidades de Los Chimalapas, Tepoztlán, Morelos, nuestros hermanos de Chiapas y otros hermanos que luchan contra el proyecto neoliberal a lo largo y ancho del país.

• Proponemos un desarrollo que resuelva las necesidades de la comunidad, un desarrollo igualitario e incluyente, donde tengamos todos derecho a decidir, que sea diseñado también por mujeres. El modelo de desarrollo que queremos debe responder a nuestras expectativas, culturas y potencialidades. Un modelo propio, sin corrupción, sin malos manejos, sin explotación, sin expropiación. Un desarrollo colectivo que no privatice ni individualice la propiedad de la tierra y use de manera comunitaria los recursos. Queremos un desarrollo comunitario basado en nuestro propio diagnóstico. Un desarrollo con el compromiso y las soluciones de la propia gente. Queremos un desarrollo autónomo que sea decidido por las propias comunidades y pueblos indios. No queremos que nuestras comunidades desaparezcan; queremos seguir viviendo como hasta ahora hemos vivido, sin aceptar que otros vengan a imponerse como lo hacen con la ley. No lo vamos a aceptar.

• Los recursos de la nación son nuestros. La soberanía nacional está depositada en el pueblo de México y éste es el que debe tomar las decisiones acerca de la manera de utilizarlos. Los recursos de la nación no son para el que tenga más dinero, sino para el provecho de la nación, y el gobierno debe de administrarlos atendiendo a las decisiones y a las necesidades del pueblo; para esto, un principio fundamental es el de la autodeterminación. Debemos organizarnos para hacer oír nuestra voz, para luchar en contra de la contaminación y depredación de la zona, para buscar las alternativas sociales y económicas que nos convengan y para garantizar que nuestra voz llegue al Congreso y a todos los espacios de representación y de toma de decisiones.

• Es necesario desarrollar alternativas que garanticen nuestro sustento diario y que nos permitan vivir con dignidad construyendo un mejor futuro.

Una reflexión final

A lo largo de toda su historia, las comunidades indígenas que habitan el sureste de México no han causado ningún desequilibrio que haga peligrar la estabilidad de los ecosistemas en los que se han sustentado los proyectos de modernización de la sociedad mexicana. Ellos no han represado sus ríos con proyectos hidroeléctricos, cuyos beneficios no han disfrutado ni en términos de consumo de energía ni en proyectos hidroagrícolas o acuaculturales. No han alterado sus planicies de inundación, estableciendo cultivos comerciales para la exportación. No han destruido sus lagunas costeras y estuarios, realizando obras de infraestructura para el procesamiento y la exportación de hidrocarburos. Ellos tampoco han promovido ni impulsado la tala de sus bosques, en favor de inmensas superficies ganaderas y de la producción de un alimento que rebasa sus posibilidades de adquisición, ni de proyectos de explotación intensiva de sus bosques, que sólo han aprovechado las maderas comerciales para la elaboración de productos que no se consumen en sus regiones. Ellos no han contaminado sus ríos ni sus ecosistemas acuáticos más productivos con toda clase de sustancias tóxicas. Nada tienen que ver con los proyectos industriales y agroindustriales que han destruido sus recursos, privándolos de sus medios de vida.

La terrible degradación de sus ecosistemas y la destrucción de sus culturas son los resultados de decisiones que les han sido ajenas, desde hace cientos de años.

Los proyectos destructivos de sus recursos y de sus culturas les han sido impuestos a sangre y fuego y bajo toda clase de decisiones autoritarias, en nombre de la civilización, el progreso, la modernización y, ahora, el desarrollo sustentable.

Sin embargo, la batalla por el disfrute de su biodiversidad aún no está decidida. Las comunidades indígenas del sureste de México, por lo pronto, ya han expresado su decisión de no continuar siendo los perdedores de la historia.

Bibliografía citada

Bodley, J. H., "Human Rights, Development, and the Environment in the Peruvian Amazon: the Ashaninka Case", en B. R. Johnston, (comp.), *Who Pays the Price? The Sociocultural Context of Environmentall Crisis*, Island Press, Washington, D. C., 1994, pp. 31-6.

Ceceña, A. E. y A. Barreda, "Chiapas y sus recursos estratégicos", *Chiapas*, n. 1, Era-Instituto de Investigaciones Económicas, UNAM, México, 1995, pp. 53-99.

Chomsky, N., *Política y cultura a finales del siglo XX. Un panorama de las actuales tendencias*, Ariel, 1994, p. 115.

——, *Lo que realmente quiere el tío Sam*, Siglo XXI, México, 1994, 136 pp.

—— y H. Dieterich, *Los vencedores. Una ironía de la historia*, Joaquín Mortiz, México, 1996, 177 pp.

Davis, S. H., "La crisis del Amazonas y el destino de los indios", en Universidad Simón Bolívar- Instituto de Altos Estudios de América Latina (comps.), *El universo amazónico y la integración latinoamericana*, edición finaciada por la Fundación Bicentenario de Simón Bolívar, 1991.

Ekins, P. y M. Jacobs, "Environmental Sustain-ability and the Growth of GDP: conditions for compatibility", en V. Bhaskar y A. Glyn (comps.), *The North the South and the Environment. Ecological Constraints and the Global Economy*, Universidad de las Naciones Unidad-EARTHSCAN, Londres, 1995, 263 pp.

Escobar, Arturo, *Encountering Development: The Making and Unmakingof the Third World*, Princeton University Press, Princeton, 1995.

——, *Cultural Politics and Biological Diversity: State, Capital and Social Movements in the Pacific Coast of Colombia*, Departamento de Antropología, Universidad de Massachusetts, Amherst, 1997 (mimeo).

Fearnside, "Environmental Services as Strategy for Sustainable Development in Rural Amazonia", *Ecological Economics*, n. 20, 1997, pp. 53-70.

Gallopín, G. (comp.), *El futuro ecológico de un continente. Una visión prospectiva de América Latina*, 2 vols., Universidad de las Naciones Unidas-El Trimestre Económico-Fondo de Cultura Económica, México, 1995.

Gligo, N. y J. Morello, "Notas sobre la historia ecológica de América Latina", en O. Sunkel y N. Gligo (comps.), *Estilos de desarrollo y medio ambiente en América Latina*, Fondo de Cultura Económica, México, 1980, t. I.

Ianni, O., *Teoría de la globalización*, Siglo XXI-Centro de Investigaciones Interdisciplinarias en Ciencias y Humanidades, UNAM, México, 1996, 184 pp.

Leff, E., *Ecología y capital. Racionalidad ambiental, democracia participativa y desarrollo sustentable*, Siglo XXI, México, 1994, 437 pp.

——, "Ambiente y democracia: los nuevos actores sociales del ambientalismo en el medio rural y el problema de la representación", seminario internacional Nuevos Procesos Rurales en México, Teorías, Estudios de Caso y Perspectivas, INAH-UNAM-UAM-Az, Taxco, 30 de mayo al 3 de junio de 1994.

O'Connor, M. (comp.), *Is Capitalism Sustainable? Political Economy and the Politics of Ecology*, The Guilford Press, 1994, 283 pp.

PNUMA-AECH-MOPU (Programa de Naciones Unidas para el Medio Ambiente-AECH-MOPU), *Desarrollo y medio ambiente en América Latina y el Caribe. Una visión evolutiva*, Madrid, España, 1990, 231 pp.

Salati, E. y P. B. Vose, "Amazon Basin: A System in Equilibrium", *Science*, vol. 225, n. 4658, 1984, pp. 129-38.

——, et. al., "Changes in the Amazon over the Last 300 Years", en B. Turner (comp.), *Earth Transformed by Human Action*, Proceedings of Conference at Clark University, Worcester, Massachussetts, del 26 al 30 de octubre de 1987.

Skole, D. y C. Tucker, "Tropical Deforestation and Habitat Fragmentation in the Amazon: Satellite Data from 1978 to 1988", *Science*, vol. 260, 1988, pp. 1905-10.

Sponsel, L., "The Yanomami Holocaust Continues", en B. R. Johnston, (comp.), *Who Pays the Price? The Sociocultural Context of Environmentall Crisis*, Island, Washington, D. C., 1994, pp. 37-46.

Toledo, V. M., "La diversidad biológica de México", en *Ciencia y Desarrollo*, vol. XIV, n. 81, julio-agosto de 1988.

——, *Naturaleza, producción, cultura*, Universidad Veracruzana, Jalapa, 1989, 155 pp.

——, "Toda la utopía: el nuevo movimiento ecológico de los indígenas (y campesinos) de México", en J. Moguel, C. Botey y L. Hernández (comps.), *Autonomía y nuevos sujetos sociales en el desarrollo rural*, Siglo XXI-CEHAM, 1992, 281 pp.

WCED, *Our Common Future*, Universidad de Oxford, 1987.

"

Fascinados por la condición
caleidoscópica de lo real [los
teóricos posmodernos], no
sólo no atinan a tomar una
decisión, a elegir un destino, a
construir un nuevo gran
relato, una nueva utopía, sino
que tampoco lo creen
necesario."

■ **José Pablo Feinmann**

Edur Velasco y Richard Roman

Migración, mercados laborales y pobreza en el Septentrión Americano

Razones para una herejía

Reunidos en un aquelarre y echando mano de un sortilegio, los insurrectos durante la guerra de Independencia de la Nueva España se propusieron llevar la insurgencia a todo el Septentrión Americano. La independencia particular de un país denominado el Imperio Mexicano fue, valga la paradoja, un realista invento posterior, en el que todo cambió para permanecer igual. ¿Qué condujo a los iluministas de la revolución de 1810 a referirse a su empresa como la batalla por la libertad del hombre en un territorio, tan vasto como inexistente, nombrado por ellos el Septentrión Americano?

Hemos buscado una respuesta sin encontrarla. Sólo tenemos algunas nociones parciales, algunas piezas sueltas de lo que los nigromantes de 1810 se traían entre manos. El Septentrión combina en sus raíces la huella y el trasiego de los toros con el número siete, en una cábala todavía indescifrable. Podemos con humildad decir, en principio, que el Septentrión Americano es una mítica región que cae en el norte. Siguiendo a los navegantes del siglo XVI, hay quien afirma que nunca se culmina el viaje hacia tan enigmática tierra, por más que se tenga la certeza de seguir, como señal y guía, a las estrellas de la Osa Mayor. Los migrantes mexicanos del siglo XXI, nuestros marineros en tierra, coinciden en dicha apreciación. El Septentrión Americano no es otro que el muy remoto lugar donde brota el Viento del Norte, el aquilón de los latinos, el cierzo del Levante, el *mictlampa ehecatl* de los nahuas, literalmente el viento del abismo. *Mictlampa* era el territorio oculto, dispuesto más allá de la agonía, para los antiguos pueblos de América. En él no se desplegaban los tormentos infernales que le atribuyen las culturas de Occidente. En su fría bóveda interior residían los muertos y sus secretos. El Septentrión era, por tanto, el lugar del eterno retorno, del que partían y al que regresaban todas las migraciones precolombinas.

41

Por ahora, es lo que hemos podido recuperar de una palabra perdida en los papeles secretos de la Junta de Zitácuaro de 1811. A través de los crípticos trazos del Septentrión Americano navegamos por una tierra distinta a la opulenta Norteamérica y al territorio del Tratado de Libre Comercio de América del Norte, el temible TLCAN. Por debajo de la bóveda celeste de transacciones financieras y comerciales, reside la bóveda subterránea de los dominados, el *mictlampa ehecatl,* mejor conocido en castellano como el Septentrión Americano.

La migración en el Septentrión Americano

El Septentrión Americano permanece oculto, debajo de lo que el pensamiento del establishment reconoce como el territorio del tratado comercial de América del Norte, el feroz desde sus siglas TLCAN. Por los intersticios que deja el incesante movimiento de miles de toneladas de acero, cobre, vidrio, piezas de metal, granos, petróleo, así como de los millones de pequeñas piezas y componentes de la industria electrónica, podemos percibir a sus pobladores. Mas allá del flujo diario de miles de *containers* por los puertos de tierra y el mar, el Septentrión Americano es una inmensa plaza en donde millones de personas se mueven de un punto a otro, sin nada en las manos, simples portadores de una riqueza intangible: su fuerza de trabajo. Dado que los acuerdos comerciales de América del Norte no incluyeron al movimiento transfronterizo del mundo del trabajo, y sólo se detuvieron en el de los objetos inertes, la mayor parte de los desplazamientos de personas entre uno y otro país se da a través de las viejas vías del *underground railway.*[1]

La migración, del campo a la ciudad, de un país a otro, que durante casi todo el siglo XX fuera un mecanismo de movilidad social fundamental, para dejar atrás la pobreza, terminó por convertirse en un simple vaso comunicante entre los *sweat shops* de las distintas regiones del TLCAN. Los modernos parias llevan las cadenas consigo. La huida sólo los conduce de nuevo al punto de partida. La pobreza, como una maldición, persigue a quienes la sufren a cualquier parte que se dirijan. Es la globalización de una condición social. Es una condena global. El trasiego de los pobres de una región a otra, de una nación a otra, no es la causante de que la pobreza crezca en donde ellos deciden residir. Es la demostración, por el contrario, del surgimiento de un mercado mundial de fuerza de trabajo creado por los gran-

---

[1] El *underground railway* era una ruta hecha de atajos, graneros, pozos y escondites diversos, por donde transitaban en la oscuridad y se refugiaban durante el día los esclavos negros del sur de Estados Unidos, en fuga hacia la frontera de Canadá, donde se había abolido la esclavitud.

des centros de poder mundial, en el que los trabajadores asalariados han perdido la cohesión colectiva necesaria para resistir con eficacia. No obstante, las condiciones son diversas entre un país y otro.

La inmigración y el mercado laboral de Canadá

En Canadá, el peso de los migrantes sigue siendo fundamental en su evolución demográfica. Una marea de trabajadores provenientes de todos los rincones de la tierra llega cada año a sus costas y a las ciudades de tierra adentro. En 1991, los datos nos muestran que, de los 27 millones de habitantes, 4.3 millones habían nacido fuera de Canadá. El cuadro 1 refleja la composición étnica de la fuerza de trabajo migrante y su lugar de origen.

Para medir la fuerza del torrente migratorio en Canadá es necesario contemplar dicho proceso a lo largo del periodo de 1961 a 1995. En el lustro de 1961 a 1965, el crecimiento de la población canadiense atribuible a la inmigración representó 14.6 por ciento del total. En el quinquenio de 1986 a 1991, la participación de los inmigrantes en el crecimiento total de la población fue de 48.5 por ciento: 1.2 millones de personas se trasladaban de Asia, África, Latinoamérica y el Caribe para sumarse a la fuerza de trabajo canadiense.

En el año que corre de julio de 1994 a julio de 1995, la última información disponible, las cifras arrojan un total de 29.6 millones de habitantes en Canadá. En el último año, el crecimiento natural de la población fue de 170 mil personas, mientras que la inmigración fue de 215 mil, a las que habría que agregar otras cien mil calificadas como "inmigrantes no permanentes".

Cuadro 1			
COMPOSICIÓN ÉTNICA DE CANADÁ EN EL AÑO DE 1991 **Lengua madre de la población**			
Inglés	16 169 875	Punjab	136 460
Francés	6 502 865	Griego	126 205
Italiano	510 990	Filipino	107 750
Chino	498 845	Húngaro	99 715
Alemán	466 245	Vietnamita	79 770
Portugués	212 090	Cree	78 565
Polaco	189 810	Inuktitu	73 780
Ucraniano	187 010	Otros	24 100
Español	177 425	Bilingüe	1 213 505
Holandés	139 035	Total	26 994 040

FUENTE: *Canada Year Book*, 1997.

43

La población canadiense crece a una tasa de 1.4 por ciento anual, mientras que la población de inmigrantes lo hace a 6.1 por ciento, esto es, 250 mil personas cada año en promedio, en el penúltimo lustro del siglo XX. El peso de los latinoamericanos ha pasado de 3 por ciento del total de inmigrantes en la década de los setenta a 15 por ciento en la de los noventa: en la segunda mitad de ésta, 50 mil latinoamericanos han emigrado hacia Canadá año con año. La fuerte inmigración latina empieza a pesar de manera significativa en el mercado de fuerza de trabajo de los servicios, en las principales zonas metropolitanas de Canadá.

La experiencia canadiense contrasta con la de Estados Unidos, que veremos en la siguiente sección, porque, a pesar de que en Canadá el peso de los inmigrantes respecto al total de la población se aproxima a 18 por ciento al término del siglo, esto es, el doble del peso específico de los inmigrantes en la sociedad estadounidense, la gran mayoría son inmigrantes legales, y tienen plenos derechos como residentes, incluidos el derecho a participar como miembros efectivos en los sindicatos, y beneficiarse de las negociaciones colectivas en la definición de salarios y condiciones de trabajo. La resistencia laboral en Canadá ha impedido que se disuelvan los sindicatos y que retroceda la tasa de sindicalización. Aquí la diferencia con Estados Unidos y México es notable. En 1995, los sindicatos canadienses, con 4.1 millones de afiliados, poseían la tasa de sindicalización más alta de todo el continente, con 31 por ciento de la población económicamente activa (PEA) agremiada en sindicatos. En contraste, en Estados Unidos la tasa de sindicalización es de 13 por ciento y en México de 15 por ciento.

El esfuerzo político y organizativo de los sindicatos, así como de las comunidades, para defender el carácter social y redistributivo de las políticas públicas ha logrado evitar un descenso de los salarios reales, si bien éstos no han logrado crecer junto con los incrementos sustanciales en la productividad. En las manufacturas canadienses, la productividad por hombre ocupado se incrementó en 25.8 por ciento entre 1985 y 1995. El ascenso en la productividad provocó un descenso en el número de trabajadores ocupados por la industria, y un incremento sustancial del desempleo. Los salarios reales promedio mantuvieron su nivel inicial, aunque en el caso de los trabajadores sindicalizados sí lograron aumentar sus ingresos reales en 18 por ciento a lo largo de la década de los noventa (*Statistics Canada*).

El mayor impacto de la globalización en el mercado laboral canadiense se expresa en una alta tasa de desempleo, ya crónica, que se mantiene en alrededor de 10 por ciento desde hace tres lustros, y que es una de las mayores de los países de la OCDE. El TLCAN también ha minado el empleo industrial y acrecentado los déficits comerciales de la economía canadiense con Estados Unidos y México. En particular las importaciones de México han crecido de 1 730 a 5 341 millones de dóláres US, entre 1990 y 1995, abriendo un boquete de 4 234 millones en la balanza comercial, como consecuencia de las crecientes importaciones provenientes de la industria maquiladora del norte de México.

Con respecto al tema de la migración, la experiencia de Canadá muestra que, en la medida en que los inmigrantes encuentran un tejido de organización social sólido, la correlación de fuerzas en el mercado laboral no se modifica a favor de las corporaciones. Si los inmigrantes se insertan con plenos derechos en la vida social, las comunidades que los cobijan logran preservar los niveles salariales y las políticas públicas con una perspectiva redistributiva de la riqueza social.

La inmigración y el mercado laboral en Estados Unidos

En Estados Unidos, el flujo migratorio es uno de los más voluminosos del mundo. Entre 1990 y 1995, la población estadounidense pasó de 248.1 millones de habitantes a 261.1 millones, con un aumento absoluto de 13.5 millones de personas en el quinquenio. La tasa de crecimiento de la población fue, por tanto, de 1.1 por ciento en cifras cerradas. En este periodo, las estadísticas oficiales reconocen 6.8 millones de migrantes legales, lo que implica que 50 por ciento del crecimiento absoluto de la población en Estados Unidos es atribuible al flujo de fuerza de trabajo de otros países (*USA Statistical Abstract*, 1996, pp. 8-18). El volumen de inmigrantes legales en 1994, último año para el que tenemos información disponible, fue de 804 mil. De ellos, 161 mil provinieron de Europa, 292 mil de Asia y 304 mil de América Latina. Tan sólo 26 mil provinieron de África y 20 mil de Canadá, Australia y Nueva Zelanda. Lo anterior significa que América Latina es una fuente notable de fuerza de trabajo para los engranajes de la acumulación en Estados Unidos, con una aportación de 38 por ciento de la inmigración legal. Pero a los datos anteriores cabría agregar los de la inmigración indocumentada, con lo que la participación de los trabajadores latinoamericanos se incrementa de manera significativa.

Las estimaciones del Inmigration National Service (INS por sus siglas en inglés) ubican entre 3.4 y 4 millones la población de trabajadores indocumentados en Estados Unidos. Aunque existen indicios de que el número de trabajadores migrantes no autorizados es en realidad de 6 millones de personas, sumergidas en los subterráneos de la vida social y laboral de la unión americana. El cuadro 2 muestra la distribución por país de origen de los inmigrantes indocumentados en Estados Unidos. Estas cifras son estimaciones parciales ya que se derivan de los censos de población y de los datos de la Border Patrol sobre las personas detenidas por intentar entrar fuera de las zonas aduanales. Pero estudios particulares, como el titulado "Migration between Mexico and the US", publicado recientemente por el INS y la Secretaría de Relaciones Exteriores de México, calculaban en 7.3 millones los mexicanos residentes permanentes en Estados Unidos. De ellos 4.9 millones residen con sus documentos legalmente autorizados y 2.4 millones sin autorización legal.

Cuadro 2

ESTIMACIÓN DEL NÚMERO DE MIGRANTES PERMANENTES INDOCUMENTADOS EN ESTADOS UNIDOS*

REGIÓN Y PAÍS	ESTIMACIONES DEL INS (MILES)	PORCENTAJE DEL TOTAL DE INDOCUMENTADOS
América Latina y el Caribe	2 251	66.6
México	1 321	39.1
El Salvador	327	9.7
Guatemala	129	3.8
Haití	88	2.6
Nicaragua	68	2.0
Honduras	61	1.8
Colombia	59	1.7
Ecuador	45	1.3
República Dominicana	40	1.2
Bahamas	71	2.1
Jamaica	42	1.2
Europa		
Italia	67	2.0
Irlanda	36	1.1
Portugal	31	0.9
Polonia	91	2.7
Asia		
India	28	0.8
Pakistán	30	1.9
Filipinas	90	2.7
Canadá	97	2.9
Total	3 379	100.0

* Estimaciones del INS, para el año de 1992.
FUENTE: *US Statistical Abstracts*, 1996, p. 12.

En el citado documento se afirma: "El decenio de 1980 mostró un aumento masivo de la migración mexicana autorizada, debido, en gran parte, al programa de legalización de los inmigrantes no autorizados en los años previos. Durante el decenio de 1990 la migración autorizada desde México siguió siendo considerable a medida que los familiares mexicanos legalizados obtenían el estatus de residentes permanentes. Tan sólo en el año fiscal de 1996, más de 160 mil mexicanos pasaron a convertirse en inmigrantes autorizados" (*Migration Binational Studies*, p. 11).

Del estudio "Migration Between Mexico and the US" desprendemos que el número de inmigrantes indocumentados de las distintas nacionalidades se encuentra subestimado en las cifras oficiales, que aparecen en el cuadro 2, y que contemplaban en 1992 una cifra de tan sólo 3.4 millones de indocumentados, de los cuales 1.3 millones serían de origen mexicano. En realidad, el número de trabajadores indocumentados, permanentes y temporales, en la economía estadounidense podría alcanzar los 6 millones de personas en la segunda mitad de la década de los noventa, esto es, 5 por ciento de la PEA de Estados Unidos. Para el fin de siglo, los datos previos podrían aumentar a 8 millones de trabajadores indocumentados, que representarían 6.3 por ciento de la población económicamente activa de Estados Unidos.

Si consideramos como un todo a la población nacida en el exterior y a los núcleos de la población que permanecen incorporados a sus raíces culturales, la fuerza de trabajo externa residente en Estados Unidos se eleva a 14 por ciento, y su composición porcentual por el lugar de origen se indica en el cuadro 3. En el mismo se puede apreciar que los latinoamericanos son el grupo étnico más numeroso. Han logrado preservar una gran cohesión sin diluirse en el *melting pot*. La fuerza cultural del grupo se recrea año con año, con la presencia de nuevos miles de parias que llegan huyendo de la miseria extrema en América Latina.

Más allá del efecto de la fase recesiva del ciclo largo en la economía continental, detrás de la emigración masiva de latinoamericanos hacia Estados Unidos hay un cambio radical en la proporción poblacional de Estados Unidos y América Latina. En 1914, la población de Estados Unidos era de 100 millones de habitantes mientras la población de América Latina era de tan sólo 80 millones de personas, la mayor parte de ellas en las zonas rurales. Ocho décadas después la proporción es dramáticamente distinta, dado que mientras en Estados Unidos la población suma 260 millones de habitantes, América Latina termina el siglo con 500 millones de ciudadanos en atormentadas repúblicas.

Cada año, una porción pequeña, uno de cada mil habitantes de América Latina, se desprende de su comunidad para intentar reconstruir su destino en la plaza central de la economía global. Al hacerlo, mantiene sus raíces

Cuadro 3

1990: POBLACIÓN CON UNA CULTURA ALTERNA
RESIDENTE EN ESTADOS UNIDOS
Clasificación por lengua utilizada al interior de la familia

GRUPO ÉTNICO	PERSONAS MAYORES DE CINCO AÑOS INTEGRADAS A UNA CULTURA ALTERNA RESIDENTES EN ESTADOS UNIDOS (MILES)	PORCENTAJE DEL TOTAL DE POBLACIÓN CON UNA CULTURA ALTERNA
Latino (castellano)	17 339	54.45
Francés	1 702	5.34
Alemán	1 547	4.86
Italiano	1 309	4.11
Chino	1 249	3.92
Filipino (tagalo)	843	2.65
Polaco	723	2.27
Coreano	626	1.97
Vietnamita	507	1.59
Portugués	430	1.35
Japonés	428	1.34
Griego	388	1.22
Árabe	355	1.11
Hindú	331	1.04
Ruso	242	0.76
Yidish	213	0.67
Tailandés	206	0.65
Persa	202	0.63
Creole hatiano	188	0.59
Armenio	150	0.47
Návajo	149	0.47
Húngaro	148	0.46
Hebreo	144	0.45
Holandés	143	0.45
Camboyano	127	0.40
Otros	2 156	6.77
Total de población con una cultura alterna	31 845	100.00

FUENTE: *US Bureau of Census*, 1996, p. 53.

culturales y comunitarias como ningún otro grupo étnico en la historia de Estados Unidos, tal vez si acaso los afroamericanos, pero con la diferencia a favor de los latinos de contar con una lengua propia y distintiva. Nuestra emigración es una diáspora continua, una marea incesante.

Para el caso de México, por obvias razones, este proceso es el eje de su historia contemporánea. Ni la economía ni la cultura mexicanas se pueden entender sin la nueva franja latina dentro de Estados Unidos. A los migrantes permanentes a los que nos hemos circunscrito hasta ahora, es necesario agregar el contingente de trabajadores estacionales que cruzan la frontera por periodos de semanas o meses, para regresar cíclicamente a su lugar de origen. Como lo señala el documento conjunto del INS y de la Secretaría de Relaciones Exteriores: "Las visitas temporales autorizadas entre México y Estados Unidos también son considerables. Los cruces fronterizos entre México y Estados Unidos son de los más numerosos en el mundo. Durante el año fiscal de 1996, por ejemplo, hubo 280 millones de cruces a través de la frontera. El número exacto de entradas de mexicanos no autorizadas a Estados Unidos se desconoce, pero el año fiscal de 1995 se realizaron más de 1.3 millones de aprehensiones de personas que intentaron cruzar sin ser inspeccionadas en la frontera entre los dos países". Según el propio INS, por cada persona detenida, dos ingresan temporalmente sin que la Patrulla Fronteriza pueda evitarlo.

Considerando lo anterior, podemos decir que 10 millones de mexicanos se encuentran residiendo de manera temporal o permanente en Estados Unidos, la mayor parte de ellos integrados a la población económicamente activa. Según estos resultados parciales, uno de cada tres mexicanos con empleo se encuentra en Estados Unidos, mientras otros 8 millones permanecen en México dentro de la economía de subsistencia, sin acceder a un empleo estable. El proceso también abarca a grandes grupos poblacionales del resto de América Latina, en particular de Centroamérica y el Caribe. En el caso de Sudamérica, es un hecho que la propia política migratoria de México es definida como un elemento de Seguridad Nacional por el Departamento de Estado de Estados Unidos, y existen numerosas formas por medio de las cuales ejerce presión para restringir el flujo de potenciales migrantes sudamericanos hacia Estados Unidos a través de México. Pero la distancia entre la riqueza del norte y la necesidad creciente de servicios para una población que envejece sin remedio hace que la presencia latinoamericana sea incontenible. Aun utilizando la técnica de unidades de poder adquisitivo, el PIB latinoamericano es apenas una cuarta parte de la suma del producto de Estados Unidos y Canadá (Angus Maddison, *Monitoring the World Economy: 1820-1992*, OCDE, París, 1995, pp. 182-90).

La inmigración de millones de personas en Estados Unidos conduce a la depauperación extrema de sus comunidades, como consecuencia de su injusta exclusión de los derechos sociales básicos, a través de diversas leyes con un claro contenido racista. La reciente ley de migración aprobada en octubre de 1996 decreta la persecución formal de la inmigración laboral, al grado de ser considerada en sí misma como una actividad delictiva peligrosa, dentro de las severas leyes que persiguen el crimen organizado. La ley no busca contener la migración, sino sumergirla en la economía subterránea.

La inmigración en sí misma no debería debilitar la fuerza de los trabajadores en el mercado laboral, si no fuera porque coincide, en el caso de Estados Unidos, con una postración generalizada de la organización de los trabajadores y el establecimiento en muchos estados de leyes que prohíben la contratación colectiva y el derecho de huelga. En condiciones de disgregación social, la persecución a la inmigración desata condiciones de excepción, que son aprovechadas por los patrones para contratar a millones de personas en pésimas condiciones laborales y bajos salarios. Es la tremenda debilidad de los sindicatos estadounidenses la que permite el indigno trato que reciben los indocumentados, y el deterioro general de las condiciones de trabajo.

Los inmigrantes se agolpan en las grandes ciudades en que declina la sindicalización. La tasa de sindicalización en Nueva York era de 38 por ciento en 1983, misma que descendió a 25 por ciento en la década de los noventa. En el mismo lapso, descendió el número de trabajadores organizados en Los Ángeles, de 22 por ciento a 15 por ciento, y en Chicago, de 25 por ciento a 18 por ciento. En ciudades con fuerte presencia de población trabajadora latinoamericana, los trabajadores sindicalizados son pequeños grupos de trabajadores públicos federales que tienen este derecho por ley –aunque la ultraderecha busque aniquilarlos con actos de terror como el bombazo de Oklahoma–, mientras el resto de la fuerza de trabajo está inerme ante el poder de las empresas. La tasa de sindicalización es de 9 por ciento en Miami, en El Paso de 7.2 por ciento, en Houston de 7 por ciento, en Dallas de 6.8 por ciento, en Phoenix de 6.5 por ciento, en San Antonio de 5.9 por ciento y en el caso extremo de Austin, en el estado de Texas, de 3.6 por ciento.[2]

Sin considerar al conjunto de los empleados públicos, y concentrándonos en los 110 millones de trabajadores de empresas privadas, la tasa de sindicalización en Estados Unidos está por debajo de 10 por ciento, cuando llegó a ser de 35 por ciento al término de la Segunda Guerra Mundial. En

[2] La reducida tasa de sindicalización hace que, al no existir ningún espacio reconocido socialmente para la protesta social, la violencia dentro y fuera de los centros de trabajo adquiera dimensiones sorprendentes. El número de personas, entre patrones, capataces y trabajadores, que mueren en hechos de violencia en centros de trabajo asciende a 1 300 (*Bureau of Census*, p. 434). El levantamiento de Los Ángeles, en mayo de 1992, fue en los barrios latinos del este una versión espontánea y masiva de una huelga general.

ese país, la crisis de la organización sindical debilita la capacidad de los trabajadores para negociar colectivamente sus condiciones laborales. Pero en el caso particular de los trabajadores latinos, la baja tasa de sindicalización, 12 por ciento del total, tiene un efecto devastador en los niveles salariales. Para los trabajadores anglosajones, el salario de los trabajadores sindicalizados es 30 por ciento superior al de los no sindicalizados; pero en el caso de los latinos, estar sindicalizado significa tener un salario 60 por ciento superior al de los trabajadores no sindicalizados. Dado que la inmensa mayoría de los trabajadores latinos son asalariados, su segregación laboral, la imposibilidad de organizarse sindicalmente, implica la miseria para sus familias. Los datos del propio gobierno de Estados Unidos muestran que 42 por ciento de los niños latinos se encuentran en condiciones por debajo de la línea de pobreza definida por las autoridades estadounidenses.

El potente flujo migratorio de latinoamericanos hacia Estados Unidos no sólo gravita sobre el diferencial de productos per cápita de las dos Américas, sino sobre la inequitativa distribución del ingreso en América Latina, que acicatea la expulsión de los grupos vitales de su población. Trataremos de demostrar cómo existe una estrecha correlación entre la desigual distribución del ingreso en el caso de México y las mareas migratorias hacia el norte del río Bravo.

La desigualdad en México y el flujo de la migración hacia el norte

Uno de los resultados más relevantes del estudio "Migration between Mexico and the US" consiste en mostrar cómo los migrantes mexicanos hacia el mercado laboral estadounidense no se encuentran necesariamente desocupados antes de partir: "Es evidente que el motivo principal de las corrientes migratorias es de carácter económico; sin embargo, esto no significa que los migrantes mexicanos carezcan forzosamente de trabajo en México. La mayor parte de los migrantes tuvieron trabajo, ocupación productiva antes de emigrar. Las encuestas aplicadas en numerosos puntos fronterizos a gran número de migrantes no autorizados muestran que la mayor parte tenía un trabajo antes de marcharse. Sin embargo, la mayoría migró con la intención de trabajar en Estados Unidos y acceder a salarios más altos" (*Estudio bilateral*, p. IV). Queda tácito el hecho de que, a la par que se ha derrumbado el salario real de la gran mayoría de la población mexicana, el incentivo para emigrar se ha vuelto cada vez más poderoso.

Desde la incorporación de México al GATT, en la primera mitad de los años ochenta, el proceso de desmantelamiento del viejo contrato social implicó un cambio radical en el conjunto de los precios relativos, con la idea de alcanzar una asignación más eficiente de los recursos ante la necesidad de

51

incrementar la productividad, así como la competitividad del país, en los mercados internacionales. Ninguno de estos tres objetivos se alcanzó; pero el país quedó a merced de la triada que forman los especuladores internacionales, las empresas multinacionales y los grupos financieros autóctonos. En el curso de quince años se produjo un cambio sustancial en la correlación de fuerzas de las partes involucradas en la contienda por la distribución del ingreso. La participación de las remuneraciones a los asalariados en el PIB pasó de 38 por ciento en 1982 a 25 por ciento en 1996: 13 puntos menos (INEGI, Sistema de Cuentas Nacionales). El incremento del flujo migratorio de trabajadores mexicanos ha coincidido con el derrumbe salarial de México en el periodo de quince años que va de 1982 a 1997. El poder adquisitivo del salario mínimo en México descendió a menos de una tercera parte entre la primera mitad de los ochenta y la segunda mitad de los noventa (véase cuadro 4). El descenso del salario medio industrial expresa el ciclo industrial corto y, con breves periodos de recuperación, presenta también abruptos descensos durante las recesiones: el salario real de los trabajadores industriales se encuentra, en 1997, por debajo del salario mínimo de 1976: una caída de 62 por ciento (véase el cuadro 5).

Según la versión del evangelio de las estadísticas oficiales, durante las dos últimas décadas el empleo se ha duplicado en México al pasar de 6.3 millones de trabajadores asegurados en 1980 a 11.5 millones en 1997. Sumando los ingresos de los gerentes de las empresas y de los trabajadores directos, los ideólogos del pensamiento único en México afirman que las remuneraciones promedio tan sólo han descendido una tercera parte, sin considerar las grandes diferencias intersectoriales y las que existen entre trabajadores de cuello blanco y los de cuello azul. Pero detrás de este mundo feliz se encuentra la segmentación del mercado laboral mexicano en dos pistas. La desigual distribución del ingreso en México pasa por esta fragmentación del mercado laboral entre los empleados y los trabajadores de línea. En el caso de México, esta división está justificada bajo la cobertura de la propia Ley Federal del Trabajo, que separa el núcleo técnico de los trabajadores directos bajo la noción de "personal de confianza" del empresario y, por lo tanto, sin posibilidades de organización sindical.

Dentro de su estrategia antisindical, las grandes corporaciones en México han buscado escindir al grupo de trabajadores calificados de la resistencia general, definiendo una política salarial diferenciada. Por otra parte, y como un proceso que distorsiona las cifras agregadas de "remuneraciones al trabajo" derivadas de las cuentas nacionales y del seguro social, mientras los salarios se derrumbaban en la proporción ya descrita, las cuentas nacionales muestran cómo el núcleo conformado por gerentes, ejecutivos y capataces obtenía una porción creciente del excedente económico. Entre 1988 y 1994, los segmentos directivos dentro de las empresas mexicanas incrementaron su tajada en el valor agregado industrial, bajo el rubro de pago por sus servicios, para alcanzar 13 por ciento del mismo. Los trabajadores de línea, por su parte, vieron reducir la participación de la masa salarial en el valor agregado de la industria de 22.8 por ciento del PIB industrial de 1980 a 11.6 por ciento del de 1996.

Como consecuencia de este proceso, del desmantelamiento del sector público y de la desaparición de buena parte de los precios relativos dirigidos a fortalecer la masa salarial, el carácter inequitativo de la distribución del ingreso en México se acentuó de manera profunda. Entre 1984 y 1996, el decil

Cuadro 4			
PODER ADQUISITIVO DEL SALARIO MÍNIMO EN LOS PRINCIPALES DISTRITOS INDUSTRIALES DE MÉXICO			
AÑO	SALARIO MÍNIMO NOMINAL*	ÍNDICE DE PRECIOS AL CONSUMIDOR	PODER ADQUISITIVO DEL SALARIO MÍNIMO**
1980	163	100.0	163.0
1981	210	126.0	166.7
1982	294	202.8	144.9
1983	489	386.2	126.6
1984	748	615.5	121.7
1985	1 155.0	963.2	119.9
1986	1 961.3	1 679.5	116.8
1987	4 131.5	4 020.6	102.8
1988	7 749.9	8 040.4	96.4
1989	8 732.7	10 156.6	85.9
1990	10 034.0	13 180.4	76.1
1991	11 777.5	16 070.7	73.3
1992	12 975.5	18 427.4	70.4
1993	14 023.5	20 608.1	68.1
1994	14 864.9	22 050.7	67.4
1995	16 261.0	29 767.5	54.6
1996	20 180.0	40 000.0	51.5
1997e	24 300.0	48 800.0	49.8

* Pesos corrientes según denominación de 1991.
** Pesos constantes de 1980.
(e): Estimación.
FUENTES: Leopoldo Solís, *La crisis económico-financiera, 1994-1995*, 1996, e INEGI, *Cuadernos de Información Oportuna*, 1994-1997.

Cuadro 5

EVOLUCIÓN DE LOS SALARIOS REALES EN MÉXICO, SALARIO INDUSTRIAL Y SALARIO MÍNIMO
Su correlación con sucesos en el movimiento obrero en México y el mundo, 1975-1996

AÑO	SALARIO INDUSTRIAL POR HORA*	SALARIO MÍNIMO POR HORA*	MÉXICO: SUCESOS RELEVANTES PARA EL MOVIMIENTO OBRERO	EL MUNDO: SUCESOS RELEVANTES PARA EL MOVIMIENTO OBRERO
1975	9.9	5.4	• Conformación del Frente Nacional de Acción Popular.	• Triunfo del Partido Vietnamita del Trabajo en la guerra de Indochina.
1976	12.2	5.0	• Continúa la insurgencia obrera; huelga nacional de electricistas.	
1977	10.8	5.2	• Represión a la insurgencia en los sindicatos nacionales.	
1978	9.8	5.0	• Huelgas metalúrgicas en cinco fundiciones estratégicas.	
1979	9.9	4.9	• Se inician grandes protestas entre los maestros de Chiapas.	• Triunfo de la revolución sandinista en Nicaragua.
1980	9.6	4.6	• Triunfo electoral de la izquierda en Juchitán, Oaxaca.	• Triunfo de Ronald Reagan en Estados Unidos.
1981	9.6	4.7	• Se reinicia la represión; asesinan a líderes magisteriales.	• Se inicia la guerra sucia contra Nicaragua.
1982	10.7	4.1	• Estalla la crisis económica; movimiento de huelgas en el país.	• Derrota de los militares argentinos en las islas Malvinas. Se reelige Margaret Thatcher en Inglaterra.
1983	7.8	3.4	• Derrota de la insurgencia sindical en el mes de junio.	
1984	7.5	3.2	• Se constituye la Asamblea Nacional Obrera, Campesina y Popular.	
1985	7.1	3.1	• Represión a la columna independiente el 1° de mayo; terremoto desata movilización popular.	
1986	6.4	2.9	• Privatizaciones avanzan. Derrota de los metalúrgicos en Monterrey.	
1987	6.2	2.7	• Huelgas en todo el país: magisterio, electricistas, automotrices.	

Cuadro 5 *(continuación)*

EVOLUCIÓN DE LOS SALARIOS REALES EN MÉXICO, SALARIO INDUSTRIAL Y SALARIO MÍNIMO
Su correlación con sucesos en el movimiento obrero en México y el mundo, 1975-1996

AÑO	SALARIO INDUSTRIAL POR HORA*	SALARIO MÍNIMO POR HORA*	MÉXICO: SUCESOS RELEVANTES PARA EL MOVIMIENTO OBRERO	EL MUNDO: SUCESOS RELEVANTES PARA EL MOVIMIENTO OBRERO
1988	5.8	2.4	• Inicio de la restauración burguesa; fraude contra la coalición cardenista.	• Triunfo de George Bush en Estados Unidos.
1989	5.9	2.2	• Estalla nueva oleada de huelgas en automotrices, magisterio y otros.	• Derrota de los sandinistas en Nicaragua; derrumbe del Muro de Berlín.
1990	6.0	2.0	• Se generaliza la represión contra la coalición cardenista.	
1991	6.1	1.9	• Nuevo fraude electoral de los neoliberales; coalición con la derecha.	• Derrumbe de la Unión Soviética.
1992	6.5	1.8	• Continúan las privatizaciones de cientos de empresas públicas.	• Estalla la rebelión en los barrios afroamericanos y latinos de Los Ángeles, California.
1993	6.8	1.8	• Se firma el Tratado de Libre Comercio de América del Norte.	
1994	7.0	1.8	• Levantamiento indígena en Chiapas; asesinatos y fraude electoral.	
1995	5.3	1.4	• Nueva fase aguda de la crisis de la economía mexicana; surgen la Coordinadora Intersindical Primero de Mayo y el Foro.	• Triunfo de las huelgas de empleados públicos en Francia.
1996	4.7	1.4	• Se presenta la iniciativa de la derecha para modificar la Ley Federal del Trabajo.	• Modificación de la Ley del Trabajo en Argentina y en Corea.

* En pesos de 1970, 12.50 pesos por dólar.

FUENTES: Alejandro Valle y Gloria Martínez, *Los salarios de la crisis*, Ediciones La Jornada, México, 1996; Jeffrey Bortz, *El salario en México*, El Caballito, México, 1986, y Edur Velasco, "El resurgimiento del cuarto estado", seminario de desarrollo y planificación, Facultad de Economía, UNAM, México, 1988.

superior incrementó su participación de 32.7 a 42.7 por ciento. En contraste, los deciles del IV al VIII disminuyeron su participación de 41.4 a 32.8 por ciento, mientras los tres deciles inferiores permanecían en un pozo por abajo de 9 por ciento del ingreso familiar disponible (véase el cuadro 6).

La pobreza en México –y más allá de ella, el empobrecimiento– es una condición de los segmentos sociales urbanos y con empleo, y no exclusiva de la población desplazada en las zonas rurales y sin relación asalariada con la producción social. El empobrecimiento en curso de la población mexicana obedece no a las tareas pendientes de un estado nacional-popular, sino a la fuerza misma de los acontecimientos, al desmantelamiento del viejo contrato social, a los nuevos parámetros en la relación entre las clases en la producción, a la desintegración del corporativismo y a la imperativa asignación de recursos según la lógica del régimen neoliberal.

La emergencia de una economía globalizada, al fracturar los eslabones entre los distintos sectores de la economía, estableció barreras casi infranqueables para intentar siquiera preservar el valor de la masa salarial. La resistencia laboral en puntos aislados del mapa social no tiene los efectos desencadenantes y multiplicadores que poseía en periodos previos, cuando seguía los flujos de la matriz insumo-producto, para expresarlo de una manera esquemática pero no por ello menos precisa. La mediación de lo externo absorbe toda la protesta social, y logra diluirla en un agujero negro de restricciones inamovibles: una ley de hierro de la rentabilidad internacionalizada.

Es por ello que la migración de fuerza de trabajo hacia Estados Unidos ha venido transformando su composición. En los años sesenta y setenta era de carácter rural y masculina. En la década de los noventa, se incrementó de manera sustancial el peso de las mujeres y de la población urbana. En Estados Unidos, para el año de 1995, 79.1 por ciento de los hombres y 52 por ciento de las mujeres participaban en la población económicamente activa, creando una masa laboral de 11.2 millones de personas. De ellas 4.1 millones laboran en la industria y 2.2 millones en los servicios comunitarios. En contraste, tan sólo 800 mil participan en actividades agrícolas. Esto es, tan sólo 7 por ciento de la población latina en Estados Unidos se encuentra ocupada en el sector agrícola. La migración mexicana de la década de los noventa brota de las cien ciudades mexicanas de más de 100 mil habitantes. De los 100 millones de personas que residen en México, 80 por ciento viven en zonas urbanas, entre las que destacan las ciudades medias de la meseta, los centros petroleros del Golfo, el corredor de puertos del Pacífico y, en una proporción creciente, las 30 ciudades industriales del norte (véase el cuadro 7), lo que constituye un escenario urbano inimaginable tan sólo hace quince años, cuando el grueso de la población urbana estaba concentrada en las zonas metropolitanas de México, Guadalajara y Monterrey. La mi-

Cuadro 6

DISTRIBUCIÓN DEL INGRESO EN MÉXICO
INEGI: ENCUESTA DE INGRESO Y GASTO DE LAS FAMILIAS

DECILES (10% DE LAS FAMILIAS)	1950		1970		1977		1984		1994		1996e	
	POR DECIL	ACUMULADO	POR DECIL	ACUMULADO	POR DECIL	ACUMULADO	POR DECIL	ACUMULADO	POR DECIL	ACUMULADO	POR DECIL	ACUMULADO
I	2.43	2.43	1.42	1.42	1.08	1.08	1.70	1.70	1.59	1.59	1.59	1.59
II	3.17	5.60	2.34	3.76	2.21	3.29	3.11	4.81	2.76	4.35	2.90	4.49
III	3.18	8.78	3.49	7.25	3.23	6.52	4.20	9.01	3.67	8.02	3.81	8.30
IV	4.29	13.07	4.54	11.79	4.42	10.94	5.32	14.33	4.64	12.66	3.98	12.28
V	4.93	18.00	5.46	17.25	5.73	16.67	6.41	20.74	5.67	18.33	5.01	17.29
VI	5.96	23.96	8.24	25.49	7.15	23.82	7.85	28.59	7.06	25.39	6.40	23.69
VII	7.04	31.00	8.24	33.73	9.11	32.93	9.71	38.30	8.74	34.13	7.42	31.11
VIII	9.63	40.63	10.94	44.17	11.98	44.91	12.16	50.46	11.34	45.47	10.02	41.13
IX	13.89	54.52	16.62	60.79	17.09	62.00	16.75	67.21	16.11	65.58	16.11	57.24
X	45.48	100.00	39.21	100.00	38.00	100.00	32.79	100.00	38.42	100.00	42.76	100.00

e: Estimación.

FUENTES: INEGI, *Estadísticas históricas de México*, vol. 1, 1978; INEGI, *Encuesta nacional de ingresos y gastos*, 1994, y Banco de México, *Indicadores económicos*.

Cuadro 7

CIUDADES DE MÁS DE CIEN MIL HABITANTES EN LOS ESTADOS DEL CENTRO-NORTE, NOROESTE Y NORESTE DE MÉXICO (1995)

NOMBRE DE LA CIUDAD O ZONA METROPOLITANA	ESTADO	POBLACIÓN (MILES)
Aguascalientes/Jesús María	Aguascalientes	637.7
Ensenada	Baja California	315.3
Mexicali	Baja California	696.0
Tecate	Baja California	95.0
Tijuana	Baja California	991.6
San Luis Río Colorado	Sonora	133.1
Nogales	Sonora	133.5
Guaymas	Sonora	134.6
Hermosillo	Sonora	559.2
Los Mochis/Topolobampo	Sinaloa	340.5
Culiacán	Sinaloa	693.3
Ciudad Juárez	Chihuahua	1 011.8
Cuauhtémoc	Chihuahua	120.1
Chihuahua	Chihuahua	627.7
Delicias	Chihuahua	110.9
Hidalgo del Parral	Chihuahua	98.4
Durango	Durango	464.4
Gómez Palacio	Durango	257.0
Lerdo	Durango	105.5
Ciudad Acuña/Del Río	Coahuila	102.0
Monclova/Frontera	Coahuila	253.6
Piedras Negras	Coahuila	116.1
Saltillo/Ramos Arizpe	Coahuila	564.4
Torreón	Coahuila	508.1
Ciudad Mante	Tamaulipas	116.1
Ciudad Victoria	Tamaulipas	224.0
Matamoros	Tamaulipas	363.5
Nuevo Laredo	Tamaulipas	275.1
Reynosa/Río Bravo	Tamaulipas	437.4
Ciudad Madero/Tampico/Altamira	Tamaulipas	705.3
Zona metropolitana de Monterrey	Nuevo León	2 948.3

FUENTE: Poder Ejecutivo Federal de los Estados Unidos Mexicanos, *Tercer informe de gobierno*, 1997, p. 251.

gración contemporánea fluye del centro hacia las ciudades del norte, y de ellas hacia Estados Unidos. Cientos de miles de personas se dirigen en una primera etapa hacia la frontera, y de ahí hacia sus santuarios dentro de Estados Unidos. La migración interna es sólo una etapa en la migración hacia el territorio estadounidense. En este flujo, las ciudades mexicanas del norte se han expandido, reteniendo una parte en las tres mil empresas maquiladoras en que laboran un millón de trabajadoras y trabajadores, por 50 centavos de dólar la hora.

El carácter urbano de la migración latina del fin del milenio hacia Estados Unidos también se puede apreciar en el punto de destino: 12 estados estadounidenses, tanto en la costa oeste como en la del Atlántico, en los que se concentran los transterrados de América Latina. En 75 ciudades de más de 100 mil habitantes existen comunidades latinas que representan por lo menos 15 por ciento de la población (véase el cuadro 8). Los latinos son 30 por ciento de la población de California, el estado que por la magnitud del PIB es considerado por sí mismo la quinta economía del mundo. La fuerza de los latinos recorre todo el estado, desde San Diego hasta el área de la Bahía, en el norte: en más de 37 ciudades de California los latinos son la comunidad de más rápido crecimiento. Un dato relevante es el hecho de que en la ciudad de Los Ángeles, la segunda en importancia en Estados Unidos, los latinos representaban 40 por ciento de los habitantes en 1990. Un indicador del futuro es que en el Distrito Escolar Unificado de Los Ángeles, con 700 mil estudiantes, 70 por ciento de los niños son de origen latino.

El castellano es el idioma fundamental en las escuelas formalmente diseñadas para la enseñanza del inglés. En otro gigante económico y demográfico de Estados Unidos, el estado de Texas, 28 por ciento de la población es de origen latino. En el estado de Nueva York viven 2.5 millones de latinos, ya que allí confluye la población de Puerto Rico, República Dominicana y el estado de Puebla. El INS estima en 200 mil el número de poblanos que viven en el estado de Nueva York.

La inmigración latina y las condiciones de vida de la clase obrera en Estados Unidos

Los extensos movimientos migratorios de la fuerza de trabajo latina tienen un gran impacto en el mercado laboral estadounidense, dominado por cambios económicos e institucionales que han fortalecido el capital frente al trabajo asalariado. Con el fin de la guerra fría, el discurso y la práctica de la unidad nacional frente al comunismo son antiguallas depositadas en el cuarto de los trastos viejos. Para el gran capital estadounidense ya no hay necesidad de mantener los viejos compromisos. Con el despliegue de los tanques de la poderosa división 257 aerotransportada en Los Ángeles du-

Cuadro 8

CIUDADES DE ESTADOS UNIDOS DE AMÉRICA CON UN NÚCLEO DE POBLACIÓN LATINA SIGNIFICATIVO (15 POR CIENTO O MÁS DEL TOTAL)

ESTADO	NOMBRE DE LA CIUDAD O ZONA METROPOLITANA	POBLACIÓN (MILES)	% DE LATINOS EN LA POBLACIÓN
Arizona	Chandler	90	17.3
Arizona	Glendale	148	15.5
Arizona	Phoenix	1 049	25.0
Arizona	Tucson	409	30.0
California	West Covina	103	34.6
California	Anaheim	266	31.4
California	Bakersfield	175	20.5
California	Chula Vista	135	37.3
California	El Monte	106	72.5
California	Escondido	109	23.4
California	Fontana	88	36.1
California	Fresno	354	29.9
California	Fullerton	114	21.3
California	Garden Grove	143	23.5
California	Glendale	180	21.1
California	Hayward	111	23.9
California	Inglewood	110	38.5
California	Lancaster	97	15.2
California	Long Beach	429	23.6
California	Los Ángeles	3 486	40.0
California	Modesto	165	16.3
California	Moreno Valley	119	22.9
California	Norwalk	94	48.0
California	Oakland	367	15.1
California	Oceanside	128	22.6
California	Ontario	133	41.7
California	Orange	111	22.8
California	Oxnard	143	54.4
California	Palmdale	70	22.2
California	Pasadena	132	27.3
California	Pomona	132	51.3
California	Cucamonga	115	20.0
California	Riverside	227	26.0
California	Sacramento	369	16.2
California	Salinas	120	50.6
California	San Bernardino	164	34.6
California	San Diego	1 152	20.7
California	San Francisco	724	15.1

Cuadro 8 *(continuación)*

CIUDADES DE ESTADOS UNIDOS DE AMÉRICA CON UN NÚCLEO DE POBLACIÓN LATINA SIGNIFICATIVO (15 POR CIENTO O MÁS DEL TOTAL)

ESTADO	NOMBRE DE LA CIUDAD O ZONA METROPOLITANA	POBLACIÓN (MILES)	% DE LATINOS EN LA POBLACIÓN
California	San José	782	26.6
California	Santa Ana	294	65.2
California	Stockton	211	25.0
Colorado	Denver	468	23.0
Colorado	Pueblo	99	39.5
Connecticut	Bridgeport	142	26.5
Connecticut	Hartford	140	31.6
Florida	Hialeah	188	87.6
Florida	Miami	359	62.5
Florida	Tampa	280	15.0
Illinois	Aurora	222	23.0
Illinois	Chicago	2 784	19.6
Massachusetts	Springfiel	157	16.9
Nevada	Las Vegas	328	15.1
Nueva Jersey	Elizabeth	110	39.1
Nueva Jersey	Jersey City	229	24.2
Nueva Jersey	Paterson	141	41.0
Nueva Jersey	Newark	275	26.1
Nueva York	Nueva York	7 323	25.0
Nueva York	Yonkers	188	16.7
Nuevo México	Alburquerque	385	34.5
Rhode Island	Providence	161	15.5
Texas	Abilene	107	15.5
Texas	Austin	466	23.1
Texas	Brownsville	102	90.1
Texas	Corpus Christi	257	50.4
Texas	Dallas	1 008	20.9
Texas	El Paso	515	70.0
Texas	Fort Worth	448	19.5
Texas	Grand Prairie	102	20.5
Texas	Houston	1 631	27.6
Texas	Irving	155	16.3
Texas	Laredo	123	93.9
Texas	Lubock	186	22.5
Texas	Pasadena	120	28.8
Texas	San Antonio	935	55.6
Texas	Waco	104	16.3

FUENTE: US Bureau of Census, *Census of Population and Housing,* 1997.

rante el mes de mayo de 1992, se hizo evidente que la guerra se desarrolla con toda plenitud dentro de la plaza central.

La migración internacional es la consecuencia extrema de los grandes movimientos poblacionales dentro de cada uno de los países del área. Mientras la población anglosajona se desplaza hacia la Columbia Británica desde las provincias del Atlántico, miles de latinos llegan a Ontario y Quebec. En México, el crecimiento de las ciudades industriales del norte ha creado una zona aduanal, libre de impuestos, a lo largo del corredor fronterizo, donde se asientan las tres mil empresas maquiladoras. Si el salario mínimo de Estados Unidos es de 5.15 dólares la hora, el salario mínimo de México es de 35 centavos la hora, 14 veces menos. Si consideramos los salarios industriales, la diferencia disminuye a tan sólo diez veces. Es claro que la Patrulla Fronteriza, el terror organizado en contra de los trabajadores internacionales, tiene un primer gran objetivo más allá de proteger la integridad de los linderos territoriales: mantener a los trabajadores en un *ghetto* de 35 centavos la hora.

En el curso de quince años, el número de trabajadoras y trabajadores mexicanos ocupados por las maquiladoras en las 30 ciudades del norte de México pasó de cien mil a un millón. La rentabilidad de dichas operaciones ha sido enorme, si consideramos que el total de la fuerza de trabajo estadounidense ocupada en la industria es de 18.3 millones de personas, y añadimos al mismo los trabajadores de las maquiladoras. Desde esta perspectiva, 5.2 por ciento de la fuerza industrial de Estados Unidos se agolpa detrás de la línea fronteriza, bajo condiciones de contratación insalubres, sometida a ritmos de trabajo extenuantes y a cambio de salarios diez veces menores a los que recibirían con tan sólo cruzar la frontera. Cada día, la Patrulla Fronteriza garantiza a las multinacionales instaladas desde Tijuana hasta Matamoros una ganancia extraordinaria de 37 millones de dólares, lo que representa al año 10 mil millones de dólares. El ahorro no es menor: equivale a 3 por ciento del total de la masa salarial de Estados Unidos en la industria manufacturera (*US Statistical Abstract*, p. 732).

El impacto de la migración al interior de Estados Unidos es todavía más significativo. Existe un efecto más allá de lo que refleja la estadística y es el poder disuasivo que tiene la maquila para frenar las reivindicaciones de los trabajadores estadounidenses en las ciudades de tierra adentro. Muchos movimientos de resistencia laboral han terminado con el cierre de plantas y su traslado más allá del río Bravo. La frontera sur es una inmensa válvula de escape para las empresas en dificultades laborales; por medio de ella se desvanece el Estado de Bienestar. En realidad es como si los señores esclavistas hubieran regresado para ganar la guerra, estableciendo una secesión inesperada y un *apartheid* que envidiarían los *afrikaners* de la vieja Sudáfrica.

Al interior de Estados Unidos se desarrolla una gran cantidad de trabajos socialmente necesarios que no se pueden trasladar tan fácilmente, como son los servicios diversos y sectores industriales que elaboran productos de alto valor agregado. Es por ello que un gran volumen de trabajadores latinos es necesario en segmentos fundamentales del mercado laboral estadounidense. A pesar de representar menos de 10 por ciento de la población económicamente activa, los latinos contribuyen con 32 por ciento de los estampadores textiles, 27 por ciento de los ensambladores de la industria de prendas de vestir, 14 por ciento de los metalmecánicos, 14 por ciento de los estibadores industriales y 12 por ciento de los trabajadores de máquinas-herramienta, por no mencionar que 20 por ciento de los peones sin calificación en la industria son trabajadores originarios de los diversos países de América Latina.

En los servicios de empresas privadas para el público, en las tares más duras, de mayor riesgo y peor remuneradas, como la limpieza y mantenimiento de los grandes edificios e instalaciones, 20 por ciento de la fuerza de trabajo proviene de la comunidad hispanoamericana; 12 por ciento de los repartidores de paquetería y 18 por ciento de los cocineros de Estados Unidos viven y son parte de los barrios latinos; 40 por ciento de los jornaleros del campo son desde luego latinos. Las cosechas de ira de Steinbeck son levantadas por brazos de indígenas centroamericanos y mexicanos (*US Statistical Abstract*, p. 407). Como todo proceso en el que la división étnica y de clases se entremezclan, nunca las líneas étnicas coinciden de manera tajante con la división social del trabajo. Es por ello que 3.4 por ciento de los jefes de relaciones laborales son de origen latino, en la medida en que también existe un talento empresarial por descubrir y ello coincide con la necesidad de que existan capataces que dominen el español.

El aluvión de trabajadores latinos ha repercutido en primer lugar en una caída incesante de los salarios de las trabajadoras y los trabajadores latinos. Sin organización sindical, privados de derechos sociales y laborales, bajo la amenaza de ser deportados, los salarios de los trabajadores hispanoamericanos se han derrumbado de 1973 a 1995, arrastrando los salarios del conjunto de los trabajadores sin importar origen étnico o categoría. Es una bella y terrible demostración de cómo el salario es una relación social contradictoria y no el precio de una mercancía más, sometida al juego de la oferta y demanda de sus diversas categorías.

En el cuadro 9 podemos apreciar cómo el porcentaje de trabajadores con salarios por debajo del nivel de pobreza representa 53.5 por ciento de las mujeres latinas ocupadas y 44.5 por ciento de los hombres asalariados. En su conjunto, el número de trabajadores latinos con ingresos salariales por debajo de la línea de pobreza se ha incrementado de 34.3 por ciento en 1973 a 48.1 por ciento en 1995. En contrapartida, los trabajadores con salarios entre 25 y 100 por ciento por encima de la línea de pobreza han reducido su peso relativo al pasar de 46.6 por ciento a 31.9 por ciento. En el año de 1995, sólo uno de cada tres trabajadores latinoamericanos en Estados Unidos percibía salarios fuera del rango de pobreza en sus diversos estratos. Mientras tanto, el grupo de los extremadamente pobres pasó de ser una pequeña porción a representar una cuarta parte de los latinos econó-

Cuadro 9						
DISTRIBUCIÓN DEL EMPLEO DE LOS LATINOS EN ESTADOS UNIDOS POR NIVEL DE SALARIOS EN EL PERIODO DE 1973 A 1995 Proporción de empleo en relación a múltiplos del salario de pobreza						
	% DE TRABAJADORES CON SALARIOS POR DEBAJO DEL NIVEL DE POBREZA					
AÑO	0-75%	75-100%	TOTAL	100-125%	125-200%	200-300%	300% O MÁS
Trabajadores latinos						
1973	12.1	22.2	34.3	16.8	34.1	11.5	3.2
1979	5.3	28.2	33.5	18.0	29.8	14.8	3.8
1989	20.9	22.9	43.8	14.7	26.1	11.6	3.9
1995	26.1	22.0	48.1	16.0	22.0	9.9	4.4
Hombres latinos						
1973	8.8	16.2	25.0	14.1	40.6	15.8	4.4
1979	3.5	19.8	23.3	17.2	33.8	20.3	5.4
1989	17.4	21.6	39.0	14.3	27.7	14.1	4.9
1995	23.1	21.4	44.5	15.9	23.1	11.8	4.7
Mujeres latinas						
1973	17.8	32.6	50.4	21.6	22.7	4.0	1.2
1979	8.2	41.0	49.1	19.4	23.7	6.4	1.5
1989	26.0	24.9	50.9	15.2	23.8	7.9	2.3
1995	30.7	22.7	53.5	16.1	20.4	7.2	2.9

FUENTE: Sharpe, *The State of Working America*, p. 154.

micamente activos y ocupados. En el caso particular de las mujeres latinas, su condición de clase, etnia y sexo sumerge en la pobreza a tres de cada cuatro de las que están insertas en el mercado laboral estadounidense. En términos absolutos, a pesar de la incorporación de la mujer al trabajo asalariado en uno de cada dos núcleos familiares latinos, el número de familias con ingresos por debajo del nivel de pobreza reconocido por las oficinas del propio gobierno de Estados Unidos es de 3 millones, de un total de 6.5 millones. Un dato que confirma el empobrecimiento absoluto de la comunidad latina en Estados Unidos es la evolución de la mediana del ingreso familiar. Utilizando como unidad el poder adquisitivo de 1995, el ingreso de las familias latinas retrocedió de 28 200 dólares en 1973 a 24 500 dólares en 1995, con un deterioro de 3 700 dólares al año, equivalente a 13 por ciento de la mediana del ingreso en 1973.

Las familias latinas han logrado sortear parcialmente este deterioro de sus condiciones laborales a partir de su capacidad cultural de constituir familias ampliadas, con lo cual pueden afrontar el compromiso de rentas de 800 a mil dólares. La presencia de un proletariado latino es la única posibilidad para que coexistan ganancia y renta de la tierra, sin necesidad de una profunda reforma urbana en Estados Unidos. Sólo la combinación de 5 o 6 salarios en familias extensas, hacinadas en viviendas unifamiliares, permite pagar alquileres que con un solo salario sería imposible cubrir. Es por ello que los latinos son una porción considerable en 9 de las 10 principales metrópolis de Estados Unidos. Como en los viejos esquemas de los clásicos de la economía política, en Estados Unidos el escenario de la distribución del ingreso involucra a los tres personajes de la obra, y es un juego de tres bandas: ganancia, renta de la tierra y salario. Su desarrollo ha implicado la destrucción de la organización sindical y el desplazamiento de la industria del corredor del hielo hacia el corredor del sol en los estados del sur. La presencia de 11 millones de trabajadores latinos en el mercado laboral estadounidense coincide con las condiciones creadas por el desmantelamiento del viejo contrato social de la posguerra. En sí misma la migración no debería provocar un deterioro en las condiciones de vida y trabajo de los asalariados. No fue así durante un largo periodo. Lo que crea este deterioro es la utilización de la inmigración por las corporaciones en una estrategia dirigida a reducir la tasa salarial en Estados Unidos, en la contienda por el mercado mundial frente a sus adversarios en Asia y Europa.

Como podemos apreciar en el cuadro 10, referente a la distribución salarial en Estados Unidos, las modificaciones recientes en el mercado laboral, en el que la ilegalización de la migración latina ha jugado un papel central dentro del asalto del capital sobre el salario social, condujeron a una reducción generalizada en los ingresos salariales de los seis primeros deciles dentro del esquema básico de distribución del ingreso. La reducción en el salario horario va de 70 centavos a un dólar, y representa para los casos extremos cerca de 15 por ciento de los ingresos. En el sexto decil, la caída es relativamente menor, pero si consideramos que la productividad de la economía estadounidense no ha cesado de crecer, el deterioro salarial implica una concentración sin precedente en la historia contemporánea de Estados Unidos.

La combinación de la caída salarial y el incremento paulatino pero sostenido de la productividad ha polarizado el ingreso como nunca antes en la historia reciente, y de ello poseemos diversos indicadores. Como parte del mismo proceso, la pobreza más allá de la comunidad hispanoamericana, se extiende como una peste medieval, entre todos los grupos étnicos. Desde luego, en primer lugar, entre aquellos segmentos laborales sometidos a una mayor presión por el proceso de globalización, ya sea por la relocalización industrial o por los procesos migratorios (véase el cuadro 11). Entre los trabajadores de cuello azul, el descenso del salario por hora ha sido en promedio de 13.73 dólares en 1973 a 11.62 dólares en 1995. En una igualación perversa de los salarios, el ingreso de las trabajadoras es más próximo al de sus compañeros: permanece en el fondo, con una remuneración por hora de 8.3 dólares a lo largo del periodo. En el sector servicios, las mujeres no escaparon a la reducción salarial absoluta al pasar su ingreso por hora de trabajo de 7.1 a 6.7 dólares.

En el caso de los servicios, el descenso del salario de los hombres es proporcionalmente el más intenso, dado que es donde el grado de organización sindical es más débil. En el área de empresas privadas de servicios a la

Cuadro 10						
SALARIOS DE LA FUERZA DE TRABAJO EN ESTADOS UNIDOS, ESTRUCTURA POR DECILES PARA EL PERIODO 1973-1995 Salario promedio por deciles de ingreso (dólares de 1995)						
AÑO	10	20	40	50	60	80	90
1973	5.76	6.96	9.61	11.02	12.64	16.79	21.10
1979	6.10	6.96	9.62	10.88	12.60	17.37	21.33
1989	5.12	6.37	9.13	10.61	12.39	17.64	22.28
1995	5.06	6.19	8.70	10.13	11.98	17.30	22.35

FUENTE: Sharpe, *The State of Working America*, p. 143.

Cuadro 11

SALARIO POR HORA EN ESTADOS UNIDOS PARA DIFERENTES PUESTOS DE TRABAJO EN EL PERIODO 1973-1995 (dólares de 1995)

PUESTO DE TRABAJO	% DE EMPLEO 1995	SALARIO POR HORA			
		1973	1979	1989	1995
Hombres					
Cuello blanco	45.4	18.21	18.21	18.31	18.05
Gerentes	13.1	20.17	20.28	21.71	21.36
Profesionales	12.6	20.21	19.74	20.79	20.92
Técnicos	3.3	17.18	16.94	17.41	16.97
Vendedores	10.0	15.82	16.03	15.00	14.44
Contadores	6.5	13.85	13.93	12.79	11.97
Servicios	10.5	11.41	10.47	9.54	9.23
Protección	3.2	14.72	13.30	13.35	13.15
Otros	7.3	9.78	9.17	7.49	7.49
Cuello azul	41.5	13.73	13.79	12.51	11.62
Calificados	18.7	15.70	15.40	14.18	13.33
Operadores de maquinaria	8.6	12.30	12.74	11.65	10.65
Operadores de transporte	7.5	12.92	13.20	11.74	11.03
Trabajadores de línea	6.7	11.28	11.18	9.53	8.78
Mujeres					
Cuello blanco	74.0	11.06	10.89	11.89	12.28
Gerentes	12.9	12.73	12.49	14.47	14.80
Profesionales	17.7	14.77	13.80	15.64	16.35
Técnicos	4.0	11.65	12.18	13.04	12.87
Vendedores	12.1	7.61	8.80	8.77	8.88
Contadores	27.3	9.92	9.68	10.07	9.86
Servicios	15.6	7.21	7.44	6.96	6.94
Protección	0.7	nd	nd	nd	nd
Otros	14.9	7.16	7.39	6.81	6.76
Cuello azul	10.4	8.39	8.91	8.57	8.36
Calificados	2.1	9.63	10.08	10.22	9.97
Operadores de maquinaria	5.7	8.22	8.68	8.05	7.88
Operadores de transporte	0.9	nd	nd	nd	nd
Trabajadores de línea	1.7	nd	nd	nd	nd

FUENTE: Sharpe, *The State of Working America*, p. 142.

población, el salario por hora descendió de 9.78 dólares a 7.49 dólares, esto es, una caída de 24 por ciento. Pero el descenso salarial no se detiene en los trabajadores directos, sino que arrastra a los de cuello blanco. No existe una reestructuración laboral de acuerdo a los niveles de calificación de la fuerza de trabajo, como han sostenido algunos ideólogos de la administración Clinton, como el antiguo ministro del Trabajo, Robert Reich. Lo que en realidad está ocurriendo es una reducción de la tasa salarial y de la masa salarial que impacta de manera diversa, pero generalizada, al conjunto de los trabajadores productivos de la economía estadounidense. El cambio en la correlación de fuerzas entre el trabajo asalariado y el capital es general: al rebajar los primeros peldaños de la escalera salarial, disminuye la altura del conjunto de los ingresos al trabajo, incluyendo a sus estratos más calificados. Los técnicos y empleados administrativos, aunque en una proporción menor, también han visto disminuir sus salarios reales. Lo que tenemos es un descenso de la masa salarial global y un aumento de la explotación de la fuerza de trabajo. La reestructuración capitalista ha tenido la dudosa cualidad de reducir de manera sustancial la participación de los trabajadores productivos en la riqueza social, creando una condición de pobreza generalizada y un deterioro profundo en las condiciones de vida.

En 1977, la participación de 13.7 millones de trabajadores de línea –o de cuello azul, como se les reconoce en el lenguaje de las relaciones industriales en Estados Unidos– en el PIB manufacturero era de 27 por ciento (*US Bureau of Census*). En 1994, el número de trabajadores de cuello azul había disminuido a 11.9 millones, así como su participación en el producto de la industria manufacturera: los salarios tan sólo representan 18 por ciento del PIB, esto es, una pérdida de la tercera parte de su participación veinte años atrás. En términos clásicos, el descenso de los salarios combinado con el aumento en la productividad incrementó la masa de plusvalor de la industria de Estados Unidos en 144 mil millones de dólares al año.

Agotadas las posibilidades internas de reducir la tasa salarial en Estados Unidos fue necesario recurrir a las grandes reservas del ejército industrial acumuladas en América Latina después de dos décadas de estancamiento económico. Lejos de los discursos sobre el intercambio comercial, la liberalización de las transacciones busca integrar un solo mercado de trabajo en el continente, estratificado a partir de sus nichos nacionales. De esta manera se potencia la valorización de un capital globalizado, frente a segmentos de la clase obrera rigurosamente compartimentados. Éste ha sido el núcleo de la experiencia del TLCAN que, a la masa de desempleados estadounidenses, ocho millones en promedio, añadió otro tanto más proveniente de la economía mexicana, volviendo a desequilibrar las condiciones en los mercados laborales a favor del capital.

Rodolfo Uribe Iniesta

El cuestionamiento de los sujetos sociales como lectura de la rebelión chiapaneca*

La sublevación es irreal.

Octavio Paz

Nada se dice de esos señoritos, igualmente urbanos, que con 20 duros de Karl Popper predican la utopía de la edad de oro como consecuencia de la instauración universal de la sociedad abierta y el democratismo, creando un desfase entre lo que se predica y lo que se ve. Esos peligrosos señoritos neoliberales que, en definitiva, impulsan una contrarrevolución cultural para la que están dispuestos a sacrificar tantos peatones de la historia como en el pasado pudo sacrificar el estalinismo o el maoísmo para cumplir planes quinquenales o dar grandes saltos hacia adelante. Esos peligrosos señoritos criollos neoliberales que reclaman la restauración de la razón a cargo del ejército, pero eso sí, respetando los derechos humanos, curiosa cuadratura del círculo. Puestos en evidencia ahora en Chiapas, antes en Venezuela, Argentina, Los Ángeles... donde haya explotado o explote la indignación de los que no se ven representados en simposios sobre la sociedad abierta, al cabo de siglos de dobles verdades y triples mentiras.

Manuel Vázquez Montalbán

Introducción

Mucho se ha escrito sobre la originalidad del levantamiento armado del 1° de enero de 1994. En este trabajo quisiera analizar principalmente tres características, centrándome sobre todo en las repercusiones que tuvo en el imaginario intelectual nacional, especialmente –aunque no únicamente– en las primeras reacciones escritas de los más connotados intelectuales del país.

La primera característica particular del levantamiento es que, a diferencia de la mayoría de las insurrecciones ocurridas a lo largo de la historia de México, incluida la iniciada a mediados del 96 por el EPR, es la primera cu-

---

* Una primera versión de este artículo se presentó como ponencia al Segundo Congreso Español de Ciencia Política y Administración, en Santiago de Compostela, España, en febrero de 1996.

yas repercusiones rebasan totalmente la continuidad geográfica de su accionar material.

La segunda es cómo en los tres años transcurridos las posiciones del grupo beligerante e inclusive la forma de organización de los pueblos indígenas del país han cambiado velozmente, mientras –fenómeno en el que me centraré– la posición de los intelectuales es básicamente la misma en la discusión de la posibilidad de la autonomía, desde noviembre de 1997 hasta ahora, que en las primeras dos semanas del conflicto. Y en esta dinámica, donde se repite el mantra de que todo es culpa de la carencia de modernidad, es preocupante que se pase de la crítica de la rebelión a la crítica del sujeto social indígena.

Desde esta visión, la cuestión de la legitimidad de los sujetos ha venido a convertirse en un elemento central del conflicto, primero para negar la legitimidad del EZLN, de la AEDPCH (Asamblea Estatal Democrática del Pueblo Chiapaneco), de la ANIPA (Asamblea Nacional Indígena por la Autonomía), del CNI (Congreso Nacional Indígena), Xinich, Las Abejas, Tres Nudos, etcétera, e incluso, al abrirse en noviembre de 1997 la discusión de la autonomía, la legitimidad de los propios pueblos indígenas; y luego, después de la masacre de Acteal, para defender la legitimidad como sujetos sociales de los grupos paramilitares Chinchulines, Paz y Justicia, MIRA, Máscara Roja, etcétera.[1]

La legitimidad en cuestión se refiere a si los sujetos sociales mencionados son entidades "construidas" *ad hoc* y manipuladas por intereses externos a ellos mismos, o si existen y actúan por "espontaneidad", condicionamiento de situaciones y en ejercicio de su propio albedrío.[2] En el caso de los grupos paramilitares, afirmar su legitimidad implica negar que son paramilitares (financiados y organizados desde el estado), y en el caso de la crítica al sujeto indígena, el problema consiste en dudar u ontologizar su capacidad de actuar como sujeto colectivo.

Y la tercera, que explica las dos anteriores, es cómo un constructo imaginario e incluso textual, sobre la ontología de los indios como individuos y pueblos, puede ser manejado y estructurado por estos intelectuales sobreponiéndolo al juicio y la valoración de los actos y actores concretos en la co-

---

[1] Véanse, por ejemplo, los artículos de Pablo Hiriart y Luis González de Alba, en *La Jornada*, 5 de enero de 1998. Una respuesta sobre la constitución de los grupos paramilitares puede verse en Andrés Aubry y Angélica Inda, 23 de diciembre de 1997. Es interesante cómo González de Alba llega a defender la legitimidad de estos grupos paramilitares usando los mismos argumentos con los que se responde a quienes niegan la legitimidad de los rebeldes y las organizaciones simpatizantes.

[2] Un resumen de las descalificaciones en torno al movimiento zapatista puede verse en Jorge Alcocer, "Chiapas es México", *Proceso*, n. 1106, 11 de enero de 1998.

yuntura específica. Al mismo tiempo, sobre esta base se niega la posibilidad de que los "verdaderos indios" puedan realizar actividades como las relacionadas con la rebelión, tengan derecho a proponer cambios políticos al resto de la nación y mucho menos la autonomía. Desde esta lectura el movimiento es, por supuesto, espurio e ilegítimo.

La superación de la continuidad geográfica: el conflicto cultural

Desde un primer momento el alzamiento provocó enconadas y masivas reacciones. Cientos de miles de personas se manifestaron en las principales ciudades de la república por detener el avance militar y el bombardeo de las comunidades indígenas. Al mismo tiempo, se produjo lo que Octavio Paz calificó como una "inusitada efervescencia que ha agitado a un vasto sector de la clase intelectual mexicana" (8 de febrero de 1994), los diarios se atiborraron de artículos y declaraciones colectivas que, según el propio Paz, carecían "de variedad y terminan en condenas inapelables". "Decenas de almas pías –nos dice– después de lamentar de dientes afuera la violencia en Chiapas, la justifican como una revuelta a un tiempo inevitable, justiciera y aun redentora." Sus reacciones son "hijas de una virtuosa indignación a un tiempo retórica y sentimental".

También, hay que decirlo, los diarios se llenan de manifestaciones en contra, es decir, que justifican la acción punitiva del ejército y descalifican el movimiento. Son formuladas principalmente por funcionarios públicos y otros intelectuales, de los que se autodenominan como independientes porque no se identifican con movimientos sociales o partidos y formalmente no dependen de un sueldo de gobierno, como el propio Paz.

Con esta clara división de la sociedad y de los intelectuales, el conflicto va a revelarnos a los propios mexicanos la fragilidad de ciertos consensos imaginarios con los que vivíamos. Es decir que el conflicto vino a tocar elementos de la construcción de la vida social nacional más allá de la conmoción del orden del sistema político en sentido estricto. Básicamente, fractura la idea de que todos los no-indios pensaban lo mismo sobre la situación y futuro de las sociedades indígenas nacionales, es decir las existentes dentro de la nación mexicana (entendida como espacio estatal e imaginario-cultural que define límites de una identidad en primer o segundo grado según el caso, y define también límites de acción e identidad solidaria).

Con esto, provocó el esclarecimiento de las posiciones sobre el imaginario de nación y la manera en que ésta debe integrarse según la visión que maneja cada grupo social. Al hacerlo, nos echó en cara la no "superación" de la importancia central de lo indio como identidad y problema clave de la cultura y sociedad nacional. Se puso de relieve al indio realmente existente, y quedaron en evidencia todos los indios "imaginarios" de las otras identidades sociales mexicanas.

Hizo evidente además la necesidad de problematizar la cuestión de la "modernidad" como concepto axiológico; una propuesta que a nivel cotidiano de la sociedad mexicana no se presenta en esos términos, pero que tiene sentido en tanto se traduce en políticas y formas de relación social. El conflicto funciona como un revulsivo o un despertador. Plantea un problema central que el inconsciente colectivo de cada grupo tiene que elaborar a su manera. Es sintomático que, en los primeros diez días –los de combates armados– y a los largo de estos cuatro años, todos los actores han sentido la necesidad de manifestarse y definirse frente al problema en cada una de las fases del conflicto y que las reacciones han sido bastante viscerales. Esta definición frente al problema implica una autodefinición: cada quien ha tenido que hacer consciente y explícita su identidad dentro del universo que es México.

Se ha dicho que esto ocurre porque es la primera gran rebelión desde el cedillismo de los años treinta. Pero ése es un argumento falso que sólo indica falta de conocimiento de la historia reciente de México.[3] Y se ha querido explicar como resultado de una magnificación de los hechos por parte de los medios de comunicación. Unos medios de comunicación en los que normalmente no existen los indios.[4]

Pero se trata más bien de que, queriendo o no, la identidad de México como país indio hace que la definición del problema indígena cuestione la

[3] Podemos enlistar como conflictos de gran envergadura con acciones violentas contra y de parte del gobierno y que involucraron como ahora a miles de ciudadanos: la rebelión armada zapatista-jaramillista de los años cincuenta en Morelos; la rebelión civil de Guerrero en los años sesenta y su continuación guerrillera en los años setenta; la rebelión armada wixárika (huichola) de 1952; la lucha cívica y de autodefensa de Juchitán desde finales de los sesenta hasta los ochenta; la resistencia de colonias populares como Tierra y Libertad en Monterrey entre los setenta y ochenta, y de las colonias del anfiteatro de Acapulco en la misma época. Esto sin mencionar amplios movimientos sociales como la huelga y marcha de Nueva Rosita, Coahuila, en 1952; el movimiento ferrocarrilero de 1958; el movimiento médico de 1966; el estudiantil de 1968; el movimiento navista de San Luis Potosí a finales de los cincuenta, etcétera.

[4] Analizando diez diarios nacionales durante los años 86, 88 y 89, y muestreando setenta y seis días, la periodista Rosa Rojas encontró un ritmo de publicación de una información sobre indígenas cada dos días en cada periódico, equivalente a 0.25 por ciento del volumen general de información publicada en un día. Tres de cada diez eran sobre cultura, 13 por ciento se referían a actos oficiales. Sólo 17 por ciento hacían referencias a problemas claves (tierra, justicia, derechos humanos, organización, represión). Sólo 3 por ciento tenían como fuente de información a alguna autoridad indígena y sólo 6.4 por ciento a gente de la comunidad. En 54 por ciento no se mencionaba por su nombre a alguna etnia en particular sino que se hablaba generalmente de "indios" (Rosa Rojas, *Chiapas. La paz violenta*, ed. La Jornada, 1994, pp. 13-6).

identidad de todos los mexicanos.[5] El conflicto replantea un hecho que se creía superado: se trata de que, nos guste o no –como lo demuestran los testimonios–, nuestra definición frente al problema indígena es nuestra definición como integrantes de la comunidad imaginaria mexicana. Y de hecho representa también cómo creemos que tal comunidad debe estar integrada, es decir, de qué calidad y tipo son las relaciones entre los elementos y los participantes de tal comunidad, relaciones que pueden calificarse por su manera de mediar entre los elementos o integrantes, y por establecer o no jerarquías o compartimentaciones.

Esta cuestión no se decidirá por una mera discusión o definición intelectual o discursiva. Es decir, como resultado evidente del levantamiento, se tiene claro que no se trata de reconstruir un mero discurso. Los diversos actores nacionales entienden que es un problema que pasa por las prácticas sociales concretas respecto de las sociedades indígenas y de los elementos culturales de nuestra vida cotidiana. La respuesta oficial, por ejemplo, pasa por plantear "una nueva relación con los pueblos indígenas" tratando de proponer una redefinición de lo indio y de los pueblos indígenas, como ya se venía intentando desde el cambio del artículo 4°constitucional, y sobre todo en el Programa Nacional de Desarrollo de los Pueblos Indios 1991-1994, en el que se planteaba, resumiendo, que sólo existiría el indio como sujeto colectivo asociado (Pronasol era el modelo), y de esta manera se le convertiría en elemento "solvente" o "eficaz" de la sociedad civil.[6]

El levantamiento cambió el mapa de la discusión cultural sobre el conflicto en torno a la nación. Antes del terremoto de 1985 –si recordamos–, el conflicto cultural nacional se planteaba sólo en términos de la capital contra la provincia y se manifestaba en las bardas con la frase: "Haz patria mata un chilango". El terremoto palió ese resentimiento activando los densos resortes solidarios y sentimentales de nuestro pueblo. Las llamadas rebeliones electorales y los difíciles procesos de cambio hacia un nuevo federalismo han apuntado a enfrentar esta situación.[7] Y de hecho, cuando algunos funcionarios públicos como Arturo Warman y José del Val o el PAN

---

[5] Pedro Pérez Herrero, "Chiapas: ¿revolución, guerrilla, movimiento indio o reclamación de democracia, justicia y libertad?", *América Latina Hoy*, n. 10, Madrid, junio de 1995, p. 53, donde se habla de un resquebrajamiento de la identidad mexicana.

[6] Sobre esta idea de eficacia o solvencia de los participantes en la sociedad civil véanse los trabajos de Víctor Pérez Díaz, por ejemplo *El retorno de la sociedad civil*, Instituto de Estudios Económicos, Madrid, 1987.

[7] Se acostumbra señalar como inicio de estas rebeliones anticentralistas la "rebelión electoral" (votación antipriísta y resistencia al fraude electoral) de Chihuahua en 1986; y todavía el triunfo del PAN en Jalisco en 1995 puede verse como una reacción anticentralista. No es un proceso que esté cerrado ni que circule por cauces tranquilos como lo demuestran aún los he-

reducen el problema a una remunicipalización y mejor distribución de los servicios estatales, están homogeneizando la problemática y extendiendo esa solución hacia el campo de los pueblos indígenas.

Planteando la cuestión en el campo de los procesos identitarios podemos entender que un conflicto aislado en cuatro municipios obligue a que cada grupo social o intelectual proponga su definición del problema. Entendemos el énfasis con que el gobierno y los intelectuales independientes mencionados centran la atención en la calificación del sujeto social que se rebela y en cada momento renuevan su estrategia de "negación-normalización" de dicho sujeto. Es siempre un sujeto que no puede autodefinirse ni autoconocerse a suficiencia, o al menos al nivel que sí lo pueden conocer los intelectuales y el gobierno, por lo tanto no sorprende que se le niegue el derecho a la autonomía. Sobre todo, de manera muy firme, esos intelectuales independientes y los funcionarios del gobierno no reconocen que estos sectores sean representados por el EZLN o el Congreso Nacional Indígena, tengan el derecho (y la capacidad) de presentar (imponer, califican) una propuesta política a nivel nacional. Dado, además, que a su vez ellos entienden que absolutamente toda la dinámica política debe encauzarse por el proceso electoral partidista, por lo que la única reforma real, necesaria, posible, deseable, eficaz, etcétera, es la política, entendida como reforma del régimen electoral y de partidos. Y aquí están presuponiendo que está dada ya una relación transparente desde la sociedad hacia los partidos, que más bien habría que construir y, además, en condiciones de grandes carencias respecto a los requisitos mínimos para el funcionamiento de este sistema, como es el respeto de los derechos humanos. Cabe añadir como es evidente que a cuatro años del levantamiento, con la ocupación militar de todas las zonas indígenas, dichas "carencias" se han incrementado.

A pesar de que se presenta como una argumentación razonada lógica y científicamente, se trata en verdad de un proceso sicológico de negación. Se plantea como una discusión sobre la legitimidad del movimiento en tanto indígena o no; pero lo que hay de fondo, en un segundo momento, es cuestionar la legitimidad del propio sujeto indígena dentro del cuerpo social mexicano. Lo que está en juego claramente es la idea de la composición de la complejidad de la sociedad mexicana, cosa que supuestamente ya estaba resuelta por el mero federalismo. Es decir, los muchos Méxicos eran muchas regiones con problemas de desigualdades de recursos y asimetrías administrativas, por una parte, y por otra, de representación y participación política insuficientes.

chos de Tabasco en febrero de 1996; y se ha complicado con rebeliones priístas contra la corrección de resultados electorales en Yucatán y el mismo Tabasco en 1995.

La recepción y la interpretación

Me centraré en las representaciones sociales que manejan estos intelectuales independientes. La polarización de perspectivas nos divide el campo entre quienes quieren ver todo como un problema de insuficiente modernización –entendida como proceso inevitable, deseable y omniabarcante– y cuestionan a unos sujetos sociales que no se han "adaptado", y quienes le reconocen al problema una mayor complejidad y profundidad agregando como ejes axiológicos conceptos como justicia y autodeterminación sin cuestionar el carácter de los sujetos sociales.

En un primer momento (hasta las negociaciones de San Andrés) resalta entre los intelectuales y científicos autodefinidos como independientes, que como fuente de legitimidad apelan a la propia lógica y fuerza de sus razonamientos y a un supuesto desapego y cientificidad, la prisa por:

1. definir el movimiento como antimoderno, arcaico (es decir, negar la posibilidad de futuro a los rebeldes),
2. demostrar que no es indígena.

A partir de la segunda preocupación voy a demostrar cómo a lo que se refieren estos comentaristas no es a los indígenas mexicanos, sino a la reconstrucción de indios imaginarios que les sirven para criticar a los indios reales. La perspectiva no es novedosa, ya Guillermo Bonfil (1987) había expuesto la oposición entre un México profundo como realidad civilizatoria contra un México imaginario como proyecto político que supone que, para que México se desarrolle o sea lo que ellos quieren que sea, México como cultura y civilización india ha de negarse y desaparecer. Posición además que sólo demuestra una continuidad textual de la argumentación intelectual, antes que un juicio frente al desenvolvimiento real de los pueblos indígenas. Dicha visión fue expuesta ya por Lucio Mendieta y Núñez en pleno cardenismo (1937), al justificar la labor del Departamento de Asuntos Indígenas y la organización de los "Congresos Indígenas" que se efectuarían entre 1938 y 1939: "La heterogeneidad étnica y cultural de la población mexicana, es, indudablemente, el problema fundamental de nuestro país. En las diferencias de raza y de cultura de la población mexicana, debe buscarse el origen de todos nuestros males sociales pretéritos y presentes y el escollo más serio que se presenta para el futuro desarrollo de la patria".[8]

---

[8] Lucio Mendieta y Núñez, "Valor económico y social de las razas indígenas de México", intervención en la Exposición Objetiva del Plan Sexenal, DAPP, 1938.

Es también Octavio Paz el primero en señalar la existencia de dos tipos de intelectuales y dos tipos de discursos intelectuales sobre la rebelión en Chiapas. A grandes rasgos podemos decir que la discusión se ha presentado –de acuerdo con los adjetivos intercambiados por los grupos– como un enfrentamiento entre románticos (porque creen en una "diferencialidad" basada en la persistencia de identidades "históricamente superadas" y se niegan a la inevitable homogeneización de la modernidad) y esquizofrénicos (confunden su situación inmediata y su imaginación con la realidad, y entonces juzgan a toda la sociedad a partir de las condiciones propias y extienden su visión homogénea, su representación, como mapa que cubre el territorio).

Los intelectuales independientes acusan a los otros de actuar sensibleramente y fomentar el romanticismo de las causas perdidas basados en una idealización de las "comunidades indígenas" (Aguilar Camín, 22 de junio de 1995). A ellos por su parte se les acusa de vivir una realidad ajena a la del país.

Fernando Escalante[9] nos resume así la crítica que se les hace a los románticos:

Las desmesuradas muestras de amor que inspiran los indígenas a nuestros letrados, el entusiasmo artificioso y bobalicón con que se festeja que hagan política –como si no la hubiesen hecho nunca y fuese un logro inaudito– hace pensar que sus intérpretes y defensores no se los toman en serio y que, por lo mismo, sus cabecillas no les merecen la misma distanciada suspicacia que los demás políticos. Como si pudiéramos pasarnos con proclamar todos nuestras buenas intenciones.

El propio Escalante nos demuestra que un mismo evento puede tener cualquiera de las dos lecturas. Nos dice que, según los románticos, en el Primer Congreso Nacional Indígena de octubre de 96: "Hablaron quienes no hablaban, escribieron quienes no escribían, actuando y cambiando a nuestro país y al mundo entero. Y [lo dice no un agitador de medio pelo sino un académico eminentísimo] lo están haciendo [cambiar al mundo, se entiende] con una sabiduría, con una prudencia, con una energía que van a ser admirables en la historia del ser humano".

Para él, en cambio, desde su distanciamiento objetivo se trató de:

Una junta política más o menos confusa y desarreglada, acaso decepcionante para algunos. Después del escándalo y la agitación de los días pre-

[9] Fernando Escalante, "La nueva primavera del jansenismo", *Vuelta*, n. 240, noviembre de 1996.

vios, todo quedó, al parecer, en agua de borrajas: una serie de declaraciones, de énfasis y solemnidades priístas, algunas exigencias descabelladas y el conocido forcejeo de los varios notables y mandones por llevarse el gato al agua. Más o menos lo que sucede siempre que se junta un grupo de políticos.

A continuación analizaré la postura de los esquizofrénicos; y en lugar de defender a los románticos prefiero indicar de manera muy esquemática la dinámica y sentido de las propuestas de los indios reales, del sujeto social negado por los esquizofrénicos.

De cómo la crítica de la rebelión se vuelve crítica a los indios

Para exponer la visión de los llamados esquizofrénicos de manera sintética retomaré sólo algunas de las opiniones de mayor "prestigio", representativas de sendos grupos intelectuales con fuerte presencia en los medios de comunicación. Como filtro de selección ante la copiosa respuesta al primer momento del levantamiento usé los medios de comunicación españoles, principalmente el periódico *El País*, considerando que por sus fuertes vínculos económicos con el régimen salinista[10] podía considerarse como una selección de la perspectiva que quería difundirse en el extranjero. Así, encuentro que ya desde los artículos publicados en enero del 94 se apuntaban las mismas tesis que serían ampliamente defendidas y argumentadas en el libro *La rebelión de las Cañadas* de Carlos Tello Díaz, difundido en México en el segundo trimestre de 1995, y en la argumentación utilizada desde noviembre de 1997 para no aceptar la propuesta de la Cocopa sobre reformas constitucionales.

Los intelectuales independientes se apresuraron desde el primer instante a definir el movimiento como una guerrilla anacrónica y no como un movimiento indígena. Es decir, como un movimiento de "viejo tipo", que no es producto o manifestación de alguna crisis o coyuntura propia, sino que busca justamente producir dicha crisis, para provocar un estado de cosas favorable a su causa. Según Paz (8 de febrero de 1994), "somos testigos de una recaída en ideas y actitudes que creíamos enterradas bajo los escombros –cemento, hierro y sangre– del muro de Berlín". Por eso, es claro para él que "la sublevación es irreal y está condenada a fracasar. No corresponde

---

[10] Al grupo empresarial del periódico *El País* le fueron adjudicadas en su momento la privatización del periódico *La Prensa* del D. F. y la impresión de los libros de texto gratuitos con la versión salinista de la historia de México que se hizo famosa por desaparecer al Pípila y a los Niños Héroes.

a la situación de nuestro país ni a sus necesidades y aspiraciones actuales" (7 de enero de 1994). Para Vargas Llosa (16 de enero de 1994), la "artificialidad" del movimiento está probada porque una rebelión armada no se justifica cuando se supone que ya existe entonces un espacio de opciones electorales como ocurre en México.

De acuerdo con estos intelectuales, es una guerrilla y no un movimiento indígena, principalmente porque no es una revuelta espontánea. Porque usa como parapeto las "legítimas" reivindicaciones indígenas referidas a condiciones locales para lanzar propuestas "políticas" cuya solución corresponde a un nivel nacional, y cuya autoría e interés son exclusivos del grupo dirigente (Paz, 8 y 9 de febrero de 1994). También porque demuestran habilidad táctica, disciplina e incluso porque el lenguaje y los actos del movimiento hablan de un "culto a la muerte" ajeno al de los pueblos indígenas mexicanos según estos autores (Krauze, 20 de enero de 1994). Dicen que su ideología es una mezcla de maoísmo con teología de la liberación, "restos del gran naufragio de ideologías revolucionarias del siglo XX" (Paz, 7 de enero de 1994). Según Krauze (20 de enero de 1994), la verdad es que los indios sí prefieren la muerte por hambre, enfermedad y abusos caciquiles a morir en combate: "No es ése un culto de campesinos, sino de universitarios, de poseídos dostoyevskianos". La prueba está según él en que "la mayoría [de los indígenas] ha repudiado con su éxodo o con sus banderas blancas la violencia de la muerte". Estos autores prueban también que no se trata de un movimiento indígena porque no participan "todos" los indígenas de la región, ni de las comunidades (véase también Paz, marzo de 1994). No hay la unanimidad que se espera de todo acto comunitario, por lo tanto indígena. Y obviamente los dirigentes (Marcos) son guerrilleros profesionales, blancos, más maoístas que cristianos, urbanos y universitarios (Krauze, 20 de enero de 1994). Y el contenido de su movimiento es el verticalismo autoritario y el colectivismo empobrecedor habitual de las guerrillas (Vargas Llosa, 16 de enero de 1994).

Nadie niega las condiciones de injusticia social y atraso de la población interesada; justamente eso es lo que permite que los indígenas sean manipulados y engañados para seguir a los que Paz llama "los comandantes" (Paz, 7 de enero de 1994, y 8 y 9 de febrero de 1994; Medina Viedas, 19 de enero de 1994). Krauze (20 de enero de 1994) incluso agrega que todos los levantamientos indios chiapanecos (1712 y 1868, no habla de 1911) han sido producto de manipulaciones religiosas dirigidas por blancos no chiapanecos. Y sobre las causas que permiten esta manipulación hay unanimidad: la falta de modernidad.

Paz (7 de enero de 1994) afirma que en Chiapas hay un rezago histórico: "La modernidad llegó mal y tarde". Para Medina Viedas (19 de enero de

1994), Chiapas es el cabús que quiere alcanzar al resto del tren. Krauze (20 de enero de 1994) es más lapidario: "Chiapas es el Perú de México", afirma. Dentro de las "causas" para explicar la movilización de indios engañados hay sin embargo una doble vertiente. Además de que en Chiapas de acuerdo con Paz (9 de febrero de 1994) se siente con mayor virulencia lo que él llama "la plaga mayor de México": la explosión demográfica. Por un lado tenemos las causas seculares y por otra "las faltas y omisiones del gobierno". Coinciden los autores citados en que se enfrentan problemas de toda la historia; en que el gobierno ha tenido relativamente poco tiempo para dar respuesta. Según Paz "las primeras [causas] se remontan no sólo a la conquista y a la colonia, sino más atrás, al mundo mesoamericano". Especialmente resalta el esfuerzo realizado por el sexenio salinista en este *aggiornamento* contra el peso de los siglos, incluso Carlos Fuentes (9 de enero de 1994), que en lo demás mantiene otra posición, señala que el Pronasol fue generoso pero insuficiente: "Fue como agua regada en la arena". De acuerdo con Paz (7 de enero de 1994) el problema consiste en que se han aplicado "remedios que producen resultados sólo a largo plazo. Es imposible cambiar de la noche a la mañana una situación de siglos". Como se ve, una cosa explica la otra: la secularidad de los problemas justifica las omisiones del gobierno. Y las omisiones que consideran estos autores se limitan a la prestación de servicios sociales y no a un desarrollo de los sujetos sociales.

El eje axiológico y metodológico que escogen para juzgar y calificar el movimiento es el de "la modernidad". Es decir, que se asume la modernidad como valor incuestionable y se usa como base para medir la bondad o daño del movimiento. La medición se da en una escala de avance temporal hacia la modernidad. Sobre esto no tienen dudas: tenemos desde el juicio más ambiguo de Medina Viedas (19 de enero de 1994), que dejando espacio a la posibilidad del movimiento indígena paralelo al guerrillero habla de una "utopía de la resistencia", y el propio Fuentes (19 de enero de 1994), que en un primer momento califica el contenido de los discursos de "ideologías guerrilleras arcaicas", hasta las descalificaciones totales de los que ven sólo una guerrilla foquista como Paz. Éste afirma que se trata de "ideas simplistas de gente que vive en una época distinta a la nuestra" (7 de enero de 1994) y cuyo "significado es claro: es un regreso al pasado" (9 de febrero de 1994), y Vargas Llosa es lapidario y ofensivo: "es un movimiento reaccionario y anacrónico más obsoleto que el propio PRI".

Los graves perjuicios que provoca el levantamiento según estos autores son: el enturbiamiento del crédito internacional de México como imagen del país y por lo tanto la desconfianza en nuestra economía, con lo que se pierde lo que se había ganado en los últimos años frente a la comunidad financiera internacional y el de "dar un golpe mortal a nuestro incipiente proceso democrático" (Paz, 9 de febrero de 1994). Coinciden todos los autores en la fe de que en México "vivimos" (con esa palabra lo afirma Paz, 9 de febrero de 1994) un proceso de transición democrática y en que el levantamiento refuerza posiciones duras que van desde una mayor participación del ejército en la política hasta el reforzamiento de los políticos tradicionales del PRI en contra de la "alternativa liberal y modernizadora representada por Salinas de Gortari" (Vargas Llosa, 16 de enero de 1994). No se entiende, afirma Vargas Llosa, que la apertura económica, la privatización y la entrada al TLC socava las bases de la dictadura del PRI privándolo de los recursos que extrae del poder público y obligándolo a establecer el poder judicial independiente requerido por los compromisos internacionales. De manera semejante, Aguilar Camín (1992) argumentaba desde 1992 que la modernización podía comenzarse en condiciones de dictadura como en Chile y Corea, pero que los cambios estructurales obligarían a establecer la democracia. Según estos autores, la rebelión pone en peligro que los cambios estructurales se traduzcan en democracia.

Con esta concepción como guía, Paz y Aguilar Camín son muy explícitos sobre los límites tras los que no se puede transigir. Para Paz (marzo de 1994) no puede volverse atrás la reforma del artículo 27 que libera para la titulación o propiedad individual y comercialización las tierras ejidales y comunales y los límites legales de la extensión de la propiedad privada por una parte. Y por la otra, considera que "sería gravísimo conceder a las comunidades indígenas regímenes de autonomía que significasen la vigencia de dos leyes: la nacional y la tradicional". En este último sentido, Aguilar Camín (20 de marzo de 1995) también cuestiona el estado de excepción de la zona controlada por los zapatistas, señalando la gravedad de que se cuestione la unicidad del orden establecido por el gobierno y el monopolio legal del uso de la violencia, materializado en la presencia física del ejército en todo el territorio nacional. Considera este autor que "la lesión en la legitimidad de cualquier régimen para hacer cumplir la ley, suele ser más dañina para las causas democráticas empeñadas en transformarlo que para las pulsiones autoritarias decididas a sostenerlo".

Más allá del diagnóstico y calificación de una coyuntura en el transcurso del conflicto, estos mismos autores se manifiestan sobre lo indígena como parte de la nacionalidad mexicana y respecto a la actualidad de lo indígena (no podemos decir que hablen de los indios o pueblos o sociedades indígenas porque como veremos, en su perspectiva, apenas llegan a comunidades). Para Paz (12 de mayo de 1995):

México tuvo una civilización antes de la llegada de los españoles. Los indígenas mexicanos fueron constructores de grandes ciudades; tuvieron religiones y una moral muy complejas. Ese mundo fue destruido en aquel gran encuentro entre dos civilizaciones, y la civilización occidental destruyó la civilización indígena. Pero hay muchos recuerdos, muchos elementos sobrevivientes: desde la cocina hasta el idioma y las ideas respecto a la familia. Estos elementos han sido muy persistentes, y tenemos algunos grupos que no han sido totalmente incorporados al México moderno, como es el caso de Chiapas.

Aguilar Camín (22 de junio de 1995) pone en cuestión la idea de la base histórica indígena de la nación:

la idea de que la nacionalidad mexicana está finalmente vinculada a su raíz indígena me parece un equívoco histórico. No creo que la nacionalidad mexicana esté vinculada a su raíz indígena. No puede ser. Nuestra nacionalidad está vinculada al mestizaje, al español, y al ir dejando de ser indios y españoles para formar otra cosa. Nací en la península de Yucatán. Y no creo que los mayas estén en el origen de mi nacionalismo. Eso me lo enseñan en la escuela y entonces aprendo a valorar lo maya como parte de mi ser mexicano. Lo que sucede es que también traemos en la cabeza lo que creemos, y eso es parte de nuestro nacionalismo. Algo que ha jugado un papel en extremo rico, pero históricamente un error, una falacia, una mentira. No es verdad que nuestra identidad venga de las etnias indígenas. Viene del mestizaje, de la mezcla y, en última instancia, de que hemos ido dejando de ser indígenas y hoy somos esta mezcla peculiar que es difícil de definir pero que llamamos mexicanos.

Así es como ve Aguilar Camín (ibid) la relación de las "comunidades indígenas" con el resto de la nación:

Está pesando mucho para las clases urbanas la idealización que sigue privando en ellas de la comunidad indígena como un lugar más genuino, más real, mexicano y profundo que el resto de la comunidad en México. En eso también hay un error. Me parece que estas comunidades son muy respetables en sus tradiciones y en su dolor, en su miseria, explotación y privaciones, pero no me parece que tengan mucho que enseñar al resto de México; cómo organizarse para producir, en materia de eficiencia económica y, menos –recalca–, de democracia interna.

Sobre la actualidad y realidad de los indios y sus aspiraciones Aguilar Camín los define como comunidades y manifiesta lo siguiente en la misma entrevista:

Creo que la autogestión de las comunidades indígenas las va a conducir a lo que ya es su mayor problema: el aislamiento. No creo que puedan autogenerar la riqueza que necesitan. Requieren contacto con el mundo exterior, importar las cosas que no tienen, empezando por el español, y formas de vida que las hagan menos aislables, menos prescindibles, más útiles para el conjunto social y más presentes en el resto de la nación. Lo que hemos visto en las comunidades indígenas que han preservado su identidad étnica es que han vivido un proceso de refugio y se han ido a zonas aisladas. Ése es un auténtico camino a la reservación indígena tipo americano, pero sin las protecciones y la seguridad de las reservaciones de Estados Unidos. Cuando hablan de autogestión mi pregunta es ¿para autogestionar qué?

Vemos entonces que no estamos sólo ante la crítica a la coyuntura específica de la rebelión, sino que detrás de las manifestaciones de estos intelectuales tenemos una representación social muy específica sobre lo que son los indios y su relación simbólica y social actual frente a la nación, por lo tanto, una representación de lo que es la nación.

Los indios imaginarios

Para los extranjeros resulta llamativo el lugar en que se colocan para emitir su opinión estos intelectuales, pero en México ya estamos acostumbrados. El intelectual habla siempre descalificando al ignorante. Habla desde afuera de la sociedad y más allá del conflicto. Opina desde el desinterés científico o la razón demostrada que no les alcanza a los simples. Como se ve en los ejemplos dados arriba, el intelectual siempre sabe más sobre el mismo sujeto social que el propio sujeto. Por definición el sujeto es incapaz de autodefinirse y, de hacerlo, lo hace falsa o erróneamente. Y el intelectual es por definición el que sabe. Ése es el punto inicial desde el cual se establece la relación entre estos autores y el resto de los mexicanos.[11] Esta situación ya nos habla de una característica constitutiva del país dividido entre su ser espontáneo o profundo, y el ser imaginario, y cuyo origen habría que buscar en las contradicciones de la organización política histórica que impone a una minoría ilustrada como élite permanente que promueve un

---

[11] No es el único actor social en el campo nacional que actúa así. El gobierno, a través de la obligación de registrarse y pedir reconocimiento para toda actividad civil que se traduce, por ejemplo, en sindicatos y huelgas inexistentes cuando no ilegales, se erige como árbitro máximo de la ontología de los seres mexicanos. Apartado especial merecerían los campeones morales de los medios de comunicación.

discurso modernista pero basa su poder real en relaciones no modernas (véase Guerra, 1993). Podemos aventurar que lo que hacen estos intelectuales es reflejar la constitución nacional como una relación entre los indios y la gente de razón y entre los léperos urbanos (mestizos, indios, negros y todas las castas posibles) y los criollos del largo periodo colonial. Más que producentes de una nueva realidad de integración nacional, desde la posición en que emiten y generan el discurso, son ya un producto de otra forma de integración que no cuestionan.

Una línea importante de este discurso racional está en la desmitificación de los procesos históricos como respuesta a las mitificaciones populares y, cuando se critica al estado, también contra las mitificaciones del propio discurso estatal-nacional (se puede ver esto en las polémicas sobre la cultura nacional y el sentido del nacionalismo que sostuvieron Jorge Cuesta y el grupo conocido como los Contemporáneos en los años treinta).

Estas desmitificaciones construyen demostraciones lógicas que, a su vez, no son sino representaciones sociales que nos dicen a veces más de quien las construye que del objeto referido.[12] Sin embargo, respecto a estas construcciones los intelectuales por una parte las reifican, las abordan como si se tratara del hecho real empobreciendo la síntesis del proceso histórico al suplantarlo con su interpretación, y por otra parte usan esta construcción como canon de crítica al resto de la sociedad.

Es decir que los intelectuales esperan que la sociedad se comporte de acuerdo con el modelo de ella que han construido, particularmente los sujetos sociales subordinados: aquellos que a sus ojos no pueden ser capaces de generar su propio discurso. Así entendemos la construcción de los "indios imaginarios" a los que deben apegarse los actores indígenas para ser considerados (aceptados, escuchados) como tales, por una parte, y por otra, la fuente de la moral social que intentan imponer a la sociedad.

Además, consideran que basta la representación, la demostración lógica de su posición, para que los otros actores sociales "comprendan" su error y racionalmente se adecúen a su papel dentro del proceso que se trate. En los procesos de transición forzada que implican incluso la redefinición y el redimensionamiento de actores sociales, como son las modernizaciones, resulta un poco paradójico su forcejeo para hacer que clases enteras entiendan la "necesidad" de su sacrificio por construcciones ideológicas, mitos al fin y al cabo denominados en su momento "nación", "progreso" y hoy "modernidad".

---

[12] Sobre el concepto de representación social como construcción ideal que expresa la perspectiva particular de un grupo social, véase Denise Jodelet, *Représentations sociales. Un domaine en expansion*, PUF, París, 1989.

Sobre todo resalta en la discusión actual que los ideólogos modernizadores esperan que los grupos sociales acepten los cambios como una elección racional frente a un orden inevitable sin compensaciones materiales o simbólicas –como si se le pidiera a un individuo que madure poniéndose bajo el mandato exclusivo del principio de realidad freudiano negándose toda pulsión propia y todo placer o compensación. En otras palabras, que se sometan al cambio sin negociación –sin intercambios– y al mismo tiempo sin rebelarse.

A pesar de declarar que la reforma democrática es el proceso central para la constitución democrática de México, paradójicamente, estos intelectuales critican con la misma fe, violencia y adjetivos tanto a los alzados como a los que protestan por los fraudes electorales. Es sintomático del momento actual que en todos los cambios realizados desde el sexenio de De la Madrid y con mayor violencia en el de Salinas (reestructuración de la propiedad agraria, apertura comercial del mercado interno agropecuario e industrial, capitalización de la cartera vencida de los bancos, privatización del transporte público del D. F., etcétera) –excepto en el renglón bancario en la relación bancos-estado–, las negociaciones no suponen ni un intercambio ni un reconocimiento de los actores sociales. Las negociaciones tienen sentido sólo para vencer las resistencias, casi siempre sobre hechos consumados, no para redefinir políticas de acuerdo con la situación, necesidades u opinión de los afectados. El argumento intocable y justificante de todo esto es una modernización definida primero como incuestionable y, muchas veces de una manera bastante burda, como una simple liberalización económica (basta ver que la mayor parte de los ensayos y libros sobre el tema de la Reforma del Estado hablan sólo de economía).

En esta construcción imaginaria de la sociedad, como leemos en las citas de Aguilar Camín, hay una desvalorización de las ideas, de los mitos, de las representaciones como fuente e instrumento de construcción de la realidad social, de las identidades y de las parciales visiones del mundo y formas de interpretar la realidad. Desvalorización que resulta incoherente cuando los mismos críticos usan de la misma manera la idea de "modernidad". Se espera de los simples, del mexicano de a pie, que frente a la demostración abandonen su fe y creencia en medio de un proceso que no sólo está afectando sus condiciones reales de vida, sino que también trata abiertamente de modular, de matizar, de reducir la idea de soberanía e identidad nacional. Es el caso de la sorpresa de Aguilar Camín y el equipo contratado para reconstruir la historia nacional para los libros de texto gratuitos ordenados por el entonces secretario de Educación, Ernesto Zedillo, que se ofenden por la reacción nacional que suscitó la eliminación del Pípila y de los Niños Héroes.

En el caso que nos ocupa, aunque Aguilar Camín critica la imagen romántica de las "comunidades indígenas" en cuanto un santuario de igualdad social que viene de la etnografía mexicana, se cree completamente la descripción sobre lo que es ser indígena o premoderno que viene de esta misma fuente e inmoviliza a los indios –o sea el actor social indígena– en la descripción tradicional de la etnografía. Es decir, los indios son los que viven en comunidades y en las zonas de refugio descritas en los años sesenta por Aguirre Beltrán (1967). Quien no vive así, a su juicio no es indio. Es decir, que de entrada se niega que se trata de un grupo social que evoluciona, de un sujeto social cuyas formas organizativas, composición, identidad cambian. La identidad que los etnógrafos les asignaron y que recogen estos intelectuales y asumen como la realidad ontológica de los indígenas es que no son capaces de cambiar, que no cambian. Es un proceso clásico de la mentalidad colonial ya descrito por Edward Said (1990): se trata de tener inmovilizado ideológicamente al sujeto subordinado (el otro es siempre un objeto y sólo el que juzga y escribe es sujeto, sólo el sujeto se mueve).

De ahí parte el resto de los juicios. Frente a la compleja constitución del actor indígena mexicano actual que vive por millones en las megalópolis de México y Estados Unidos, que por decenas de miles emigra estacionalmente al norte del río Bravo, que vive en un campo altamente urbanizado como en Puebla, Estado de México, Morelos y Tabasco, e incluso controla alguna ciudad de más de 100 mil habitantes como Juchitán, estos autores se quedan con la caricatura de la comunidad aislada e incomunicada del resto de la humanidad. Ni siquiera asumen la discusión etnográfica completa en sus avances más complejos. Su propia absorción de la etnografía se detuvo antes de los trabajos sobre fronteras étnicas de Barth, en los años setenta. De aquí le resulta fácil a Aguilar Camín caricaturizar las propuestas de autonomía, que en la vida real de los otros –los sujetos que existen más allá del control del imaginario de los intelectuales– no tienen nada que ver con lo que él dice.

A partir de los argumentos por los cuales no consideran que la rebelión pueda ser indígena, entendemos que creen que los indígenas son incapaces de establecer alianzas con grupos externos para defender sus posiciones e incluso para atacar. Si se organizan y tienen orden y habilidad táctica, se debe todo a la imposición del elemento externo y no a capacidad propia. Desgraciadamente, una larga historia de rebeliones indígenas, desde la dirección de la resistencia itzá de Gonzalo Guerrero, los contradice. Una revisión histórica de las rebeliones nos demuestra que los grupos indígenas no siempre se han movido de acuerdo con el calendario y flecha del tiempo de los procesos nacionales, sino de acuerdo con quien les aporta beneficios reales, de acuerdo con su propia situación y dinámica, estableciendo alianzas increíblemente fluidas lo mismo con conservadores que con liberales.

Lo que tenemos a la vista son actores sociales con largas trayectorias independientes, es decir, sujetos sociales históricos que coexisten dentro del espacio territorial e ideológico-político de la nación (véanse los ensayos publicados por Katz, 1988, y Guerra, 1993). Sujetos sociales con, por así decirlo, sus propias flechas temporales (si es que se trata de flechas).

Pero, de acuerdo con sus propios testimonios, hemos visto que para estos señores lo indígena como tal ha desaparecido en el seno del mestizaje nacional, y sólo quedan restos y rémoras incapaces de forjar un destino propio y de aportar algo, cultural, política o económicamente, a la nación. Si hemos de creerles, estamos como en Estados Unidos en 1868, frente a una rebelión de fantasmas que no se convencen de su muerte (y luego dicen que Juan Rulfo tenía demasiada imaginación). Los intereses indígenas –según estos autores– no pueden ir más allá de las reivindicaciones inmediatas referentes a su entorno físico regional y a las condiciones de dominación directas a las que se encuentran sometidos; sólo así entendemos que el problema se debe a las condiciones especiales de Chiapas, y que lo único que hay que resolver y discutir son los problemas chiapanecos: lo demás es agenda ideológica de guerrilleros universitarios. Es decir, que los indios son incapaces de concebir a la totalidad de la nación, de hacer propuestas inclusivas para ésta y en resumen de hacer propuestas políticas. Los indios sólo pueden tener reivindicaciones como peticionarios de servicios y demandantes de derechos locales.

La lógica de aislar el problema, que viene inclusive de no hablar de rebelión indígena sino de "Chiapas", y la imagen general del movimiento, su arbitrariedad, se consiguen aislando esta información, tanto sincrónica como diacrónicamente, de otros acontecimientos predecesores y simultáneos. En lo actual, se calla el proceso de lucha por autogestión municipal indígena en todos los municipios del norte de Chiapas que están siendo combatidos militarmente por grupos como los Chinchulines, MIRA, Paz y Justicia, etcétera; la reorganización democrática actual del municipio de Ocosingo; el funcionamiento de los municipios zapatistas en sus zonas de influencia, y en su momento la constitución de la Asamblea Chiapaneca por la Democracia y la del Congreso Nacional Indígena. Es decir, que se niega la capacidad por parte de los ciudadanos organizados de generar un orden alternativo.

Frente a esto se responde con la estatolatría más ramplona: desde enero de 94 hasta la coyuntura posterior a Acteal, todos estos intelectuales resumen el problema con la idea de que donde no está el estado, y además personificado como ejército, sólo hay desorden. Después de la matanza de Acteal realizada por elementos paramilitares promocionados y tolerados desde los distintos ámbitos de gobierno, el discurso oficial coincide totalmente con el intelectual: si hay violencia es por la falta de presencia del estado. A nivel intelectual, el artículo "Guerra y paz" de Aguilar Camín es paradigmático. La posición de los intelectuales refleja una textualidad total con la definición de Hobbes: "Fuera del estado, existe el dominio de las pasiones, la guerra, el miedo, la pobreza, la incuria, la soledad, la barbarie, la ignorancia, la bestialidad. El estado es el dominio de la razón, la paz, la seguridad, la decencia, la sociabilidad, el refinamiento, la ciencia, la benevolencia".[13]

En la segmentación diacrónica se intenta mandar todo a la secularidad para obviar responsabilidades actuales, se intenta así disfrazar la historia reciente de Chiapas para poder decir que es sólo problema de falta de modernidad. Pero si estudiamos la historia de las dos últimas décadas en Chiapas, encontraremos un vigoroso proceso de modernización económica con una agresiva ganaderización, colonización de la selva, construcción de carreteras, construcción de las más grandes presas del país, agresiva exploración y explotación petrolera en el norte y en la selva, y una ampliación significativa de las exportaciones agropecuarias y silvícolas (plátano, cacao, café, ganado, frutas tropicales, madera, con la excepción de la decadencia del maíz) (véase Ceceña y Barreda, 1995). Cualquier cosa menos la falta de modernización económica que supuestamente sería frenada por el levantamiento. En un estudio para 1983 (Marion, 1984), encontramos cómo la construcción de caminos vino a generar monopolios de transportistas que afianzaron verdaderas dictaduras municipales ladinas e indígenas que tuvieron mucho que ver con la expulsión de población a la selva. También encontramos que la oferta de trabajo asalariado temporal en la construcción de las carreteras y las enormes presas implicó el abandono de tierras antes arrendadas y propias, y descuido de la producción de autosubsistencia que no pudieron recuperarse al cancelarse dicha oferta por la finalización de las obras. Por eso se recrudece el problema agrario en los ochenta.[14] Y encontramos también que el buen momento del mercado para el ganado y las exportaciones agropecuarias significó la recuperación de tierras arrendadas por parte de los latifundistas y la invasión y expulsión de reclamantes de tierras.

Vemos entonces que la construcción de dichos cacicazgos municipales no viene del régimen colonial, sino que su historia se remonta sólo a los años setenta y ochenta. En los desalojos agrarios habidos en este periodo participaron activamente el ejército, las corporaciones policiacas locales y

---

[13] Thomas Hobbes en *De Cive*, citado por Norberto Bobbio, *Thomas Hobbes*, Fondo de Cultura Económica, México, 1995, p. 66.

[14] Véase también George Collier, "Búsqueda de alimento y búsqueda de dinero: cambios en las relaciones de producción en Zinacantán, Chiapas", en Cynthia Hewitt de Alcántara (comp.), *Reestructuración económica y subsistencia rural*, El Colegio de México, México, 1992, pp. 188-91.

las guardias blancas particulares de los caciques, con muchas quemas de pueblos, asesinatos, torturas, violaciones y desapariciones. Como en las novelas de Bruno Traven, la gente huía de todo esto, pero esta vez huyó hacia la selva. Ahí chocó con los intereses de los madereros amparados en una supuesta política de protección ambiental y de los lacandones que les impedían aprovechar los recursos silvícolas y el desarrollo agrícola (véanse Marion, 1984, y Rojas, 1994).

A todas estas presiones les agregamos más modernidad con la modificación del artículo 27 constitucional, que si bien a la letra supone la conservación voluntaria del ejido y las tierras comunales, no fue esa lectura la que le dio la sociedad mexicana, ni fue ése el mensaje que dieron a nivel de la tierra en los hechos los promotores de la titulación ejidal. Personalmente constatamos las presiones que se hicieron a nombre de las agencias gubernamentales a lo largo de estos años para presentar en los propios pueblos la modificación como una privatización forzosa. Ésta no resulta sino la cara opuesta, pero con los mismos resultados para los campesinos involucrados, de las colectivizaciones forzadas con que Paz y Vargas Llosa quieren asustarlos.

Por otra parte se exige para ser calificado como indígena la absoluta participación y la conformidad absoluta que ellos suponen a la comunidad indígena cerrada y tradicionalista, una exigencia rara y abusiva si consideramos que la representación absoluta no existe tampoco en las sociedades modernas, donde un partido gana el gobierno y desde esa posición representa a todo un país, ni en las sociedades urbanas nacionales donde apenas en abril de 1996 se logró establecer que 10 millones de mexicanos tuvieran en 1997 el derecho a votar por un alcalde en la capital, y máxime cuando es un hecho reconocido la imperfección de nuestro sistema de representación política que –como dice en un artículo Castillo Peraza (1996)– no llega a sistema de partidos. Incluso Krauze, al enviar una ponencia como invitado por el EZLN a la Mesa de Democracia y Justicia de las negociaciones con el gobierno, reconoció que los zapatistas presentaban una propuesta "sorprendente y ejemplar" pero "empañada por el recurso de las armas" (*La Jornada*, 22 de marzo de 1996). Es regresar a lo mismo y a la respuesta que se niegan a abordar estos intelectuales: ¿existiría el espacio abierto para todo, incluso para estos intelectuales como lo demuestra Krauze, sin la sangre derramada? Seamos honestos: no.

Y esto nos lleva finalmente a un problema importante más allá de la aceptación o no de que nuestra identidad nacional es múltiple e incluye a quienes más o menos participan de los elementos civilizatorios de matriz indígena y de sociedades indígenas en plena evolución, desarrollo y coexistencia en el espacio cultural, ideológico, político, social y económico. Se trata de cuestionar el modelo de integración de nuestra realidad social y nacional, nuestra forma de desarrollo y, en resumen, qué modernidad queremos o podemos hacer. Cuando se plantea la modernidad como ese ente abstracto, ese ambiente irreductible e inexorable que nos amenaza o nos seduce, se niega el sentido de acción voluntaria que supuestamente sería el contenido del ideal iluminista de modernidad. La modernidad entonces nos aparece como representación social coloreada de acuerdo a los diferentes grupos sociales. Lo que está en juego es quién construye esa modernidad –no sólo cómo. Se supone que el medio único "moderno" que nos proponen estos intelectuales es la participación en los procesos electorales. Pero lo mismo que han criticado a los zapatistas han descalificado a quienes recurren a las movilizaciones sociales para luchar por el sufragio efectivo. Es muy indicativo que como bandera irreductible mencionen la idea de la integridad del poder público no como orden de representación social sino como soberanía del estado-gobierno (y en México, por lo tanto, partido) sobre los ciudadanos, así eso implique la presencia física del ejército (como en la quema del poblado de Wolonchán a mediados de los ochenta, por ejemplo), negando la posibilidad incluso de cuestionar el uso que los poderes locales y el ejecutivo hacen de las fuerzas armadas. Es indicativo también que, en enero de 94, identificaran como el daño mayor posible para el país que reventara la burbuja financiero-especulativa del salinismo, la cual tronó al final por el asesinato de Colosio en una dinámica endógena del grupo del poder y por el endeudamiento exagerado a corto plazo que explotó en diciembre del mismo año.

El caso es que en última instancia proponen una modernización sin sujetos sociales, sin sociedad. Una modernización sin más actor legítimo que el gobierno en una situación en que la representación en éste a través del sistema de partidos es todavía casi inexistente. La fe en que vivimos un proceso de transición democrática es eso, fe, cuando no hay un acuerdo explícito de metas y tiempos como en el caso español. Se trata más bien como lo expone Escalante (1995) de una crisis cuya salida es incierta. Aguilar Camín (1992) decía que los procesos de modernización y liberalización económica llevarían a la sociedad a forzar la democracia, la representación efectiva y la independencia de la justicia; lo mismo supone Vargas Llosa. Sin embargo, ambos autores están prestos a criticar a los sujetos sociales que presionan en este sentido. Lo que hay es el gobierno como único actor legítimo de la modernidad que propugnan.

Dos opciones de construcción nacional o de modernidad

Para concluir, diría que estamos ante dos opciones de construcción de la modernidad mexicana y de la identidad nacional (como imaginario social y relaciones estructurales). Se trata de asumir a la modernidad como lógica de unicidad e identidad y destrucción de lo diferente –un orden de identidad–, como lo propuso en 1994 Carlos Arriola en su ensayo sobre los "Enemigos de la modernidad"; o podemos, como define Balandier (1991), construir una modernidad como "organización de las diferencias". Arriola propugna por la racionalización de toda la sociedad de acuerdo con el modelo económico dominante, mientras la propuesta del Foro Nacional Indígena-EZLN, los Acuerdos de San Andrés y la propuesta de modificación constitucional de la Cocopa plantean la integración a partir de la construcción de la diversidad, mediante el reconocimiento de las regiones pluriétnicas autonómicas y el establecimiento de reglas claras y garantías de vida y de desarrollo. En otras palabras, se trata de ajustar la sociedad –demográfica, cultural, estructural y económicamente– a un modelo textual prefigurado; o ajustar el modelo político a las necesidades y manifestaciones de la sociedad. En esta disyuntiva, ¿de qué lado quedaría la democracia?

Bibliografía

Aguilar Camín, Héctor, "El cambio mundial y la democracia en México", en *Coloquio de Invierno. Los grandes cambios de nuestro tiempo*, vol. III, Universidad Nacional Autónoma de México, México, 1992.

——, "Guerra y paz", *Proceso*, n. 659, 20 de marzo de 1995.

——, entrevista, *La Jornada*, 22 de junio de 1995.

Aguirre Beltrán, Gonzálo, *Regiones de refugio*, INI, México, 1967.

Alcocer, Jorge, "Chiapas es México", *Proceso*, n. 1106, 11 de enero de 1998.

Arriola, Carlos, *Los enemigos de la modernidad*, Miguel Ángel Porrúa, México, 1994.

Aubry, Andrés y Angélica Inda, "¿Quiénes son los paramilitares?", *La Jornada*, 23 de diciembre de 1997.

Bobbio, Norberto, *Thomas Hobbes*, Fondo de Cultura Económica, México, 1995.

Castillo Peraza, Carlos, "La sociedad de los políticos muertos", *Política Exterior*, vol. X, n. 50, marzo-abril, Madrid, 1996.

Ceceña, Ana Esther y Andrés Barreda, "Chiapas y sus recursos estratégicos", *Chiapas*,

n. 1, Era-Instituto de Investigaciones Económicas, UNAM, 1995.

Collier, George, "Búsqueda de alimento y búsqueda de dinero: cambios en las relaciones de producción en Zinacantán, Chiapas", en Cynthya Hewitt de Alcántara (comp.), *Reestructuración económica y subsistencia rural*, El Colegio de México, México, 1992.

Del Valle, Jorge, entrevista, *El País*, 5 de diciembre de 1995.

Escalante, Fernando, "La transición invisible. Apuntes sobre la crisis política mexicana", *América Latina Hoy*, segunda época, n. 10, junio de 1995.

——, "La nueva primavera del jansenismo", *Vuelta*, n. 240, noviembre de 1996.

Flores Olea, Víctor, "Los silencios del gobierno", *La Jornada*, 28 de marzo de 1996.

Foro Nacional Indígena, 3 al 6 de enero de 1996, documento final.

González de Alba, Luis, "Indios matando indios", *El Sureste*, Villahermosa, Tabasco, 5 de enero de 1998.

Guerra, François Xavier, *México: del antiguo ré-*

gimen a la revolución, Fondo de Cultura Económica, México, 1993.

Hiriart, Pablo, "Semana política", *El Sureste*, Villahermosa, Tabasco, 5 de enero de 1998.

INI, Programa Nacional de Desarrollo de los Pueblos Indígenas, 1991-1994. México, 1990.

Jodelet, Denise. *Representations sociales. Un domaine en expansion*, PUF, París, 1989.

Katz, Friedrich. *Revuelta, rebelión y revolución. La lucha rural en México del siglo XVI al XX*, Era, México, 1988.

Krauze, Enrique, "Pérez Méndez, zapatista", *El País*, 20 de enero de 1994.

Marion, Marie Odile, *El movimiento campesino en Chiapas en 1983*, CEHAM, 1984.

Medina Viedas, Jorge, "Saturnales de la democracia", *El País*, 19 enero, 1994.

Mendieta y Núñez Lucio, *Valor económico y social de las razas indígenas de México*, DAPP, 1938.

Paz, Octavio, "El nudo de Chiapas", *El País*, 7 de enero de 1994.

——, "Chiapas, ¿nudo o tabla de salvación?", 8 y 9 de febrero de 1994.

——, entrevista, *La Jornada*, 12 de mayo de 1995.

Pérez Díaz, Víctor, *El retorno de la sociedad civil*, Instituto de Estudios Económicos, Madrid, 1987.

Pérez Herrero, Pedro, "Chiapas: ¿revolución, guerrilla, movimiento indio o reclamación de democracia, justicia y libertad?", *América Latina Hoy*, n. 10, Madrid, junio de 1995.

Rojas, Rosa, *Chiapas. La paz violenta*, Ediciones La Jornada, México, 1994.

Said, Edward, *Orientalismo*, Libertarias-PRODHUFI, Madrid, 1990.

Tello Macías, Carlos, conferencia "Nueva relación estado-pueblos indígenas", Guadalajara, 18 de abril de 1995.

Tello Díaz, Carlos, *La rebelión de las Cañadas*, Cal y Arena, México, 1995.

Vargas Llosa, Mario, "México en llamas", *El País*, 16 de enero de 1994.

"
Ellos tienen razón al exigir
ciertas cosas. Pero son tan
imprudentes como los niños.
Hay que cuidarlos para que no
pidan lo que no les conviene.
¡Ejidos! Los indios no trabajan
si la punta del chicote no les
escuece el lomo. ¡Escuela! Para
aprender a leer. ¿A leer qué?
Para aprender español.
Ningún ladino que se respete
condescenderá a hablar en
español con un indio."

■ **Rosario Castellanos**
Balún Canán

Ramón Vera Herrera

Veredas para retomar nuestro camino
(o cómo seguir algunas pistas wixárikas)

Introducción

Cómo intentar aproximarnos a un territorio que sigue invisible para quien juzga el mundo como si fuera unitario. Cómo reconstruir el tramado de saberes que como veredas por el monte conforman el diseño oculto del imaginario mesoamericano, pleno de saberes y misterio, de sueño y narraciones. Cómo intentar la sintonía con la experiencia del pueblo wixárika sin traicionar el sentido de ese equilibrio que los hace uno de los conglomerados más tradicionales y al mismo tiempo más "modernos" en el buen sentido del término. Por encima de todo, reconocer que, pese a la violencia padecida desde dentro y sobre todo desde fuera del mundo de los wixáritari, su tarea de "cuidar el mundo", como ellos mismos afirman, los tiene soñando y reflexionando cómo ofrecer soluciones a sus problemas y también a los nuestros. En las siguientes fotografías, existen quizá pistas que van desgranando saberes que nos son vitales. La propuesta es entonces un viaje por el interior del "corazón del mundo", recorriendo veredas y parajes de nosotros mismos, a través de la resistencia de un pueblo cuyo nombre significa algo como "donde encarna lo humano" (o allá donde el águila).

El viaje como camino

Entrar al paisaje

Bancos de San Hipólito es una de las esquinas del territorio huichol. Aunque se halla en Durango, toda su vida religiosa, agraria y política está directamente relacionada con la comunidad de San Andrés Cohamiata, en el municipio de Mezquitic en Jalisco (véase Mapa 1). Bancos es una puerta excelente al mundo wixárika porque resume muy bien los conflictos de in-

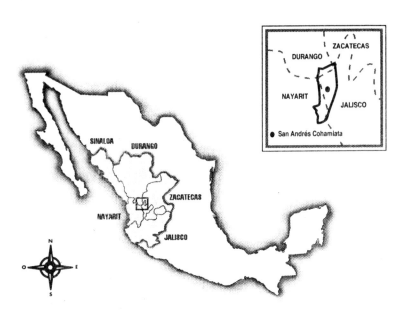

1. Territorio de San Andrés Cohamiata, una de las cuatro comunidades tradicionales wixárika, los límites de los cuatro estados donde se encuentra.

vasiones de tierras y la ilógica división política de las entidades y municipios que mantiene divididos a varios pueblos indígenas. Toda la zona, una especie de mano que da forma al norte de Jalisco, entra y sale del estado por Durango, Zacatecas y Nayarit en una región que es indivisible en orografía, recursos e historia. Saber, además, que el arrinconamiento de los huicholes de Bancos obedece a una lógica caciquil que los tiene escindidos de sus amigos, familiares y autoridades por el arrinconamiento resultante de las invasiones mueve inmediatamente a cuestionar la relación de la sociedad mexicana con los pueblos indios. Como eso se ha dicho hasta el cansancio, quizá sea mejor descender poco a poco de la avioneta en la que uno llega con facilidad a Huasamota, Durango, pueblo mestizo desde donde es más fácil llegar a Bancos para introducirnos al enorme tejido de signos, historias y reflejos de lo que hoy es la vida huichola. La avioneta se inclina para tomar el giro que la acomodará momentos después en la pista polvosa de Huasamota, Durango –un hueco entre los montes y quebradas.

El vuelo permitió dilucidar las sinuosidades color plata del río, que serpentea como dicen los mitos mesoamericanos que debe circular la energía vital de todos los seres. Y el río, los ríos, son seres en esta región, y no cosas, como desde la ciudad se piensan.

94

Desde el aire, los caseríos son manchones de verde arbolado y techos de palma y lámina de zinc. Delinean sus corrales y algún parcelado. Algunos se asientan junto a las vegas de los ríos, pero muchos son rancherías desperdigadas en joyas engarzadas entre cerros protectores, en laderas escarpadas donde se perfilan diseños extraños color tierra: son las veredas y los senderos que suben y cruzan, rodean y se pierden entre macizos de chaparral y bosque. La vista panorámica podría invitar a verlo todo como paisaje, como mero fondo o escenografía para la vida.

El citadino tiende a ese sesgo de apreciación. Tanto ser pasajeros –o turistas– nos ha cambiado. Si viajamos por tierra a las altas velocidades de hoy, la cinta asfáltica nos forma la ilusión de que las distancias se acortan, y en lo confortable de una cápsula que se mueve por nosotros nos conectamos vía la radio con una diversidad de sitios y discursos. En esa lógica, el trayecto es cuando mucho paisaje que dejamos atrás para llegar a nuestro destino. Es un paréntesis entre nuestras actividades y lo borroneamos subjetivamente. Si somos pasajeros tendemos a situarnos en el pasado y en el futuro (tal vez por eso el mote de pasajeros).

Pero la vida para las comunidades de ese microcosmos rural convive, fluye y refluye con ese entorno. Roca, astilla, espiga, espina, cascada, tierra, mirada y paso se pertenecen; la atención que se origina entre todo lo vivo forma corredores de sentido profundo. A eso la gente anclada a un universo comunitario, sobre todo rural, le llama territorio. Y todo vive: las piedras, la pared musgosa de las montañas, el bosque, el pastizal, los chaparrales; los arroyos y los ojos de agua donde las corrientes filtradas de manantiales cercanos se asientan y crean nuevos parajes y sus infinitas interacciones. Sobre todo, territorio para los huicholes son las relaciones humanas.

Sobrevolar ese territorio, en principio huichol, es un rito de paso que hace sentir la fuerza y la configuración, la ubicación y direccionalidad de ese espacio.

Jesús María, tierra cora, se quedó más al sur, en las márgenes del río. Mesa del Nayar es la única escala para que descienda un hombre que tiene por encomienda y goce visitar a los casi ermitaños franciscanos, que conviven con los coras en uno de los mundos más alucinantes y menos narrados de la sierra (porque corren rumores de zonas a las que nadie entra ni sale, tal es el dominio del narco que siembra amapola y mantiene casi en calidad de esclavos a algunas comunidades; porque corren los rumores de comunidades mestizas, armadas, que reivindican al narco como resistencia, la cual se ejerce con orgullo desde los doce o trece años; porque, dicen otros, hay muchos que sirven de "burritos" para bajar goma a Tepic. Porque el mestizo sigue insistiendo en que los coras tienen ritos innombrables –sobre todo porque el Discovery Channel no los ha fijado en algún confortable asidero del exotismo).

Aterrizar en Huasamota enfrenta a los viajeros a una alta pared montañosa que se extiende en capas que la vista tiende a juntar como una sola apariencia afín de roca y verde polvoso, como el camino que parte de la casa donde se espera "la corrida" de la avioneta. Sólo Rigo y el otro señor miran la flexibilidad de las alas al rozar las ruedas el suelo. Esperaban noticias de parientes que siguen sin volver.

El grupo que desciende pregunta por el mejor camino a Bancos de San Hipólito. ¿Es largo hasta allá? Según, contesta un paisano. Se puede uno ir por la carretera y después tomar el lecho del arroyo, allá en Máipura. O se puede cruzar por aquí arriba, directo por las crestas al Puerto de Huamuchil, ya de ahí nomás la bajada a Bancos de Calítique.

Dice que es mejor por ahí, que si quieren los encamina, porque tiene que ir a Huamuchil a recoger una potranca de su patrón.

Los viajeros bajan por el camino hacia el desayunadero del pueblo, mirados con azoro por los adolescentes que limpian sus huertas escolares. Para ellos y para el pueblo entero es raro ver extranjeros, citadinos, en ese rincón de Durango.

En los pueblos de la sierra todo se sabe. Un hueco en una cortina y los ojos barren a los viajeros mientras se enfilan por la calle que baja hasta la notaría. El dueño de la tienda mira el sombrero de uno, el suéter de la otra, las botas no tan gastadas del tercero, el andar del cuarto.

Las mujeres del desayunadero los reciben con sonrisas y un caldo de nopales. El patio central, de tierra, se adivina tras una puerta por donde entran y salen unas muchachitas coras que ayudan en la lavada de trastes, a jicarazos, mientras las dueñas cocinan para los parroquianos: unos seis vaqueros, el nuevo médico de la clínica de salud, el profesor encargado del programa del INEA.

Un paseo al baño y se reinaugura el mundo que ha permanecido incambiable en cuanto a hábitos sanitarios: un cuarto, sin techo, con piso de tierra, cubierto en muchos rincones y amplias zonas de la pared del fondo con mierda seca –y no tan seca– y papeles azules y rosas, restos de periódico arrugados. Una silla de madera con un agujero ancho y pertinente sirve para no cansar el cuerpo de las ancianas que más lo usan.

Las señoras piden disculpas por el "cuarto", como si adivinaran otros modos allá en el mundo que llegó desde los confines de la televisión. Una muchacha suspende el lavado y ofrece agua y jabón de ropa para las manos. La cortesía de la sierra no hace preguntas, y cualquier viajero es un viajero y ya. Pero por más buenas migas que uno haya hecho con los habitantes mestizos de un pueblo donde el presidente municipal es un mexicanero y donde las relaciones con los indios son afables, los comerciantes marcan sus distancias con frases al descuido y miradas de reojo porque uno se encamina a una comunidad huichola. Huasamota no tiene conflictos agrarios con

Bancos de San Hipólito, pero en la región por lo menos los de San Lucas de Jalpan son enemigos acérrimos de que alguien venga a perturbar un estado de cosas, un aislamiento donde ellos poseen las herramientas, los mejores terrenos y las conexiones para ejercer control político y mercantil; donde los wixáritari son los huicholitos a quienes se ha ido arrinconando en sus propios terrenos mediante invasiones continuas.

Veredas

Ir a Bancos de San Hipólito o a Huasamota no es sólo cubrir un trayecto y una distancia geográfica. También entra uno a un corredor hacia el pasado, aunque esto es aparente. En realidad no es que se viaje al pasado, sino que se entra a un espacio, a un corredor si se quiere, en donde el pasado continúa, tiene vigencia, existe –por la larga duración de modos de trabajo, visión del mundo, asideros prácticos y concreciones de ese pasado que el trabajo produjo y mantiene vivo.

Toda la zona entraña formas de ser que tienen un pasado que se remonta al siglo XVI. Se cuenta que Huasamota, una de las puertas de entrada a ese rincón del mundo, es anterior a la ciudad de Durango y quizá la primera población castellana en la entidad. Las mujeres que atienden en la fonda del pueblo, cocineras y patronas, abuelas de varios e informantes de todo el que cruza el umbral de su casa, lo plantearon de una manera más que contundente al contestar qué tan viejo era Huasamota. Una de ellas dijo: "Los decires van más lejos que mi memoria", y la otra miró un momento y replicó: "No se qué tan antigua sea Huasamota pero ya varias veces se han muerto gentes de más de cien años".

El profesor del INEA contaba que Huasamota es muy de antes y que su existencia se aferra a las siembras antiguas y a la ganadería. Durante la Cristiada, fue uno de los bastiones de los rebeldes y desde ahí se irradió idea y hombres ávidos de Cristo Rey y de otro trato con el gobierno federal. Es de por sí un pueblo aislado. Su relación con el mundo externo se ata muy frágilmente por carretera, porque apenas dos veces por semana sale un camión hacia Jesús María, buscando contacto con Nayarit y de ahí a Tepic. En cambio su conexión con la cabecera municipal, Mezquital, Durango, es tan borrosa que el camión llega sólo dos veces al mes y tarda unas quince horas en arribar a sus posibles conexiones con el resto del estado. No extraña entonces que la avioneta supla en mucho la comunicación y que ésta sea principalmente con Ixtlán del Río –que, siendo Nayarit, se enfila a Jalisco– y con el propio Tepic. Tampoco extraña que por tierra se busque llegar a Huejuquilla, todavía Jalisco, para entroncar con una salida a Fresnillo, en Zacatecas. Ese camino, de terracería, no está falto de incidentes y la beligerancia de los mestizos de San Juan Peyotán y San Lucas de Jalpa les impide a los wixárika buscar viaje por esos caminos. Porque si Huasamota está retirado, dirían los lugareños, Bancos de San Hipólito está literalmente cercado por Bancos de Calítique, San Lucas y San Juan Peyotán, lo que obliga a los wixárika que habitan Bancos de San Hipólito a tomar cualquiera de tres rutas para salir o entrar a su casa. Según la ocasión, se busca caminar vía Las Guitarras y Brasiles, cruzando la tierra de sus enemigos, asunto molesto si son descubiertos. Esto los ha hecho hábiles para rastrear veredas alternativas en el monte que les permiten evadir encuentros no deseados, dibujando con sus pasos senderos que aparecen y desaparecen (y que a veces son más directos y rápidos que el camino mestizo). Son senderos que muestran más su uso y las condiciones de su relación con los mestizos que las ventajas topográficas de la vereda en cuestión. Éste es sin duda el camino más usado por los habitantes de Bancos.

La segunda posibilidad es caminar cruzando macizos montañosos por el Puerto de Huamuchil, directo hacia Huasamota, sin cruzar tierras de San Juan Peyotán. Este camino se usa, pero tiene pasos difíciles y muy patinosos en las lluvias; es más largo y más pesado por las subidas y bajadas que implica. Los vaqueros de Huasamota –como Rigo Arellano– recorren este tramo con frecuencia transitando por el camino que llamaremos mestizo, porque su idea, su trabajo continuo de mantenimiento, es obra de los huasamoteros más que de los huicholes. El camino wixárika va paralelo casi todo el trayecto, pero se entrecruza en tramos con el camino mestizo. Es reconocible el camino mestizo porque hace uso de las abundantes rocas para crear una especie de trazo de piedra, con escaleras esculpidas con herramientas rudimentarias en las cuestas empinadas, terrazas con muritos de contención en los pasos difíciles y un mantenimiento de la vegetación. Está hecho, por así decirlo, para perdurar. La gente de Huasamota dice que el camino es más viejo que cualquiera de los pobladores y seguro es así. El camino huichol se dibuja y desdibuja, pero también se mantiene, toda vez que la gente de Huamuchil y la del Puerto de Huamuchil va y viene a Bancos o a Huasamota bajando y subiendo vaquillas. Es un camino seguro en lo que se refiere a caciques, pero se acerca más al cruzar de quienes merodean robando ganado y transportando mercancías que no deben resaltar en ningún caso.

La tercera opción, la más dificultosa, la que más peligros entraña, es el camino de La Torrecilla, que conecta más directamente a los wixárika con su comunidad original, su ancestral referencia espiritual, sitio donde se realiza la fiesta, reivindicación común en términos agrario-políticos: San Andrés Cohamiata, una de las cuatro importantes comunidades huicholas, en Jalisco. El camino de La Torrecilla rompe definitivamente los cercos mestizos y lleva en pocas horas a las veredas que bajan a San Andrés, Tierra Blanca e incluso San Miguel Huaixtita, pero tiene pasos muy arriesgados. El más azaroso es La Torrecilla en sí, referencia que da nombre al camino por ser el sitio más temido. Es un paso pegado a la pared de riscos despojados de vegetación, a más de trescientos metros del siguiente nivel del suelo, muy angosto, con piso resbaloso y una pendiente que aumenta la dificultad. Sólo los huicholes se aventuran por esos lares, lo que hace este trayecto ideal para evitar encuentros desafortunados, pero la muerte ronda.

Tres días antes de nuestra primera visita a Bancos, un viejo había resbalado o tropezado en La Torrecilla y su cuerpo había caído al vacío para quedar atrapado entre dos grandes rocas a más de ciento cincuenta metros por encima de la comunidad, sin acceso directo desde abajo ni desde arriba. Fue muy duro para la gente de Bancos saber que el cuerpo se mantenía insepulto, al acoso de las aves de rapiña que se encargaron de descarnar el cadáver en los días que estuvo ahí, sin que nadie se pudiera subir o bajar por más ganas que tuvieran de recogerlo. Las ceremonias para alojar al espíritu del señor como se debe entre los huicholes no podían cumplirse, y era triste saberlo ahí, como una figura huidiza. Finalmente, su cuñado, otro viejo de casi noventa años como el desafortunado viajero, después de reclamar a todos los parientes "su falta de huevos" (siendo que "él habría ido por ustedes, carajos"), remontó, ayudado por sus hijos, el camino a La Torrecilla y desde ahí realizó el salvamento del cuerpo, a saber cómo.

El camino como trabajo

Caminar entre Huasamota y Bancos de San Hipólito guiados por Rigo Arellano de ida y por los wixáritari de regreso fue descubrir todos los vestigios de una cultura trashumante implícita en las maneras de designar los parajes y los mismos caminos. Así, una *patilla* es el sendero que va pegado al risco y que tiene el voladero a un lado, mientras que la *ceja* es la ruta que remonta tangencialmente el macizo internándose un poco en la parte superior de los cerros. Un *puerto* es la meseta, pequeña, que queda entre dos macizos rocosos; los puertos pueden ser verdaderos enclaves de vegetación, remansos escondidos de flores gigantes y árboles extraños. Los puertos pueden ser también *ventanas,* desde donde se divisa el resto de las crestas, que siguen sin fin hasta el horizonte y desde donde el camino se mira en perspectiva. Sin embargo, hay ventanas que sólo son huecos entre las rocas y que no conforman un puerto en sí.

Para quienes ejercen el camino como parte de la vida cotidiana, caminar es un trabajo. Y en el trabajo se reflexiona con los otros, se da sentido a lo que se vive relacionando historias con canciones, una rama baja con lo sucedido a don Rogaciano, una roca de dibujos extraños con la vez que cayó un rayo, un resbalón con la manera apropiada de pisar, un macizo boscoso con una lumbrada entre vaqueros, y de ahí a las referencias a la andanza, los amores que quedaron, los hechos de valentía y las sombras del alma –y consejas. Caminar es lo contrario a verlo todo como paisaje, porque uno se interna cuidando cada paso, cada guijarro, y en cada paraje uno recorre una vez más lo que permanece de años y lo vuelve a formar. Es decir, del camino no se sirve uno, no es una comodidad, es experiencia –acumulada y nueva– que se ejerce y se revivifica. Y nuestra atención tiende a estar en varios planos a la vez: el piso, su rugosidad o lisura, los obstáculos y vericuetos, los diseños que llaman nuestra vista, el modo de andar, trepando o descendiendo, el brinco preciso, la respiración pertinente, el animal que cruza, el vado correcto en un arroyo, el mejor sitio para defecar, para cubrirse del viento, para acampar en la noche, el mismo ritmo del paso. Hay entre los huicholes un dicho que resume esta idea del ritmo: *es mejor el hombre que anuncia bien su paso al echar a andar. El hombre que anuncia un paso y después se cansa no merece confianza.*

Para los huicholes –y seguro para todos los conglomerados humanos atados a la tierra, sobre todo entre quienes habitan sierras, desiertos, bosques y selvas–, caminar es un concentrado de vivir y entraña los mismos asegunes. Entonces la relación de uno con el todo es total y uno es parte de eso que se mueve reciclando la noche y el día.

El guía, por ejemplo, era muy pendiente de los sonidos, y de su localización. Tenía una sensibilidad especial para ubicar su distancia y su posición –y para identificar qué lo había producido. Para él, los ojos, los oídos, las manos y las piernas tenían que ponerse de acuerdo para avanzar por un territorio donde cada sitio, objeto y recorrido implica decisiones automáticas, que no obedecen a lo ya aprendido del sitio, sino a una actitud continua de deslinde y decisión. Esto no es una vicisitud en la vida sino vivir.

Y también está por supuesto el camino en sí mismo. No el sendero o el corredor al lado del voladero, sino el internarse en la sierra por una zona particular. El camino a Huamuchil es difícil, pero tiene todo el tiempo connotaciones humanas. El camino que cruza Las Guitarras y Brasiles, nombres de parajes que signan historias pendientes de contar, pero que en la memoria colectiva siguen manteniendo un tramado de sentidos y referencias, es también un encuentro con el misterio. Un misterio que no hay por qué explicar pero que pueden compartir los que transitan esas vertientes de la sierra. Quizá con el viaje interior que se dispara con el andar, el viajero se hace sensible a las emanaciones de parajes y sitios y, así, recorrer esas pendientes cruzando puertos, vallecitos, cejas y patillas lo hace a uno cruzar zonas donde todo, hasta la atmósfera, es rosa o verde, marrón o casi negro de la grisura. Puertos de flores amarillas más altas que un jinete o ámbitos de luz dorada, cobre o plata. Zonas en las que uno quisiera permanecer para siempre, tal es la limpidez del aire, la sensación de paz interior que conllevan, la respiración pausada que provoca el paso por entre los encinos y los robles. Pero hay otras que disparan miedo y aprensión, angustia y hasta vómito (y que no tienen la asociación fácil de colores en que la zona negra sería la que más aprensiones provocara). Una de las más difíciles, por ejemplo, fue ese puerto con flores amarillas que parecía encantador a la distancia y que, ya en medio, hizo a varios de los jinetes revolverse en la silla. Pero son sensaciones que desaparecen al trasponer el umbral de la influencia, el quicio de una grieta hacia uno mismo en la que pesa nuestra emocionalidad o nuestra aprensión. Pero que no dura ni dos segundos más allá de los límites inmateriales de ese ámbito y da paso a una zona de gozo profundo, descanso de la mirada y energía para seguir caminando. Es en estas zonas donde los wixárika tienden a buscar descanso cuando éste es necesario. Ni una sola vez se propuso un descanso en alguna de las *zonas de sensación* desagradable.

De regreso a Huasamota por Brasiles, el viaje se prolongó hasta las tres de la madrugada. Al divisarse Huasamota más allá del río y de las milpas aledañas, los wixárika tomaron tres precauciones que remiten de nuevo a las maneras de los viajeros de tiempo inmemorial: primero, los jinetes bajaron por el camino mestizo hasta un playón del río en las orillas del pueblo, mientras el grupo de caminantes se internó en el sendero huichol; ahí buscaron leña y cuidaron de lejos a los jinetes; como tercera precaución, se instaló en ese playón un campamento con lumbrada y cobijas, y enfáticamente insistieron los wixárika en no entrar al pueblo a esas horas porque los modos del viajero dictan no hacerlo so pena de ser considerados bandoleros y presa de los perros, sueltos, de los vecinos. Si son buenas personas, reza la conseja, se muestran a la orilla de la primera casa y permanecen ahí, para que con la luz del alba se les dé la bienvenida amistosa que todo viajero honesto merece. Y así lo hicieron los huasamoteros, que llegaron a ofrecer por la mañana un poco de caña, panes, raspadura de piloncillo y hasta café. Modos al fin que debieron ser usuales en muchas partes del mundo allá por la Edad Media y que siguen vigentes en la sierra de Durango.

Más cerca, en nuestros días, lo que se trasmina es el hecho de que la supercarretera tendida hacia el futuro distante de un destino menosprecia el recorrido en aras de un objetivo dizque concreto. En cambio, para los wixárika –y para otros pueblos y personas inmersas en la lógica rural–, el recorrido es tan importante como el arribo, y en lugar de la carretera pavimentada, la lógica barre el territorio incursionando en las veredas que se bifurcan, los trazos que se cruzan, relacionando, discerniendo, abrazando el recorrido para retornar a uno mismo, sea cual sea la cosmovisión que se tenga, porque el viaje así nos predispone a la atención a tiempos dispares, a sutilezas del espacio en el que indisolublemente nos movemos, y en el que todo lo que hacemos vale por sí mismo y no sólo por llegar a algún lado.

El cuidado del mundo

Los wixáritari tienen sus ideas particulares, que a veces los extraños no entienden fácilmente. Quizá por eso Maria Stenzel, una agradable y lúcida fotógrafa de *National Geographic*, que recorrió la zona de Bancos, se sorprendió tanto cuando estando en una asamblea preguntó: "Y ¿quiénes son o dónde están los hombres sabios de Bancos?", y alguien le respondió: "Ve usted a esos señores que no se pusieron al frente, ni traen ropas de gala, ni han hablado casi nada, ese que ni sombrero trae? Son los ancianos de aquí. Muchos caminan días de una ranchería a otra, porque andan cuidando el mundo".

Ese cuidado lo cubre todo. Meterio, por ejemplo, uno de los marakate más entrañables y reconocidos en toda la Huichola, trae desde hace ya unos años la idea, basada en un sueño que tuvo, de que tiene que ir a Roma porque ahí se encuentra el verdadero San Andrés.

Hace unos años, la imagen de madera del santo, que permaneció mucho tiempo en Tateikie (San Andrés Cohamiata), sucumbió en un incendio. Las autoridades, como es debido, repusieron la imagen con una nueva. Pero Meterio soñó que ésa no era la verdadera y que el auténtico San Andrés se hallaba en el interior de un árbol allá donde nació Cristo. Dicen que su descripción del sitio es visualmente bastante precisa —un árbol en unas colinas que contiene a San Andrés, no como si estuviera preso, sino conformándolo. Bastaría devastarlo para que naturalmente la imagen fuera tomando cuerpo. Hay quien le señaló que por la descripción del sitio, y por aquello de que sería encontrado en el lugar donde nació Cristo, el sitio no era Roma, sino Israel. Otros insisten que, si dijo Roma, se vaya a Roma. Como alguien le dijera que no le dejarían cortar el árbol, Meterio respondió con bastante aplomo que bastaría con hacer una ceremonia para recuperar la esencia del santo y que después encargaría especialmente una figura de San Andrés para imbuirla del espíritu.

Seguramente muchos disentirán profundamente de esta discusión en torno al sueño de un anciano. Pero para la tradición extendida y milenaria de las personas que buscan multiplicar los sentidos de la vida y la historia, el sentirse responsables —no culpables— sigue siendo motor de sutilezas y atisbos. El impulso de Meterio implica un acto de responsabilidad, si se quiere de bondad, pero sobre todo de búsqueda ansiosa por hallar un orden y que éste corresponda con los tiempos y la experiencia. No importa en lo absoluto que desde acá haya quien juzgue su acción como inútil. Lo que Meterio reinaugura con su acto es una actitud para los otros, para el resto de su comunidad y, si se puede, de todos los que caigan dentro de sus sueños, sus reflexiones y sus impulsos amorosos. Por eso buscar a San Andrés puede ser un acto para todos, así en genérico. Y eso tendremos que valorarlo y valorarlo si le apostamos a contribuir a los sentidos de la existencia y a no imponer órdenes, sino buscar los órdenes que perentoriamente se organizan en los fenómenos de la existencia. Ese sentido especial de responsabilidad –insiste Elías Canetti–, esa búsqueda y cuidado de la capacidad de metamorfosis humana, es uno de los regalos más importantes que nos vienen de lo remoto, y no habría que perderla; los relatos y cualquiera de las formas de buscar los milagros y transfiguraciones que pueblan los días son expresiones de ese compromiso extraño que hizo escribir a uno de los muertos de la Segunda Guerra Mundial –cuyo diario se halló entre las ruinas de Berlín–: "Si hubiera sido en verdad escritor, habría impedido la guerra". Algo que por supuesto no puede ser cierto, apunta Canetti, pero que eleva a personas como ese escritor a buscar afanosamente salidas al misterio que nos circunda, a crear sentido. Los pueblos indios parecen haber encontrado algo más: el saber siempre es colectivo.

Fue Meterio el marakame quien dijo alguna vez: "Sólo entre todos sabemos todo".

Un buen vivir

Los wixárika son muy afectos a encontrar en el camino cosas de comer, porque su cultura recolectora aún los lleva a vivir del bosque, que tiene semillas, vainas, frutos, cortezas, hierbas y matorrales comestibles y curativos. Una de las grandes sorpresas para los asépticos urbanos es descubrir que aprecian mucho el agua de algunas pozas rezumantes de hojas y aparente podredumbre, porque para ellos ésa es el agua más rica en sustancias vitales. Un verdadero té de hojas de monte que pocos citadinos se atreverían a consumir.

Se piensa también que los pueblos que no tienen acceso a los adelantos técnicos contemporáneos necesariamente viven mal, pasando hambre y sumidos en la ignorancia. La versión actual de este racismo desacredita cualquier descubrimiento de buen vivir entre los pueblos indígenas aludiendo siempre a la frase "no hay que idealizarlos", o "por supuesto tienen muchos saberes, pero les faltan las condiciones materiales para ejercerlos", o la más contundente: "en los pueblos y comunidades siempre habrá violencia y opresión por parte de los propios indígenas; nadie querría vivir en una comunidad; lo que pasa es que a ellos no les queda otra, porque no han producido una cultura eficiente".

En Bancos de San Hipólito la gente sabe vivir. Esto no significa que no tengan privaciones ni que su situación no deba cambiar. Pero algunos de sus habitantes aprovechan de una manera sorprendente los escasos recursos con los que cuentan. Por ejemplo, un señor distribuyó el espacio de su casa de forma armónica y hasta ecológica. Dividió su terreno en tres partes paralelas, la central unos setenta centímetros más alta que las dos restantes. En ésta tiene su casa, como muchas casas huicholas, dividida también en varias construcciones. El fogón es una de ellas, y el resto de la cocina está al aire libre, bajo un cobertizo con techo de palma. Los cuartos para dormir tienen también techo de palma y un piso elevado que forma una especie de palafito en tierra, para evitar que trepen alimañas. Son sumamente frescos y acogedores. Otro cobertizo más a ras del suelo sirve para alojar huéspedes y viajeros: está a ras de piso que para alojar a todos los que quepan. En la parte izquierda puso a sus animales, que no pueden trepar el desnivel. En la parte derecha, puso una huerta cuyo suelo alimenta con una especie de composta con residuos orgánicos.

Aparte de algunas delicias propias de la región como la sopa de nopales, que también consumen los mestizos, las mujeres wixárika preparan un atole especialmente pensado para reanimar a los cansados a base de maíz plagado con huitlacoche, conocido como *chinari* y que tonifica el estómago y da energía.

Está claro que vivir bien no conlleva necesariamente ninguno de los indicadores de calidad de vida tan publicitados desde la UNESCO, ni desde el Banco Mundial. Por supuesto son importantes y nadie debe vivir en condiciones "inhumanas". Pero ¿qué son las condiciones humanas? Los huicholes son campesinos pobres y no cuentan con drenaje ni letrinas, por ejemplo, pero su idea del mundo, su modo de convivir y gozar lo que hacen los hace vivir extraordinariamente bien, porque la intensidad de su camino y de sus relaciones, su manera de enfrentar lo que llega, no pueden medirse. Como diría Eugenio Bermejillo: "No puede medirse el buen vivir en número de litros de champagne ingeridos, o en veces que uno visitó la playa para rascarse la panza; uno lo mide en intensidad de lo que uno vive, en la búsqueda de la utopía, aunque ésta no sea posible". En su territorio, los wixáritari siguen persiguiendo la utopía, y ésta pasa por compartir, por tenerse, por cuidarse entre sí, que ya es mucho. Pero ¿qué no hay violencia ni malos tratos entre los huicholes? Sí, también. Pero la idea del respeto sigue vigente y hay quienes la esparcen con mucha fe en la confianza, en las transformaciones, en lo humano, pues.

Satélites

Alrededor de la Tierra giran por lo menos veinticuatro satélites. Cada uno es como un reloj que da solamente la hora que le asignaron por donde quiera que pasa. Como no hay modo de que su recorrido sea discontinuo, el reloj coteja toda la serie de horas y puede ubicar en "tiempo real" un punto geográfico. Tiempo real significa que no se vale de los usos horarios, ésos sí discretos de hora en hora, sino que da la ubicación exacta a los nanosegundos. Sus constructores, la inteligencia militar estadounidense, se reservan el derecho de imponer un factor de conversión a los sistemas para que no haya a quien se le ocurra utilizarlos para bombardear un sitio, salvo ellos. Este pequeño retraso es suficiente para garantizarles seguridad aérea.

Estos satélites tienen varias utilidades pacíficas. Permiten medir perímetros, establecer geometrías y trazar mapas muy precisos.

El conflicto de tierras en la sierra ha orillado a los huicholes a medir su territorio muchas veces. Las coordenadas exactas –y antiguas–, unos trazos estampados con hierros de marcar ganado en las mojoneras, o las ofrendas que ubican peñas y cerros como puntos sagrados, les han permitido trazar y retrazar el mapa de su ámbito de convivencia y continuidad. Hace un año los huicholes y sus asesores les solicitaron a algunos ingenieros del Iteso de Guadalajara que les hicieran un trazado de varios perímetros, cruciales para las demandas agrarias que han interpuesto por las invasiones que les han quitado miles de hectáreas de su territorio.

Los huicholes se encantaron con el hallazgo de la tecnología espacial que estos ingenieros les ofrecieron. Así, el día de la medición, se encaminan a varios cerros sagrados. Van cargados de ofrendas, tortillas, agua y unos aparatos. Quien no entiende piensa que miran el paisaje, cuando en realidad se están reconociendo. En el círculo de piedras que contiene restos de las ofrendas nuevas está la mojonera que marca uno de los ángulos cruciales para la medición. Se revisa la marca de los hierros de la comunidad: ahí está, basta sólo limpiarle la tierra para que sus rastros muestren los signos. Con algo de ceremonia, montan el tripié y luego el plato que captará el paso de los satélites. Se conectan unos cables a la computadora portátil y pronto está lista la señal que les permitirá triangular y anotar su posición exacta. Es tan natural eso de las estrellas y el espacio que el salto de la tradición a la tecnología de punta pasa por algunas explicaciones breves y ya.

Con un pie en el pasado ancestral y otro que defiende su derecho a ser actuales sin perderse en el caldo de cultivo de la modernidad, entre el mito y la conciencia histórica, los wixáritari están decididos a no dejarse.

La defensa de su territorio

> *Es cierto que nadie puede hacer más de lo que los dioses nos permiten hacer en este mundo. Es cierto que nosotros los huicholes nada más trabajamos por vivir una vida muy limitada... pero cada quien debe aspirar al progreso y a la justicia... Hay que tener un pensamiento, un sentimiento moral y luchar por lo que los dioses nos dieron desde el comienzo del mundo. Eso está escrito en plumas y piedras... sólo la lucha puede cambiar nuestra vida.*
>
> Pedro de Haro a Fernando Benítez,
> *Los indios de México,* volumen II

Mesa del Tirador

30 de julio de 1997. Más de 2 mil comuneros wixáritari pertenecientes a Tateikie, Tuapurie y Wuatua (San Andrés Cohamiata, Santa Catarina Cuexcomatitlán y San Sebastián Teponahuaxtlán, como se les conoce en la geografía mestiza), más el anexo de San Sebastián, Tuxpam, se reunieron en asamblea permanente en Mesa del Tirador en Tuxpam, municipio de Bolaños, para exigir del gobierno federal y del gobierno de Jalisco medidas claras y acciones decididas para resolver el agudo problema agrario.[1] Em-

---

[1] Según el recuento que realizaron Carlos Chávez y Ángeles Arcos en "El equilibrio de los kawiteros", *Ojarasca,* n. 12, septiembre de 1992, el territorio huichol está amenazado con el despojo de unas 85 mil hectáreas de terreno. "En algunos casos esto se ha consumado." El problema de San Sebastián implica 32 447 hectáreas que se encuentran invadidas por ganaderos de Puente de Camotlán y Huajimic. Santa Catarina tiene que lidiar con unos pequeños propietarios que se adueñaron de unas 7 mil hectáreas. En el caso de San Andrés Cohamiata, la cosa se complica porque desde 1960, año en que se tendió a legalizar la situación agraria de los huicholes, se crearon comunidades y ejidos en San Juan Peyotán, Santa Rosa y La Purísima a costa de su territorio. Se les anunció entonces que de las 250 mil hectáreas que reconocen como suyas desde tiempos remotos se les reconocerían 129 mil, que al final se convirtieron, en los hechos, en 74 940, recortadas todavía más porque en las mediciones los ingenieros rebanaron otras 8 mil quedando en 67 mil. Uno de los casos individuales con más repercusiones es sin duda el caso de Bancos de San Hipólito, al que de las 10 720 hectáreas que les correspondían hoy le quedan menos de 100 hectáreas, pese a las reiteradas solicitudes y exigencias jurídico-administrativas que han emprendido. Además la jurisdicción de Bancos de San Hipólito depende del municipio de Mezquital, Durango, y no de su comunidad original, San Andrés Cohamiata, en Jalisco. Por eso han emprendido, al igual que El Saucito, acciones legales, incluso apelando a la OIT, para hacerse oír. Estos dos últimos casos, por ser paradigmáticos de la situación de ilegalidad en la que se mueven los invasores y los gobiernos que los solapan, darán mucho que hablar en los próximos meses.

prendían así una amplia movilización en defensa abierta de la integridad de su territorio ancestral.

No surgió de la nada. Ya el 8 de mayo habían emprendido negociaciones con el gobierno de Jalisco y suponían que con el de Nayarit. Los comuneros de Tuxpam y San Sebastián no tenían dónde sembrar y era urgente habilitar unos terrenos de Mesa del Tirador que estaban en litigio con los ganaderos nayaritas (véase Mapa 2). El 13 de mayo y ante una asamblea, se logró un compromiso de la Procuraduría Agraria a nivel federal en el que se acordó que el 20 del mismo mes se realizaría una reunión para analizar caso por caso y las propuestas y responsabilidades del gobierno. Fue mucho el trabajo de las comunidades para recabar todos los datos pertinentes para defender su alegato. Una de las propuestas huicholas era abrir una negociación campesino a campesino, que no fuera en paquete, porque ya antes se habían intentado arreglos con grupos de posesionarios, algunos dispuestos a negociar, pero que finalmente no habían prosperado, pues desde el palacio de gobierno de Nayarit había llegado una negativa por todos los posesionarios.[2]

Entre el 20 de mayo y mediados de junio, las autoridades de San Sebastián y Tuxpam se reunieron varias veces con los funcionarios de Jalisco. Según los calendarios acordados, el 17 y el 18 de junio se mandaría llamar al primero de cuatro grupos de posesionarios (siete de los cuales se decía podían llegar a un arreglo pronto). A la cita asistió también un funcionario del gobierno de Nayarit, Jaime Sánchez, y Rogelio Ábrego, que dijo ser el representante y se arrogó la responsabilidad pidiendo un plazo para pensarlo.

Se planteó una nueva reunión para el 3 y 4 de julio, pero nadie se presentó a dialogar con los huicholes. El aviso a la Asociación Jalisciense de Apoyo a Grupos Indígenas (instancia independiente avalada plenamente por las comunidades huicholas como su asesora legal) llegó vía la Procuraduría Agraria de México apenas un día antes. Los wixáritari habían viajado, esperaron y se regresaron. Después se enteraron que se había puesto nueva fecha (dónde, cómo se puso esa fecha, eso sí no lo supieron). El 9 de julio se les programaba una nueva reunión, pero el 8 se enteraron que tampoco sucedería; que la nueva reunión ocurriría el 24.

Quizá eso fue lo que derramó el vaso, porque el 18 de julio llegaron a Guadalajara las autoridades agrarias de San Sebastián y Tuxpam a dar aviso

[2] "Aun cuando los estudios legales realizados por la misma Reforma Agraria acreditan totalmente la razón legal a los huicholes, es un acuerdo generalizado que la única razón real puede llegar por la vía de la concertación. Sin embargo a fines del año pasado [1991] cuando por órdenes presidenciales se formó una comisión de alto nivel para este fin, el resultado fue desastroso, dado que ésta pretendió entregar 80 por ciento de las tierras en conflicto a los ganaderos nayaritas y sólo 20 por ciento a sus verdaderos dueños, los huicholes." Véase Carlos Chávez y Ángeles Arcos, art. cit.

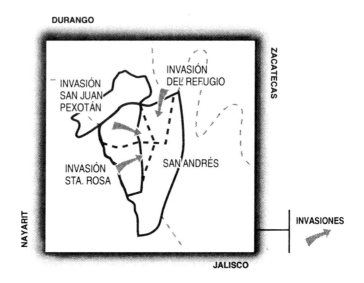

2. Invasiones de ganaderos y narcotraficantes mestizos al territorio de San Andrés Cohamiata.
Éste no es el único territorio invadido pero ejemplifica la envergadura del conflicto.

que la nueva reunión no sería el 24, sino el 30 de julio y que el sitio sería
Mesa del Tirador. Citaron ahí al director de Conciliación y Arbitraje de la
Procuraduría Agraria y a otros funcionarios. Estaban muy molestos.

Paralelamente, el 24 de julio, algunos huicholes, éstos de San Andrés Cohamiata, encontraron a los de Santa Rosa del Nayar marcando pinos. El 25
regresaron al sitio y estuvieron observando los movimientos de los santarro-
seros. Eran unos cien y varios ingenieros; parecían estar deslindando. El 26
de julio, unos 260 comuneros de San Andrés rodearon a los de Santa Rosa
y les dijeron que se fueran o serían consignados a las autoridades. Los de
Santa Rosa sacaron los machetes. Después de varios amagos y gracias a que
los huicholes no respondieron a la provocación, el incidente no pasó de un
cruce de machetes y un machete decomisado. Lo peor es que había un compromiso firmado por parte de los de Santa Rosa de no intentar predar la
madera de San Andrés (lo que habían intentado un año antes); pero, como
se supo, los de Santa Rosa estaban apalabrados con Productos Forestales de
Durango para explotar bosques pertenecientes a San Andrés. Tenían en sus
manos un adelanto de 360 mil pesos.

Estas dos contrariedades hicieron que los huicholes buscaran nuevos lazos entre las cuatro comunidades y todos asumieron el compromiso frontal

de defender el territorio huichol. No era una movilización ideológica, sino una sentida exigencia no sólo de las comunidades sino de sus autoridades tradicionales, que en estas reivindicaciones se involucraron por completo. El plantón-ultimátum de Mesa del Tirador unió a las cuatro comunidades huicholas para decir no al tortuguismo burocrático y a la irresponsabilidad administrativa que, como se sabe, alimentan la impunidad de caciques y ganaderos mestizos, los cuales recurren entonces a la violencia para dirimir asuntos que el pueblo wixárika decidió resolver, siempre, por las vías legales y pacíficas a su alcance. Los funcionarios gubernamentales terminaron firmando con las autoridades wixárika un documento que hoy se conoce como Acuerdos de Mesa del Tirador y que, todavía hoy, a varios meses de firmado, sienta las bases de un programa de reivindicaciones y un compromiso gubernamental expreso y abierto a supervisión.

En el comunicado de Mesa del Tirador, emitido el 30 de julio de 1997 por las autoridades agrarias y tradicionales del pueblo wixárika, se hacía alusión directa al problema de las invasiones, pero iban más allá y su reclamo se tornaba fundamental:

Los wixáritari estamos aquí hoy para poner fin a todo tipo de negociaciones y componendas sobre nuestras tierras, hoy decimos basta a los atropellos, humillaciones y abusos por parte de las autoridades a nuestra condición de indígenas.

Ya no aceptaremos más mentiras, ni menos de lo que nos corresponde; nosotros hemos hablado con títulos que provienen de tiempos de la colonia, con resoluciones presidenciales. Es decir, con documentos que avalan plenamente nuestros derechos; en cambio, quienes nos invaden, han hablado con papeles que se firman entre ellos mismos y que todas las opiniones legales han desautorizado. A pesar de esto, el gobierno los ha solapado durante más de cuarenta años y ellos han pisado nuestra dignidad confiados en la impunidad que les ofrecen sus amigos poderosos. No estamos dispuestos a seguir con esto, ya basta.

[...] Cuando nos hemos ido por la vía legal y hemos iniciado juicios y los hemos ganado, como en el caso del ejido El Refugio contra San Andrés Cohamiata, nuestros hermanos de San Andrés ganaron y ¿qué ha pasado? Nada, fueron años de ir y venir al Tribunal, de gastos de dinero del que carecemos, ¿para qué?, para que ni aun con los juicios ganados definitivamente, cosa juzgada como dicen los jueces, nos cumplan, ¿a dónde nos están empujando?

El realeo

16 de agosto de 1997. Más de mil comuneros wixáritari de las cuatro comunidades huicholas de Jalisco realizaron un realeo que duró tres días en terrenos que el Tribunal Agrario de Zacatecas reconoció hace dos años y medio como parte del territorio huichol de San Andrés, y que diversos invasores ganaderos de El Refugio violaron desde entonces.

El realeo consistió en rastrear, perseguir, lazar y reunir a todo el ganado que cruzó ilegalmente los límites dispuestos por la ejecución agraria del 23 de febrero de 1995, en la cual se dictaminó a favor de los comuneros tateikietari la posesión de 1 700 hectáreas que por años estuvieron en litigio con el ejido mestizo El Refugio. El 10 de agosto –cansados de la reiterada invasión de ganado de El Refugio en Zacatecas y San Juan Peyotán en Nayarit, la rotura de postería y de alambres y los daños en sus cosechas–, los huicholes presentaron las formalidades y notificaciones correspondientes ante las autoridades de Jalisco y, amparados en la ley agraria (y con la presencia de efectivos de la Policía de Seguridad Pública del estado), iniciaron la búsqueda de vacas, toros, caballos y uno que otro burro, identificaron los hierros de marca y reunieron a todo el ganado (en total 197 cabezas) en el corral de San Andrés Cohamiata. Ahí lo pusieron a disposición de los dueños, previo pago de una multa más cargos por los daños ocasionados y la firma de un convenio compromiso de no cruzar de nueva cuenta los límites fijados por la ejecución agraria de 1995.

El miércoles 13, el corral de San Andrés Cohamiata, cercano a una de las barrancas que circundan la comunidad, se hallaba ya repleto de ganado. Los relinchos y los mugidos subrayaban el rumor de una multitud de comuneros extrañados de ver llegar a muchos de los mestizos de El Refugio, por primera vez, a la Casa de la Madre o Tateikie –como le conocen–, a pagarles a ellos por los daños. La gente se juntaba en pequeños grupos para comentar, mientras consumían pepitas, fruta y refrescos que varios vendían entre el público. Unos permanecían sentados junto a los árboles, otros de pie pendientes de algún garañón que buscaba montar una yegua, todos atentos a los lazos de los vaqueros que separaban el ganado de quien se acercaba a pagar su cuota para llevárselo de regreso. Las camionetas se llenaban de cebúes y vaquillas. Por momentos, algún grupo de potros intentaba salir en estampida. Lloviznaba sin que a nadie pareciera importarle. Los altoparlantes apostados en un vehículo aledaño a las cercas resonaban la metálica voz del comisariado de Bienes Comunales, Ernesto Hernández de la Cruz que, con acentos huicholes, anunció tajante en castellano: "El compromiso que tienen que firmar para que les devolvamos su ganado deja claro que el pagador se compromete a no volver a introducir su ganado, ni dañar ningún cerco de nuestro territorio. De lo contrario se considerará sancionarlos con el doble o triple de la cantidad ahora pagada". El pago de la multa se fijó en 250 pesos por cabeza de ganado, o una cantidad global que incluía los daños a las cercas y cosechas, cerrada en 15 mil pesos. Estas cantidades estuvieron avaladas por las autoridades jaliscienses.

Un comunero tateikietari (de San Andrés Cohamiata) comentaba ufano: "Desde el plantón de Mesa del Tirador hace unos días, la gente se da cuenta que está más reconocida. No va a ser tan fácil que haya quien meta su ganado a nuestros terrenos. O nos respetan o tendrán que pagar. Si hubiéramos empujado más, hasta 300 pesos les sacamos por cabeza de ganado, y les habríamos rebajado un poco por firmar el convenio de no invadirnos sin hacerse los remolones. No se nos vaya a ocurrir comenzarles a cobrar por todos los años que metieron sus vacas: nos quedarían debiendo quién sabe qué tantos miles de pesos".

El 16 de agosto terminaba el plazo para que los dueños del ganado pasaran a recogerlo y a pagar sus adeudos (al final quedaron alrededor de 12 cabezas de ganado sin reclamar, principalmente de los mestizos de San Juan Peyotán, con quienes en el pasado los wixáritari han tenido un sinfín de problemas). El realeo sentó dos precedentes: que fue suscrito por las autoridades de Jalisco y que significó un pago por daños que los ejidatarios de El Refugio tuvieron que asumir. Es la primera vez, quizá en el país, que un pueblo indígena logra hacerles pagar a los invasores mestizos por los daños ocasionados, con el aval de las autoridades, es decir, por la vía legal (véase Mapa 3).

Durante el realeo de San Andrés, las autoridades huicholas emitieron un segundo comunicado dirigido a La Voz de los Cuatro Pueblos, radiodifusora que transmite desde Jesús María, Nayarit, a los rincones de las sierras Cora y Huichola, e hicieron algunas observaciones y aclaraciones entre las que destacan:

No es verdad lo que declaró el gobernador de Nayarit de que 1 400 huicholes nos juntamos en Mesa del Tirador a provocar y a agravar el problema de tierras, y menos que con algunas vacas nos conformaremos. No fuimos 1 400, sino 2 242 los que nos reunimos ahí, y no queremos agravar el problema, sino que se resuelva ya. No estamos dispuestos a seguir esperando más, y menos a vender y negociar nuestras tierras sagradas por ningún precio. Desde hace cuarenta y cuatro años el gobierno ha estorbado la solución del conflicto. Desde entonces cuenta con todos los papeles y pruebas de los huicholes y las de los ganaderos de Puente de Camotlán, y todo ese tiempo no ha sido suficiente para resolver el problema. No es justo, ni estamos dispuestos a que esa situación siga así. Es

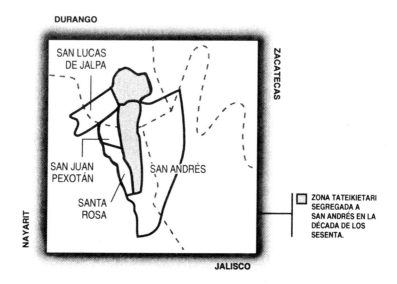

3. Zona tateikietari segregada a San Andrés Cohamiata en la década de los sesenta y donde todavía habitan núcleos aislados wixárika que reivindican su pertenencia a San Andrés.

falso también que no se sepa de quién son esas tierras. Todas las opiniones legales y recientemente, las sentencias de los tribunales agrarios han resultado a favor de los huicholes. Claro que sí se sabe, sólo que no quieren resolver a favor de los indígenas. Todo esto parece racismo, más bien. Además, los huicholes no estamos tratando de arreglar los límites estatales; eso no nos interesa, ni nos compete. Lo que sí nos interesa son los límites agrarios. No nos importa si una parte de nuestras tierras queda en Nayarit y otra en Jalisco. Lo que queremos es tener nuestros derechos agrarios completos. Hemos pedido la protección de la policía de Jalisco, porque la de Nayarit sólo protege a los ganaderos y ataca a nuestros hermanos. No es pareja. Y como dijimos, estos problemas que los arreglen los estados, pero ya.

[...] En el caso de San Andrés, tenemos la situación que, aunque ya le ganamos completamente un juicio al ejido El Refugio, y aun así, no nos quieren respetar. Han trozado nuestros alambres y posterías, y siguen metiendo su ganado a nuestros terrenos. Esto ya no lo permitiremos [...] escuchando las noticias se dice que los huicholes sacamos veinticinco familias, lo cual es mentira. Hicimos un realeo autorizado oficialmente los días 10 y 11 del presente mes y sólo ganado desalojamos de nuestras tierras.

Además de insistir en que les asiste el derecho para desalojar el ganado del territorio wixárika, y reiterar los motivos para llevar a cabo el plantón de Mesa del Tirador, enfatizaron también sus razones para exigir el cumplimiento de los Acuerdos de San Andrés, "traducidos como propuesta de reformas constitucionales por la Comisión de Concordia y Pacificación", cuestión ya planteada en su comunicado del 30 de julio y que ahora resaltan diciendo:

> Eso lo hacemos porque sabemos que si el gobierno no cambia la Constitución, tal y como firmó, ya nunca vamos a resolver nuestros problemas. Los pueblos indígenas, nosotros los huicholes, estamos pendientes de lo que se está discutiendo a nivel nacional e internacional sobre derechos indígenas. Creemos que nos critican porque pretenden que sigamos ignorantes, porque les da miedo que nos enteremos de lo que está pasando. Pero ya no estamos dispuestos a seguir como antes e invitamos a todos los pueblos indios a que también se enteren. A que asistan a foros y encuentros nacionales de los indígenas y a que participen en el Congreso Nacional Indígena, que es donde nos estamos organizando todos los indios del país. Si no nos organizamos, nunca vamos a lograr el respeto que merecemos ni nuestros derechos.

En Mesa del Tirador siguió por casi tres semanas plantada una representación de las cuatro comunidades para dar seguimiento al cumplimiento escalonado de acuerdos por parte de los gobiernos federal y de Jalisco.

Cuentan que uno de esos días los de Puente de Camotlán se toparon en el camino con un huichol solo. Como iban a caballo intentaron lazarlo y lo persiguieron, atisbados de lejos por un comando de la policía jalisciense. Cuando le tendieron el lazo y ya muy cerca de los jinetes, el hombre, aun con los brazos rodeados, logró aventarle su machete al caballo más próximo, con tal tino que se lo clavó en el corazón. El caballo se desplomó y el huichol pudo librarse. La policía vio que lo iban a lazar de nuevo, y entonces intervino disparando sobre otro de los caballos. El huichol, por fin, escapó.

Una espinosa flor

Para los wixáritari, cuya tarea expresada es cuidar el mundo, defender su territorio es un paso natural en este cuidado. Su mundo es ese territorio en donde cruzan la vida con experiencia compartida y no sólo tierra, porque sobre todo es casa, es ámbito de reformulación y metamorfosis continua. Por eso se horrorizaron en septiembre de 1996 cuando, quizá por un malentendido o por ver las acciones del gobierno federal muy decididas, parecía existir la posibilidad de que unilateralmente se declarara Reserva de la Biosfera buena parte de su territorio. En ese entonces enviaron[3] una carta al presidente Zedillo en la que le decían:

Imagine usted un patrimonio de la humanidad vigilado por biólogos y técnicos, pero invadido por ganaderos mestizos protegidos por los poderosos de este país. No estamos de acuerdo. Sí estamos de acuerdo en cambio en que nos dejen decidir. Tenemos más años de conocer y cuidar nuestro territorio que ustedes. Las ciudades donde ustedes viven están enfermas y sus ríos transportan suciedad maloliente. Hay más progreso en las ciudades pero menos esperanza en el futuro. ¿Por qué entonces de las ciudades quieren venir a nuestra casa a imponernos la forma de cómo cuidarla? ¿Por qué en lugar de mandarnos y menospreciar nuestra casa, no tienen la paciencia de escucharnos? Si escucharan la verdadera voz de nuestro pueblo, podríamos ayudar un poquito.

La paz es la hermosa flor que el pueblo wixárika ha cultivado desde los antiguos tiempos. Con esa flor que es la paz pedimos que se detenga la propuesta y los presupuestos económicos para la Reserva de la Biosfera. Con la flor de la paz pedimos no vuelvan a utilizar el sello de nuestra organización para gestionar a nuestro nombre ningún proyecto. Con la flor de la paz pedimos nuevamente que nos devuelvan nuestras tierras, que no nos impongan leyes forestales que nos obliguen a dañar nuestros bosques, que nos dejen decidir. Con la flor por siempre pedimos respeto. Somos cultivadores, cantamos y rezamos por la vida. Ése es nuestro cargo, señor presidente, sembrar, agradecer, pedir vida y salud para todos los seres vivos del mundo. Si el suyo es velar por los derechos de todos los mexicanos, le pedimos justicia. Lo saludamos nuevamente. Panpariyutsi, gracias.

Su propuesta consiste en declarar nuestra casa como Reserva de la Biosfera y patrimonio mundial de la humanidad. Se oye bonita la propuesta pero para llegar a ella se han gastado más de 3 millones de pesos en el llamado Estudio del Manejo Integral de los Recursos Naturales (EMIRN) cuyos resultados, documentos y mapas a pesar de pertenecernos no los tenemos ni hemos visto sus frutos. Han utilizado el EMIRN como si fuera de su propiedad y autoría para usos que nos afectan directamente y que no nos son consultados [...] queremos ser nosotros los que bajo nuestras propias formas culturales establezcamos las maneras de proteger y conservar nuestro hábitat y territorio sagrado.

---

[3] Véase "Una flor del pueblo wixárika", *La hora de los pueblos indios,* perfil de *La Jornada,* diciembre de 1996, p. 10.

Sí, inquieta esa flor espinosa que es la paz. Los wixárika les están mostrando a todos el valor del respeto, que a veces asume una mordacidad, como buen respeto no pusilánime. Ése es su cuidado del mundo, cuando se ponen de colectivos, que se les da. Lo directo de su discurso lo han usado ya antes cuando corrieron a los franciscanos que construyeron un templo católico en terrenos comunales, sin consultarles y sin respetar las mínimas sutilezas, si se considera que construir una iglesia con forma de templo huichol es ya un agravante para quienes no profesan siquiera la religión católica que los franciscanos intentaron imponerles hasta en la escuela.

Por eso es muy interesante difundir el informe detallado que la Asociación Jalisciense de Apoyo a Grupos Indígenas (AJAGI) preparó en defensa de los huicholes, a quienes una opinión pública poco informada tildó de intransigentes religiosos al estilo chamula, sin prueba alguna y sin querer entender las profundas definiciones que se jugaban. AJAGI ha acompañado el proceso del pueblo wixárika de manera respetuosa y avalada plenamente por la comunidad. En el informe se lee:

[...] En el trasfondo del asunto, más que una intolerancia religiosa de los huicholes hacia el catolicismo, subyace una reivindicación de identidad (que entre los wixárika tiene elementos culturales y religiosos que se mantienen vivos después de muchos años) y una exigencia de no ser transgredidos.

Este síntoma anuncia que se ha llegado a uno de los límites de la relación entre los pueblos indios y el resto de la sociedad. Si en el resto del país toman fuerza las demandas de autonomía, entre los huicholes esta demanda –quizá aún no formulada de manera concreta– contiene una de sus justificaciones menos contempladas: la reivindicación de los lazos míticos cargados de sentido que otorgan a este conglomerado referencias concretas de existencia y equilibrio.

Los huicholes, como el resto de los pueblos indios del país, han fortalecido en años recientes su presencia, su organización y sus reivindicaciones. Quizá más que para otros pueblos indios, la más fundamental demanda wixárika es la recuperación de su territorio. Esto se ha traducido en demandas agrarias que se llevan a efecto desde hace muchos años pero que a últimas fechas lograron ya dos resoluciones favorables a ellos, oponiéndose a sus vecinos mestizos. Sin embargo, para el pueblo wixárika el territorio es algo más que lo geográfico o lo agrario, o el control de sus recursos naturales. Para ellos es el espacio donde se despliegan sus lazos con lo sagrado y a partir de lo sagrado adquieren forma sus relaciones con el entorno.

Tanta fuerza tiene la tradición entre los huicholes que a últimas fechas comienza un proceso concreto por establecer un centro de educación que responda con contenidos pertinentes a sus condiciones y que contenga elementos centrales a la repercusión de su cultura.

En este contexto, la labor de los franciscanos es vista por la mayoría de los huicholes como una labor que, si bien ha establecido un trabajo pastoral sacramental, poco ha trabajado en aras de una pastoral social, es decir, los franciscanos han tomado a los huicholes como objeto de evangelización y no como sujetos de su propia historia.

Esto es causa de resentimiento en la comunidad, pues durante cuarenta años ha intentado lidiar con lo que considera transgresiones a su cultura, a su forma de ver el mundo, y no les ayuda a remontar las desigualdades a las que están sujetos.

Durante el conflicto actual, resaltan dos hechos que dispararon la reacción airada de las autoridades y comuneros huicholes. La primera es la construcción de un templo católico en forma de templo tradicional huichol. Esto les parece una afrenta a su visión de lo sagrado. Por si fuera poco, el templo se comenzó a instalar en terrenos comunales que de facto le fueron arrebatados a la comunidad.

Es interesante resaltar aquí un pasaje del diagnóstico que hace el Instituto Nacional Indigenista con respecto a este particular: "la permanencia de los franciscanos en las comunidades huicholas no crea derechos de propiedad sobre las tierras en las que se encuentran las instalaciones, en este sentido la misión franciscana debe respetar tanto los derechos territoriales como los culturales que asisten a los huicholes procurando no contravenir las decisiones que por asamblea de la comunidad hayan sido aprobadas. A este efecto hay que enfatizar que la salida o permanencia de dicha misión deberá estar sujeta a los procedimientos legales, tomando en cuenta la opinión de todas las partes".

El otro elemento del conflicto es la educación. Si los huicholes han estado pugnando por una secundaria que refleje los intereses y elementos propios –y que la comunidad impulsa en cooperación con expertos en educación participativa–, en cambio la dirección de Educación Indígena en Jalisco, que debía ser afín a estos intentos, ha delegado en los franciscanos la instalación de telesecundarias que a fin de cuentas no alteran mínimamente la idea convencional de la educación bilingüe que se otorga a las comunidades y no ayuda a los wixárika a asumir sus propios procesos y contraviene los principios educativos consagrados en la Constitución.

Estos dos aspectos conforman el centro del conflicto, que desde afuera aparece en los medios de comunicación como un problema de intolerancia hacia los católicos.

Si analizamos un poco la situación nos daremos cuenta que quienes esgrimen este argumento no consideran posible que haya conglomerados que no pertenecen a una de las tantas congregaciones cristianas o para el caso judías. Se piensa –por racismo, desinformación o desinterés– que no existen núcleos de población que reivindican otras formas de religiosidad ancestrales que sólo tangencialmente se conectan con la cosmovisión judeocristiana.

Para los huicholes, cuya tradición religiosa no está tan entreverada con las enseñanzas del cristianismo y el catolicismo que barrieron o enmascararon el conocimiento ancestral de muchos otros pueblos, es lógico que la comunidad sea extremadamente sensible a toda intromisión que rompa con un sistema de vínculos que regulan la vida general de los individuos y los clanes. Las autoridades religiosas huicholas, anclaje de la continuidad de sus tradiciones, siguen teniendo un enorme peso en su vida cotidiana. Entonces, preguntaríamos, intolerancia de quién hacia quién.

Si los huicholes de San Andrés Cohamiata aceptaron la presencia de los franciscanos en la zona por espacio de cuarenta años, eso no significa que aceptaran sus maneras de actuar por el solo hecho de ser religiosos. Tendríamos que arribar entonces a una cultura donde los acuerdos entre las personas estén sujetos a revisión continua y al reconocimiento de que las congregaciones religiosas, en particular las que tienen una enorme estructura política como es el caso de la Iglesia católica, pueden estar sujetas a revisión porque no constituyen más que una autoridad moral y no una autoridad real más que para quienes han decidido pertenecer a estas instituciones.

Es importante entender por qué los huicholes piden centralmente que se revise el papel jugado por los franciscanos en la Sierra Huichola, y por qué se remiten a las decisiones de asamblea. Desde afuera se menosprecia o se trastoca el sentido tan fuerte que tienen para los conglomerados indígenas la asamblea comunitaria o la asamblea de las organizaciones regionales. La asamblea es el espacio conjunto de las voces individuales y no un colectivo amorfo. En ellas, el individuo puede expresar y hacerse oír y como tal influir centralmente en las decisiones. Es el espacio de todos para saberlo todo.[4]

La construcción colectiva del saber

La frase de Meterio marakame de que *sólo entre todos sabemos todo* adquiere uno de sus sentidos en esa lucha común que decidieron emprender

---

[4] AJAGI, *Informe y cronología detallada sobre el conflicto entre huicholes y franciscanos.*

cuando los funcionarios los veían como producto de consumo internacional y lucimiento de los gobernadores en turno, por lo menos en Nayarit, que les reconoce posibilidades de atracción de ingresos. Pero su sentido más profundo lo adquiere en la asamblea de comuneros. Ése es uno de los espacios no en donde todos deciden, nada más. Se piensa erróneamente que el consenso es una modalidad de la votación que en vez de contar votos secretos o manos alzadas exige un cien por cien de correspondencia. No se piensa entonces que, para los wixárika y para otros pueblos, la asamblea no es el espacio para votar sino para parlamentar en el sentido más lato del término, es decir, para dar su palabra y pensar juntos. El consenso es el producto de la reflexión colectiva, no de la votación "premoderna". Arribar a un consenso es haber armado el rompecabezas que logra una *gestalt* de las opiniones y experiencias de cada uno de los presentes, no de la masiva aceptación de algún punto ni el ejercicio poco comprometido de la encuesta que se cree decisión. Es confianza, por más que a veces no se entiendan o sepan que alguno se quiere pasar de vivo. Y el modo entonces es directo, sin rodeos, diciendo todo lo que hay que decir no para orillar al rompimiento pero estableciendo el punto sin transigir por pusilanimidad.

Los huicholes asisten a una asamblea no con las formalidades que acostumbran los urbanos sino con modos de fiesta, como si asistieran al teatro. Y tan lo toman así que se acuclillan, se sientan en polines o en el pasto; forman grupos que platican y cuentan anécdotas. Las mujeres entre los wixárika sí participan, y también comentan entre ellas, mientras tejen o bordan, sentadas en grupos femeninos o con sus maridos. Algunos tejen sombreros, pero todos comen mangos, chicharrón de harina con chile, y deciden que los cigarros de cualquiera que se atreva a exhibirlos son propiedad comunal. Parecería dispersión, pero reactúan un modo de convivencia muy del Renacimiento: los sucesos del escenario son el nodo por donde pasa todo lo que hablan; los vaivenes de la representación pueden hacer que alguien del público pida la palabra y participe cambiando el foco. Entonces, los actores en escena –quienes llevan la asamblea– acotan, platican o asienten. A veces todos parecen caer en un adormilamiento o ver hacia adentro con ojos de pupila dilatada. Unos escupen, otros fuman macuche o tabaco comercial, pero la carga recorre a todos y los jalonea a veces para increpar a alguno de los del escenario que no respondió como el público pensaba.

Donde encarna lo humano

Pensándolo bien, es cierto que uno idealiza lo que observa y siente por lo menos entre los wixáritari. Tanto así que se les mitifica demasiado pensándolos como encarnación de los mitos y visiones del mundo con los que

118

se puebla el imaginario de varias generaciones. El huichol realmente existente es mucho más que eso, por fortuna; pero es verdad que sus referentes son un mundo interior que se expresa en los actos mínimos cotidianos. Sin embargo, somos más solemnes acá en la ciudad. La idea del respeto es irónica y mordaz, directa y desparpajada en la Sierra Huichola. Su inmemorial uso de alucinógenos –que los vincula a las culturas más antiguas del mundo– y su equilibrio entre modos sedentarios y modos caminantes, entre ser recolectores-cazadores y campesinos dedicados a la siembra, su religión primigenia vigente y su responsabilidad por cuidar el mundo los hacen raro y magnífico ejemplo de la fuerza y lucidez de los pueblos indios de México, y del respeto que exigen al gobierno y a la sociedad en general.

Quizá entonces lo que se idealiza es lo que para los wixárika es ideal también. Lo que persiguen abiertamente, aunque a veces, muchas, no se logre. ¿Tiene un sitio ese ideal en el imaginario mexicano? Ellos piensan que sí. Si fuera de otra forma no increparían a los funcionarios para que rectifiquen y sean más auténticos. Esto puede resumirse en los últimos tres párrafos de su evaluación a la Consulta Gubernamental sobre Derechos y Participación Indígenas, con la que el gobierno intentó achicar los resultados de los Acuerdos de San Andrés Sakamch'en. Entre los huicholes dicha consulta ocurrió los días 30 y 31 de enero de 1996, en Nueva Colonia, Mezquitic, Jalisco:

[...] Queremos que se nos respete nuestro derecho. En las mesas de esta consulta venimos a exigir pacíficamente la palabra de nuestras conclusiones.

Que nos devuelvan lo que en justicia es nuestro y que nos dejen seguir cuidando nuestra casa de acuerdo con la palabra antigua, la de nuestros padres y abuelos.

Escuchen, sean valientes, acaten la justicia, sólo si seguimos ese camino con nosotros, los indios, con la naturaleza y con todo, podremos decir que tenemos dios, que somos buenos.

Será porque para los huicholes cuidar el mundo no significa disecarlo, porque la idea de la justicia es vigente desde que recuerdan ser pueblo, lo que está en entredicho para ellos es la actitud del estado mexicano, la relación que dicho estado y su gobierno guardan hacia ellos. Un estado que les sigue negando sus derechos, como en la propuesta "para negociar" que la Procuraduría Agraria les hace en relación con los terrenos en disputa en Mesa del Tirador, propuesta en que les ofrece la mitad de la tierra en litigio y dinero para proyectos productivos, cuando que para los huicholes lo que está en juego es la integridad de su territorio. Cuando que saben que aceptar un recorte así fortalecerá la beligerancia de los invasores, que se sentirán apoyados, es decir más impunes. Un estado que pretende negarle el derecho a Bancos de San Hipólito a pertenecer a la comunidad que más le corresponde emotiva, política, agraria, religiosa y espiritualmente (tan sólo por los intereses de Durango y Jalisco, y por no sentar precedentes de justicia). Un estado que afirma, en boca de algún funcionario de Jalisco, que en cosas de indios es mejor que no entren a juicios porque se recrudecen las situaciones y que siempre será mejor la negociación. Un estado, en fin, que se remite a sus usos y costumbres, viciados y amañados, para negar la posibilidad de aplicar la ley que tanto pregona, mientras apela a la ley para negar las tradiciones de impartición de justicia en las comunidades por no estar codificadas y ser ambiguas.

Ese entredicho de los huicholes con quienes dicen gobernar y con los buenos vecinos que les tocaron es uno de sus enfrentamientos más contundentes con la modernidad. Escuchen, sean valientes, acaten la justicia, dicen a los funcionarios. En esa frase encarna lo humano.

Francisco Pineda

Vaciar el mar
(la guerra y la crisis de estado)

*Cada día, cada semana, cada mes, hallamos
y aniquilamos más camaradas suyos, más
campamentos de base, más cuevas...
Sólo la muerte está cerca.
¿Oyen los aviones? ¿Oyen las bombas?
Es el ruido de la MUERTE: DE SU MUERTE.
Vengan con nosotros si quieren sobrevivir.*[1]

Al lado de ese escrito estaba la fotografía de una víctima, con las entrañas saliendo del vientre. El pasquín buscaba que la población civil, a la que estaba destinada esta propaganda, huyera de su territorio. Sí, todo campesino debía huir de la muerte, pero aquel que tratara de escapar de un modo distinto del aprobado por el gobierno era considerado, por ese solo hecho, culpable de rebeldía y blanco de los ataques indiscriminados.

Tal fue uno de los procedimientos en la estrategia de Estados Unidos y el gobierno títere de Saigón para despoblar las zonas rebeldes en Vietnam. A la opinión pública internacional se le trató de hacer creer que "los refugiados huían del terror del vietcong". En el campo de concentración de Phu Loi, donde se realizó una atroz matanza por envenenamiento de más de mil personas sospechosas de apoyar al Frente de Liberación Nacional, colgado de los alambres de púas, otro mensaje rezaba: BIENVENIDOS A LA LIBERTAD Y LA DEMOCRACIA. BIENVENIDOS AL CENTRO DE ACOGIDA A LOS REFUGIADOS QUE HUYEN DEL COMUNISMO.

Según los expertos del Pentágono, si los guerrilleros se movían en el seno del pueblo como peces en el agua, la estrategia contrainsurgente debía ser "vaciar el mar", es decir, despoblar la zona rebelde. Vietnam ha sido, desde entonces, el paradigma de la doctrina contrainsurgente en todo el mundo.

En México, la política implementada por el gobierno y el alto mando del ejército federal en contra de los zapatistas se funda en los principios de esa doctrina. La masacre y la propagación de la idea de mujeres embarazadas

---

[1] Texto de un volante del ejército de Estados Unidos, arrojado sobre comunidades campesinas en Vietnam. Citado por Wilfred G. Burchett, *El triunfo de Vietnam*, Era, México, 1969, pp. 128-29 .

121

con el vientre abierto a puñaladas, el uso del terror para obligar a la población de Chiapas a adherirse al PRI no presentan un simple parecido con los métodos del gobierno títere de Saigón. Ésta no es una casualidad. Es el resultado de largos años en que se ha forjado el "tercer vínculo", la subordinación militar de México a los poderes de Estados Unidos.

La desnacionalización del ejército

Como sabemos, la llegada de Carlos Salinas a la presidencia de la república dio el impulso definitivo a la negociación del Tratado de Libre Comercio. En materia económica, durante décadas ésa fue la meta más anhelada de la élite dominante. La pieza que faltaba para producir una nueva relación de dependencia capitalista era condicionar jurídicamente las relaciones de mercado. Sin embargo, para Estados Unidos y sus aliados criollos, tal proyecto de integración nunca ha sido concebido sólo en términos comerciales. Según el Pentágono, "democracia, desarrollo y seguridad regional van mano con mano", porque es inconcebible que la expansión de capitales no esté acompañada de garantías militares. Más todavía, de acuerdo con minutas de discusiones entre funcionarios del Departamento de Defensa de Estados Unidos, el propio TLC representa la primera fase para la integración económica y, también, el primer paso para rediseñar la seguridad hemisférica, con miras a crear un brazo armado multinacional, liderado por Washington.[2]

La reorganización del Ejército Mexicano lleva años de estudio y discusión. A fines de 1993, por ejemplo, el coronel Stephen J. Wager, miembro del Instituto de Estudios Estratégicos del Colegio de Guerra del ejército estadounidense, publicó un libro titulado *El ejército mexicano de cara al siglo XXI*. Este coronel sostenía, anticipadamente, que el Tratado de Libre Comercio y la abolición del ejido se traducirían, por necesidad, en descontento y desorden social en México. En consecuencia, el futuro del ejército nacional debía contemplar su transformación en fuerzas ágiles, móviles y de reacción rápida, para confrontar los desafíos al gobierno, los disturbios sociales derivados de problemas económicos.[3]

Apenas un año después, en esa línea, el alto mando del ejército federal

---

[2] Declaración de la subsecretaria de Defensa para Asuntos Latinoamericanos, Mary Lucy Jaramillo. Véase Raymundo Riva Palacio, "El TLC, vehículo para reorientar la seguridad hemisférica, Plan de EU. Propone incluso contar con un brazo armado", *El Financiero*, México, 19 de octubre de 1993.

[3] Dolia Estévez, "Convertir al Ejército Mexicano en unidades de reacción rápida, propone el Pentágono", *El Financiero*, México, 19 de mayo de 1994.

echó a andar su más ambicioso proyecto de transformación: "El Programa de Desarrollo del Ejército y la Fuerza Aérea Mexicanos", como dicen los oficiales gringos, de cara al siglo XXI.

La creación del "nuevo Ejército Mexicano", el que basa su fuerza en los boinas verdes, los comandos, las fuerzas de élite, las tropas de asalto, los escuadrones de fuerzas especiales en cada región militar, con particular énfasis en Chiapas y Guerrero, con equipo y armamento sofisticados, se puso en marcha en enero de 1995.[4]

La base doctrinaria del "nuevo Ejército Mexicano" está, desde entonces, en la redefinición tajante del concepto de seguridad nacional. Según esta "modernización" conceptual, la función primordial del ejército deja de ser el resguardo de la soberanía nacional y se adopta como objetivo central el combate a la insurgencia interna. En ese nuevo marco, el estado mexicano ha llevado a cabo trueques de soberanía por armas. El espacio aéreo nacional, como consecuencia de ello, dependerá desde 1998 de Estados Unidos. El Information Analysis Center de la embajada yanqui se encargará de controlar los sobrevuelos y aterrizajes de aviones en territorio mexicano.[5]

En la misma lógica de modernización-desnacionalización se inscribe el hecho, señalado por Luis Javier Garrido, de que en la guerra sucia contra los zapatistas el ejército federal ha asumido el cumplimiento de los manuales del Pentágono y ha dejado de acatar la Constitución Política mexicana.

Este proceso de desnacionalización del ejército y renuncia de soberanía por el estado es central para la coyuntura y tiene relevancia histórica. ¿Cómo fue posible que ocurriera tal desnacionalización del Ejército Mexicano? ¿Cómo logró ganar esa batalla el ejército yanqui, sin disparar un solo tiro?

En el momento actual, los ciudadanos mexicanos sólo tenemos algunos indicios para empezar a reconstruir ese proceso. Algunas líneas son las siguientes.

1. El 16 de marzo de 1994, el coronel John Cope, especialista del Pentágono en las Fuerzas Armadas mexicanas, afirmó que se observaba "un ablandamiento gradual" de los oficiales mexicanos a las pretensiones de Estados Unidos, razón por la cual Washington expresaba su agradecimiento al entonces presidente Carlos Salinas de Gortari.[6]

---

[4] Ignacio Rodríguez Reyna, "El ejército de *rangers* y boinas verdes", *El Financiero*, México, 25 y 26 de septiembre de 1995.

[5] David Aponte, "Coordinará EU operativos contra naves sospechosas de cargar droga", *La Jornada*, México, 6 de febrero de 1998.

[6] Dolia Estévez, "Presiona EU para incorporar a las Fuerzas Armadas de México a los esquemas del Pentágono", *El Financiero*, México, 17 de marzo de 1994.

Los militares mexicanos, afirmó el coronel Cope, "tienen sospechas sobre nuestras intenciones", porque la historia "justifica su desconfianza y resistencia a depender de nosotros en cuestiones de seguridad".

Hoy, teniendo presentes los narcoescándalos del estado, podemos observar que ese cambio de actitud, ese ablandamiento del nacionalismo, propiciado por Carlos Salinas en el seno del Ejército Mexicano, no es ajeno a hechos de enriquecimiento ilícito y tráfico de drogas.

Ningún general puede resistir un cañonazo de cincuenta mil pesos, se dijo en otros tiempos. Ahora, de acuerdo con la modernización tecnocrática, esos cañonazos se miden en millones de dólares.

2. El ablandamiento de la oficialidad mexicana se logró también a través de las relaciones personales, en distintos niveles, con los mandos militares estadounidenses. La política norteamericana de "estrechamiento de lazos" ha significado frecuentes reuniones de los secretarios de Defensa de los dos países pero, en otros niveles de la jerarquía castrense, la relación ha sido más intensa.

Desde 1994 se instituyó un seminario anual, "La seguridad norteamericana en los tiempos del TLC", en el que participan oficiales mexicanos. Ese evento es patrocinado por dos organismos del Pentágono, el Instituto de Estudios Estratégicos y la Subsecretaría de Defensa para Asuntos Latinoamericanos.[7] La Fundación McArthur, por su parte, financia un proyecto binacional para trazar la nueva doctrina militar hacia México. Una investigación auspiciada por ese organismo, "Intereses estratégicos y perspectivas de Estados Unidos y México en el mundo post-bipolar", destaca el papel que asumirán el Departamento de Estado, los de Justicia, Defensa, Transporte, Tesoro, el Consejo de Seguridad Nacional y la CIA en nuestro país.[8] Estarán a cargo de programas poblacionales, de refugiados, migración, medio ambiente, lucha contrainsurgente y contra el narcotráfico y, por supuesto, promoción de la democracia y derechos humanos para México. En efecto, para los militares gringos el concepto de seguridad, aquello que pone en peligro a Estados Unidos y debe controlarse militarmente, se ha ensanchado. Según el general James R. Harding, presidente de la Junta Interamericana de Defensa de la OEA, la amenaza a la seguridad interna de los Estados Unidos es tan vasta que comprende la migración ilegal de mexicanos, la contaminación ambiental, así como la violación de patentes y derechos de autor.[9]

[7] "Apremiante, coordinar acciones en materia de seguridad nacional: Dziedzic. Cumbres castrenses del TLC", *El Financiero*, México, 24 de noviembre de 1995.

[8] Dolia Estévez, "Replantean tareas hacia México las agencias de seguridad de EU", *El Financiero*, México, 22 de julio de 1993.

[9] Dolia Estévez, "Adecuar ejércitos de AL. para responder a retos de seguridad, propone el general Harding. Define nuevas amenazas", *El Financiero*, México, 20 de mayo de 1994.

En la misma línea de "estrechamiento de lazos", oficiales mexicanos fueron invitados a Texas para presenciar los ejercicios Arenas en Movimiento '94. Pudieron observar cómo se prepara el ejército de ese país para intervenir militarmente en otras naciones, en caso de que depósitos petroleros estratégicos estén en riesgo de caer en manos de sus enemigos.[10] Volvieron sorprendidos, no por la posibilidad de que esa intervención ocurriera en suelo mexicano, sino por la tecnología que emplean sus congéneres.

Otros acercamientos cara a cara entre oficiales de ambos ejércitos tienen un carácter más "social". Desde que fue reactivada, bajo la presidencia de Salinas, la Comisión de Defensa Conjunta, con reuniones dos veces cada año, jóvenes prospectos del ejército de México viajan a Estados Unidos. "En la informalidad de los convivios (ha habido hasta días de campo), los estadounidenses han podido identificar las áreas de interés de los mexicanos."[11]

Los picnics que organiza el Pentágono para oficiales mexicanos pueden interpretarse como una especie de microbatallas donde, además de información, el ejército federal posiblemente ha estado perdiendo a sus futuros mandos. En efecto, ese tipo de "convivios" son ideales para establecer mecanismos de control por medio del chantaje. Bien es conocida la predilección en Estados Unidos por ese instrumento de sujeción individual. En los días actuales hemos estado viendo un episodio más de ello, a través de los *affaires* de su presidente William Clinton. Si el espionaje, el escándalo y el chantaje resultan tan eficaces con su propio presidente, ¿cómo no habrá de ser atractivo ese recurso contra los altos mandos del Ejército Mexicano del futuro?

Además, los militares norteamericanos, en su trabajo con la oficialidad mexicana, también han sugerido jugosos negocios, toda vez que el libre mercado y la nueva doctrina castrense que plantea la urgente modernización suponen compras de equipo en gran escala y la posibilidad de desarrollar una industria militar, en sociedad con empresas multinacionales. En ese sentido se pronunció la subsecretaria de Defensa para Asuntos Latinoamericanos, Mary Lucy Jaramillo.[12]

3. El ablandamiento del Ejército Mexicano ya ha arrojado resultados. Tres son los aspectos de mayor importancia: a) doctrina, b) armamento y equipo, y c) adiestramiento. Estas áreas constituyen la base para que pueda concretarse la meta superior que persigue el ejército yanqui: implementar ejercicios y planes militares conjuntos, es decir, subordinar "adecuadamen-

---

[10] "Juegos de guerra de EU cerca de la frontera con México", *El Financiero*, México, 29 de abril de 1994.

[11] Dolia Estévez, "Presiona EU...", cit.

[12] Raymundo Riva Palacio, art., cit.

te" el mando del Ejército Mexicano, para establecer un nuevo régimen de seguridad. "El futuro que vislumbramos es el de nuevas generaciones de personal militar estadounidense y mexicano compartiendo sus experiencias, entrenamientos y objetivos", señaló William Perry, secretario de Defensa de Estados Unidos, en el campo militar número uno, en la ciudad de México.[13] Se refirió especialmente al narcotráfico, que en este proceso de transformación del Ejército Mexicano ha sido la llave maestra. Las metas, sin duda, son mucho más amplias y comprenden la subordinación jerárquica. En el Congreso de Estados Unidos se aprobó, en septiembre de 1995, una resolución para que el presidente de ese país nombre "al comandante de un comando de combate unificado, que realice todas las operaciones contra narcóticos del Departamento de Defensa en las áreas del hemisferio occidental localizadas al sur de Estados Unidos, incluido México".[14] Para un sector del gobierno yanqui, interesado en acelerar el control militar sobre nuestro país, esa resolución del Capitolio debería traducirse en la inmediata incorporación de México al área de operaciones del Comando Sur del ejército estadounidense, cuya sede se encuentra en Panamá. Sus oponentes consideran que, por el contrario, tal medida sería contraproducente, pues sólo provocaría que un sector nacionalista del Ejército Mexicano, también calificado de xenófobo, recuperara la fuerza perdida.

La crisis posible

En ruta a Guadalupe Tepeyac, (censurado) fue detenido en un puesto de inspección militar/inmigración localizado en Ignacio Zaragoza (censurado), se le prohibió el paso a todo el tráfico, incluida la prensa, y mientras hablábamos con el sargento encargado, (censurado) fue confrontado por representantes de la prensa americana, quienes preguntaron:
–¿Quién eres?
Antes de que (censurado) pudiera responder, el sargento mexicano dijo:
–Son militares americanos.
(Censurado) responde:
–No. Somos diplomáticos americanos que sólo estamos observando.
–¿Están aquí para revisar la violación de derechos humanos por parte del ejército mexicano?

---

[13] "Seguridad Nacional, el 'tércer vínculo' entre México y EU: Perry", *El Financiero*, México, 24 de octubre de 1995.

[14] "Busca EU relación de aliados, no de adversarios: William Perry", *El Financiero*, México, 24 de octubre de 1995.

(Censurado) responde:

–No, no sabemos de ninguna violación a los derechos humanos.

–¿Están aquí porque Estados Unidos demanda que México tome acción contra el EZLN para poder otorgar los préstamos solicitados?

(Censurado) responde:

–No, México es una nación soberana.

–¿Están aquí para respaldar al gobierno mexicano en su lucha contra los zapatistas?

(Censurado) responde:

–No, los Estados Unidos no están dando ninguna asistencia al gobierno de México en la lucha contra el EZLN.

–¿Qué están haciendo aquí?

(Censurado) responde:

–Iremos tan lejos como se nos permita, sólo estamos observando la situación.

–¿En la embajada, quién firmó el oficio para la Defensa (Sedena) que les permite estar aquí?

(Censurado) responde:

–Yo no hago el papeleo, las secretarias se encargan de eso. (Defense Intelligence Agency, "Chiapas, quinta actualización: operaciones del ejército mexicano", informe secreto del 12 de febrero de 1995, desclasificado el 26 de agosto de 1996.)[15]

Esos militares gringos que se quisieron hacer pasar por diplomáticos se encontraban en el campo de operaciones precisamente en el momento en que el ejército federal había emprendido la ofensiva del 9 de febrero de 1995 contra la Comandancia General del EZLN. Y el hecho de que antes se haya duplicado el personal militar de ese país en Chiapas, para monitorear los acontecimientos –según los mismos informes desclasificados del Departamento de Defensa de Estados Unidos– indica, a todas luces, que el Pentágono estaba al tanto de los preparativos. La injerencia extranjera en los asuntos militares internos de la nación, y no sólo en los asuntos políticos y económicos, es innegable y tiene el aval del gobierno.

Pese a los desmentidos de la Secretaría de la Defensa Nacional, según la agencia militar de inteligencia de Estados Unidos, el Ejército Mexicano cuenta con un plan de ataque contra el EZLN, y desde 1994 "está listo para ejecutarlo al momento que reciba una orden de mando. Si se le diera la opor-

---

[15] Dolia Estévez, "Presencia regular de militares de EU en Chiapas; simulan ser diplomáticos. La Sedena, respaldó la incursión. *Montaron guardia en febrero del '95*", *El Financiero*, México, 13 de septiembre de 1996.

• A medida que la insurrección va en escalada y que el movimiento subversivo gana apoyo local o externo, el esfuerzo de las operaciones psicológicas deberá cambiar su énfasis de los programas de mejoramiento a los programas de control de población y de recursos.

• La guerrilla debe ser separada de su fuente de apoyo y ese apoyo se encuentra dentro de la población local. En consecuencia, un blanco fundamental para las operaciones psicológicas es la población civil local. Ésta puede ser afectada en la medida que ve que sus fuentes de alimentación, medicina y sustento moral le están siendo alejados.

• La población debe estar advertida de la amenaza de las restricciones y de su justificación. Debe estar informada de los beneficios que provendrán de su obediencia, y de los riesgos y penalidades que se aplicarán por violación de las restricciones.

• Los programas que a menudo aíslan efectivamente a la guerrilla de su base de apoyo son el toque de queda, el bloqueo de caminos y puestos de control, el control de suministro de alimentos, el control de abastecimientos médicos, el registro de todas las personas, transportes, combustibles y armas de fuego, el establecimiento de caseríos de "nueva vida" para personas desalojadas por "operaciones de limpieza y aferramiento" y el aislamiento de áreas e instalaciones clave.

• Los militares, paramilitares y la policía a menudo tienen reputación de ser opresivos, ásperos, antipáticos y corruptos. Tal reputación debe ser eliminada mediante una conducta apropiada y campañas de propaganda que iluminen las acciones y valores positivos de esas fuerzas.

• Las acciones civiles de los militares, tales como la asistencia médica, reducirán la hostilidad de la población que ha sido desarraigada y, con un apoyo adecuado de propaganda, ésta descargará su ira por la situación existente sobre los hombros de los insurrectos. Los siguientes encabezados de propaganda pueden ser apropiados: "Las operaciones militares y las restricciones desaparecerán cuando el apoyo a las guerrillas cese"; "Los bandidos apoyados por extranjeros han destruido los placenteros y buenos días de antes"; "Debemos gobernarnos a nosotros mismos"; "En tanto la guerrilla permanezca aquí usted permanecerá en la zona de combate".

• La impresión inicial recibida en el centro de reubicación es importante. Éste debe estar en etapas avanzadas de construcción e incluir comités de bienvenida. Las operaciones psicológicas deben informar y entretener con propaganda ingeniosa, explicar los planes de vivienda, asistencia médica y la distribución de tierras como propietarios; e incitar a la delación de los infiltrados y terroristas de la guerrilla.

• Una vez que el área está limpia la mejor operación psicológica consiste en informar a los pobladores que el área es segura. Para efectuar esto la policía o las fuerzas paramilitares deben ser reclutadas localmente; y un programa de entrenamiento sano debe ser iniciado, de manera tal que las fuerzas regulares puedan ser relevadas para otras misiones.

• Los dignatarios del país deben ser alentados a visitar e inspeccionar las fuerzas paramilitares. En ese tipo de visitas, los dirigentes políticos, militares, religiosos y educacionales locales deben ser reconocidos por sus contribuciones y participación en la estabilidad y el desarrollo de la comunidad. Esto contribuirá a un mejor entendimiento y comunicación con el gobierno nacional y acercará los líderes locales al gobierno.

• Fases locales. Las unidades tácticas gradualmente son retiradas en consecuencia con la mayor habilidad de las fuerzas paramilitares para asumir la responsabilidad en el área. Los asuntos particulares, tales como las intenciones del gobierno para el futuro, las elecciones y la organización política local, deben ser ventilados para dar al pueblo una sensación de participación en sus propios asuntos así como en los asuntos del Estado.

• La derrota total de la fuerza de la insurrección ocurre sólo cuando las causas subversivas reales han sido descubiertas y eliminadas, y cuando las mentes de la población han sido condicionadas para apoyar los programas y las políticas del gobierno.

Field Manual 33-5 Psychological Operations; Techniques and Procedure.

tunidad, el ejército, deseoso, iniciaría la campaña e infligiría graves daños al EZLN y probablemente [sin duda alguna] a la población civil de Chiapas".[16]

Para los oficiales yanquis radicados en Chiapas, la mentira como estrategia de comunicación del ejército federal es algo "bueno para el consumo interno" en México.[17] Pero existen precedentes que permiten sospechar que se trata de algo más que una simple opinión. Desde el 13 de mayo de 1994, la Secretaría de la Defensa Nacional "finalmente cedió ante la insistencia del Pentágono y aceptó considerar sus ofrecimientos para recibir entrenamiento sobre relaciones públicas y manejo de los medios de comunicación".[18] Una delegación de alto nivel del Ejército Mexicano, integrada por el general de brigada Víctor M. de la Peña Cortés, los coroneles Héctor A. Alvizo Hernández, José Luis R. Velasco Guillén y el teniente Sócrates A. Herrera Pegueros, viajó a Washington en esa ocasión y recibió informes detallados de los especialistas sobre propaganda militar. Los oficiales estadounidenses, encabezados por el general Charles McLain, invitaron a sus distinguidos visitantes al restaurante Cedar Knoll y, en la cordialidad de la cena, les aconsejaron "tomar la ofensiva informativa" y ofrecer la "versión oficial" antes que los "adversarios" difundieran la suya. Visitaron también la Escuela de Defensa Militar, en Fort Benjamin Harrison, estado de Indiana, que es considerada "el secreto mejor guardado" del Pentágono y que tuvo una parte muy activa en el diseño de la propaganda durante las guerras de Vietnam y el Golfo Pérsico. La visita fue financiada por la Agencia de Información del gobierno de Estados Unidos (USIA). Con anterioridad, un general que no tuvo la oportunidad de asistir a la escuela de Fort Harrison, pero que también tenía amigos en la embajada gringa, Victoriano Huerta, había señalado: "Yo nunca siento lo que digo y nunca digo lo que siento".[19] Debe suponerse que esos cursos en mentiras se refieren a una estrategia garantizada, que amerita ser tomada en cuenta.

La posibilidad de la guerra abierta en México se reactualizó con la masacre de Acteal y el despliegue del ejército contra las comunidades zapatistas. Estos acontecimientos tuvieron como antecedentes inmediatos: 1) el remplazo del general Mario Renán Castillo (según informes de prensa, defensor de la vieja doctrina de Seguridad Nacional, que gustaba de decir que

---

[16] Defense Intelligence Agency, "Estudio analítico. Potencial de violencia en México para antes del 31 de diciembre de 1994", véase *El Financiero*, México, 4 de septiembre de 1996.

[17] Ibid.

[18] Dolia Estévez, "Cursos del Pentágono sobre relaciones públicas", *El Financiero*, México, 24 de junio de 1994.

[19] Citado en Gildardo Magaña, *Emiliano Zapata y el agrarismo en México*, vol. I, INEHRM, México, 1985, p. 253.

el Ejército Mexicano no tiene enemigo interno)[20] por el general José Gómez Salazar, en la comandancia de la VII Región Militar que comprende Chiapas y Tabasco; 2) el atentado contra el obispo de San Cristóbal, Samuel Ruiz García; 3) la injerencia del embajador del Vaticano, Justo Mullor, quien reclamó que se desarmara al EZLN; 4) la intensificación de las acciones de terror de los grupos paramilitares, especialmente en el municipio de Chenalhó; 5) una vasta campaña propagandística contra la violencia, en la que inusitadamente las empresas televisivas convocaron a una manifestación callejera; 6) la petición de suspensión de las garantías constitucionales en áreas específicas del territorio nacional, hecha por la Barra Nacional de Abogados (Ignacio Burgoa Orihuela) al poder Ejecutivo, y como punto culminante 7) el anuncio de una Cruzada Nacional contra el Crimen y la Violencia, por el presidente de la república, el 3 de diciembre de 1997. Estos hechos, que eran signos preocupantes antes de la masacre, con los acontecimientos que sobrevinieron a partir de Acteal, parecen el redoble de tambores.

El teórico más afamado de la guerra, Karl von Clausewitz, sostenía hace un siglo que la guerra es un recurso serio para alcanzar propósitos serios, y que en ella el elemento decisivo es el factor humano. Si el gobierno federal pone en marcha el plan de ataque a los zapatistas y desata la conflagración, ¿puede razonablemente esperarse que la tropa del Ejército Mexicano se comporte como los *rangers* en Vietnam? ¿Tendrá la mentalidad racista que se requiere para ejecutar y sostener por años la guerra de tierra arrasada? ¿Serán capaces los oficiales de la contrainsurgencia de superar a sus *teachers* y podrán, esta vez, vaciar el mar? Para aproximarse a lo que representaría esa guerra y desechar de paso la falacia de la victoria fácil para el ejército federal, hay que considerar, por lo menos, tres aspectos que atañen a la condición humana del conflicto:

1. Los pueblos originarios de Chiapas, a lo largo de la historia y a través de la rebelión zapatista, han dado muestra irrefutable de su fortaleza moral. Sus enemigos, a la vez, han demostrado una y mil veces que son incapaces de entender el significado de la dignidad, enarbolada por más de cinco siglos y levantada hoy por el EZLN. Evidentemente quienes elaboran los discursos del zedillismo no alcanzan a percibir lo hueco y ridículo de la retórica del gobierno, cuando trata de arrebatar símbolos a los zapatistas.

2. El más despistado analista descubriría rápidamente el enorme apego a la tierra de los pueblos mayas de Chiapas. De acuerdo con el último Censo de Población, 98.80 por ciento de la población hablante de lengua tzel-

[20] Ignacio Rodríguez Reyna, "La derrota de la vieja doctrina de seguridad nacional", *El Financiero*, México, 26 de septiembre de 1995.

tal, 98.90 por ciento de tzotzil y 98.77 por ciento de tojolabal se encuentran en Chiapas. En términos generales, esto significa que en todo México son los pueblos originarios que menos emigran.[21] Sólo este dato serviría para apercibir a los bachilleres de manuales gringos que, en el intento por vaciar el mar, se enfrentarán a una resistencia tenaz: les puede esperar otro Vietnam.

Los voluntarios internacionales que trabajaban en esa región –el delta del Mekong– me contaron haber visto en innúmeros casos cómo los helicópteros se abatían sobre un poblado súbitamente, cómo volaban las mercaderías y los techos en torbellinos de polvo mientras los soldados caían sobre la gente, metían cuantos podían en los aparatos y despegaban inmediatamente. Las madres ignoraban por completo adónde podían haber llevado a sus hijos; los hijos no sabían qué podía haber sido de sus madres. Así quedaban separadas las familias en aquella creación artificial de un problema de refugiados.[22]

Si acaso les hablaron de ello sus instructores en Fort Bragg, ¿recuerdan por casualidad cuáles eran las condiciones demográficas del delta del río Mekong, antes del fracaso de la política de "aldeas estratégicas"? En esa región, la población se caracteriza también por que no migra, pero, además, por que los lazos familiares son lo más sagrado de todas las cosas.[23] La agresión a estos vínculos se convirtió en una feroz y heroica resistencia, uno de cuyos momentos emblemáticos es la derrota estadounidense en la batalla de Cu Chi: 1 438 yanquis muertos en once días de combate.

3. El factor humano atañe también al propio ejército federal. Una cosa es ordenar hacer la guerra y otra muy distinta es estar en el campo de batalla. Los oficiales de gabinete que hacen el planteamiento del combate no son los que lo ejecutan. Más aún, el combatiente real en los ejércitos modernos no es el oficial sino el soldado. Este último, para arriesgar la vida en la batalla, debe, ante todo, estar convencido de "la bondad", de la justeza de la causa en una guerra. Sin ello, los ejércitos se colapsan más pronto que tarde.

La opinión de la sociedad a la que pertenece el soldado es por eso decisiva. Ésta se transmite por diversos medios, en la radio o en el círculo familiar, en el gesto o por los ademanes de la gente que ve a los soldados transitar por los caminos.

---

[21] Dulce María Rebolledo, *El movimiento indígena en México. 1989-1990*, tesis en antropología social, Escuela Nacional de Antropología e Historia, México, 1996.

[22] Burchett, op. cit., pp. 133-34.

[23] Ibid., pp. 130 y ss.

• El mantenimiento del espíritu de combate de las fuerzas armadas militares y paramilitares es un trabajo de máxima prioridad. Los pagos, los premios, los ascensos más elevados y otras acciones relacionadas con el prestigio pueden ser utilizados para promover y sostener la devoción y dedicación. De suma importancia es la necesidad del gobierno de presentar una imagen de calma que da certeza de la victoria definitiva.

• Los temas divisionistas deben ser utilizados hacia los insurrectos. La evidencia de apoyo externo de los insurrectos, la intriga personal, los rasgos de carácter contrario a la cultural local son ejemplos de temas divisionistas que pueden ser apropiados.

• La intimidación. Bajo circunstancias normales, un civil puede ser porfiado, orgulloso y no receptivo a la autoridad de los comandantes militares; pero la intimidación emanada de la presencia de poderosas fuerzas militares en el área puede atenuar su hostilidad y hacerlo más sensible a las operaciones de control.

• El sentimiento de inferioridad. En áreas controladas, los sentimientos de inferioridad serán encontrados por un largo tiempo y, a menudo, en la gente que por razones de raza, religión o status socioeconómico se ha humillado a sí misma. En este caso ellos tienden a ofrecer poca resistencia a la propaganda. Tales personas son mucho más fáciles de conducir y dirigir que otras.

• La dependencia de la fuerza de ocupación. La dependencia de la fuerza de ocupación es una característica inevitable de los civiles en un área recientemente ocupada. La fuerza de ocupación provee los efectos necesarios y los servicios vitales, los que pueden ser retirados si los civiles dejan de cumplir con las directivas. Así es que por razones de interés personal la audiencia puede auxiliar en su tarea al encargado de operaciones psicológicas.

• Un ejemplo de operaciones específicas es el programa de amnistía el cual estimula la deserción. El programa de amnistía descansa fundamentalmente en establecer el contraste entre la vida segura y la sombría vida de perseguido de un desertor que enfrenta una continua amenaza. Ese programa no funcionaría sin tal contraste.

• Propósitos. Persuadir a la población local, incluyendo los elementos auxiliares de la guerrilla, de que sus objetivos se pueden obtener a través de negociaciones pacíficas en vez de actividades de guerra de guerrillas. Ilustrar sobre la inutilidad y el costo terrible de la guerra de guerrillas y su efecto sobre el futuro de la nación. Hacer ver que el movimiento de guerrilla ha comenzado a caer bajo control de extranjeros, quienes están utilizando el conflicto para sus propios fines. Enfatizar que ciertos dirigentes de la insurrección son, en realidad, bandidos que buscan la continuación de la guerra por su propio beneficio personal. Exponer las falsedades de la ideología de los insurrectos.

Field Manual 33-5 Psychological Operations; Techniques and Procedures

En este terreno, el del apoyo moral de la sociedad al soldado, el alto mando del ejército federal tiene perdida la batalla. ¿Acaso creen los generales de la contrainsurgencia que en algún lugar del país podrían ser aclamados por el pueblo, como se aclamó a los representantes de las 1 111 comunidades del ejército zapatista, en septiembre de 1997?

Si, como han dicho en la historia de la humanidad tantos estudiosos del conflicto, en la guerra el factor humano es decisivo y si el gobierno se empeña en desconocer este principio y reinicia los enfrentamientos armados en contra de los zapatistas, es previsible que al prolongarse la guerra el estado mexicano entre en una grave crisis. A diferencia de lo que hemos conocido en la segunda mitad de este siglo, ésta sería una crisis dentro del ejército. Es por esto que, más que crisis de régimen, lo que se perfila es una crisis de estado, una crisis en el núcleo del poder estatal: el ejército.

Dos grupos, cada uno de sesenta personas, esperaron a "los ejércitos" en las dos entradas del pueblo. A las 11:30 vieron los primeros cascos entre la maleza. Al grito de ¡Chiapas no es cuartel! y ¡Haraganes, que se vayan a trabajar!, el pueblo entero se lanzó hacia donde venían las tropas. Los primeros soldados venían en fila india por el estrecho camino. Al ver a la gente se asustaron y dieron media vuelta. Se fueron alzando los brazos en señal de rendición. Se marcharon rápido hacia la canal...

Media hora más tarde, los dos bandos estaban en lados opuestos de la carretera a Ocosingo... Mientras el oficial repetía "ya nos vamos", un hombre de la comunidad se dirigió a los soldados: "Ustedes no tienen la culpa, los que tienen la culpa es el gobierno. Ustedes, hermanos, yo sé que ustedes comen tal vez como nosotros, tienen casas y familias".

Todo parecía estar bajo control, salvo por el hecho de que un grupo de soldados había huido y estaba perdido en el monte... (Ejido de Galeana, Chiapas, 9 de enero de 1998.)[24]

En conclusión, en materia de seguridad nacional, la verdadera y gran amenaza es la desnacionalización del Ejército Mexicano. El régimen neoliberal tendrá que asumir todas las consecuencias por ese atentado contra la soberanía de México y por todo el coraje que ha generado su ineptitud. La crisis se está configurando de modo tan violento, o quizá más, como las iniciativas que el poder está tomando en Chiapas.

[24] Reporte de Enlace Civil, ejido de Galeana, Municipio Autónomo Francisco Gómez (antes Ocosingo), 9 de enero de 1998, citado por Adriana López Monjardin en "La resistencia de las mujeres zapatistas. No tengo miedo ni pena", *Masiosare*, n. 11, suplemento de *La Jornada*, 1° de febrero de 1998.

El movimiento nacional, que desde 1994 se expresó en solidaridad con los zapatistas, está ante el reto de pasar de la lucha de resistencia a la lucha ofensiva en contra del poder. El reclamo generalizado que se escucha en la base de las movilizaciones se orienta en esa dirección: están bien las marchas, pero es necesario ir más allá. La crisis del estado haría de ello no un reclamo sino una necesidad imperiosa.

Ana Esther Ceceña

De cómo se construye la esperanza

Suponga usted que no es verdad eso de que no hay alternativa posible. Suponga usted que la impunidad y el agravio no son el único futuro. Suponga usted que es posible que no se adelgace cada vez más la raquítica frontera que separa a la guerra de la paz. Suponga usted que algunos locos y románticos piensan que es posible otro mundo y otra vida.

Subcomandante Insurgente Marcos

Los movimientos sociales grandes y pequeños que han conformado la historia del mundo, de la humanidad, presentan una variedad enorme de acuerdo con su historicidad y su ubicación geográfica o espacial. Delimitados o posibilitados en cada caso por los conflictos y las utopías de su *tiempo*, por su manera de enfrentar la materialidad de su reproducción, por la representación imaginaria de su vida y de su entorno, de su sentido y de sus límites, estos movimientos son resultado de una acumulación de luchas o resistencias, aunque, cabe decir, no todas reaparecen o se expresan políticamente en ellos. Su capacidad para encontrar y subvertir en sus condiciones inmediatas los elementos generales de opresión, y para dibujar los puentes de identificación colectiva correspondientes a la dimensión y carácter de esa opresión, determina su pertinencia y las condiciones reales de su acercamiento a la utopía. Es decir, su capacidad para simbolizar la alternativa y la esperanza, para ofrecer caminos de construcción libertaria de significación universal y para instaurar una nueva ética social y política, reconocida y respetada por los más.

Hace ya casi cuatro años que fuimos confrontados por la voz de *los sin voz* de las montañas del sureste mexicano, que nos expulsó de los nichos o de los escondites en que nos iban colocando la cibernética, las realidades virtuales, la competencia, la individualización de la supervivencia y todos los mecanismos y fuerzas fragmentadores de una sociedad que niega en cada uno de sus actos la posibilidad de socializar. De una sociedad que excluye las relaciones sociales directas a través de una compleja red de mediaciones que, como el rey Midas, va convirtiendo en objeto todo lo que toca.

La frescura de un movimiento como el zapatista, que busca restablecer los significados a la vez que construye la posibilidad de subvertirlos y trascenderlos, no fue sólo una especie de *insubordinación* de nuestra propia naturaleza y contenido sino un resquebrajamiento de la imagen de nosotros mismos que el posmodernismo nos había ayudado a armar paciente pero implacablemente.

Si bien el EZLN se propuso inicialmente declarar la guerra al mal gobierno para poder acceder al simple reconocimiento de las comunidades que lo conforman como parte de la nación –y, consecuentemente, como merecedores de los derechos reconocidos en la Constitución–, el zapatismo es muchísimo más que un ejército, que una organización campesina, que un grupo étnico o un pueblo indígena, que un conjunto de mexicanos (con toda la carga nacionalista que generalmente se le atribuye al término). Quizá su ubicación en el extremo de la polaridad histórica generada por el capitalismo, y que los hizo objeto de explotación, discriminación, opresión y desprecio, todo al mismo tiempo, les permitió, o los obligó, a mirar hacia dentro de sí mismos, hacia la tierra que les recordaba su origen, hacia los montes que les recordaban su temporalidad y su fortaleza interna y hacia los astros que les abrían posibilidades infinitas de liberación.

Quizá esa misma ubicación social les hizo percibir las múltiples facetas del poder porque todas, de una manera o de otra, les negaron el derecho al ser. Quizá lo inalcanzable de sus satisfactores más elementales los hizo solidarios en su miseria y conscientes de la posibilidad de relacionarse más allá de los objetos, más allá de lo expropiado y expropiable.

Se pueden levantar muchas hipótesis de interpretación acerca de las causas más profundas de este nuevo zapatismo y de su oportunidad o pertinencia histórica. Si se trata del último movimiento revolucionario del siglo XX o del primero del siglo XXI, si constituye un movimiento posmoderno o es la respuesta articuladora que reconoce y valora las diferencias pero rescata también la comunalidad y las significaciones de orden general, si es un movimiento democratizador en el sentido convencional del término o si es un movimiento revolucionario. Una manera de avanzar en esta difícil búsqueda y en una teorización libre de dogmatismos que intente entender la propuesta zapatista y las razones de la inconformidad que causa, no sólo en los actuales depositarios del poder sino en fracciones importantes de la izquierda, consiste en explorar algunos de sus fundamentos éticopolíticos.

1. El lugar del poder dentro del discurso zapatista

Tal vez la nueva moral política se construya en un nuevo espacio que no sea la toma o la retención del poder, sino servirle de contrapeso y oposición que lo contenga y obligue a, por ejemplo, "mandar obedeciendo".

Por supuesto que el "mandar obedeciendo" no está entre los conceptos de la "ciencia política", y es despreciado por la moral de la "eficacia" que rige el actuar político que padecemos. Pero al final, enfrentada al juicio de la historia, la "eficacia" de la moral del cinismo y del "éxito" queda desnuda frente a sí misma. Al enfrentarse a su imagen en el espejo de sus "logros", el temor que inspiró a sus enemigos (que serán siempre los más) se vuelve contra ella misma.

Subcomandante Insurgente Marcos

El referente esencial de todos los movimientos revolucionarios conocidos hasta hoy es el problema del poder. El carácter de las relaciones de poder, su naturaleza, sus detentadores, sus víctimas. En una sociedad de clases, como ésta no ha dejado de ser a pesar de la transfiguración y diversificación del proletariado, el poder se convierte en elemento cohesionador.

La tradición leninista, presente en la mayor parte de las organizaciones de clase hasta ahora, puso el problema del poder en el lugar privilegiado. La estructura de dominación en la Rusia de los tiempos de Lenin seguramente contribuyó a desarrollar un pensamiento que antes que libertario buscaba la imposición de una nueva disciplina. Así, la cuestión del poder fue planteada no sólo con respecto al enemigo de clase o a su representación colectiva sino en confrontación también con lo que se consideró sectores atrasados dentro de las mismas clases dominadas. La verticalidad del desarrollo capitalista, que privilegia la objetivación a través de la producción industrial, no fue entendida como estrategia de apropiación o monopolización, sino como paradigma de la modernidad y del progreso, que a su vez conformaba el contexto histórico ineludible de la dictadura del proletariado.

La dificultad fue que el carácter excluyente interpuesto por la competencia fue trasladado a la esfera social. Un exacerbado determinismo económico impidió ver los procesos sociales y, de la misma manera como los procesos de trabajo eran subsumidos ontológicamente a la valorización del valor, los matices de las relaciones sociales se resumían linealmente en la contradicción trabajo asalariado capital. La visión autoritaria de la sociedad impuesta y practicada por el capital no fue subvertida. La cuestión era invertir los términos de la relación de poder. Frente a la dictadura de la burguesía, la dictadura del proletariado.

El poder no tenía que ser destruido sino conquistado. Es decir, la organización de la sociedad en términos de relaciones de poder no planteaba problema; el verdadero problema eran los depositarios del poder: la burguesía o el proletariado.

Esto llevó a reproducir, guardando las proporciones, esquemas de dominación burgueses en las organizaciones obreras. La toma del poder se convirtió en el equivalente de la valorización del valor, y el conjunto de iniciativas, inquietudes, inconformidades y relaciones quedó subsumido en ese objetivo primordial. La revolución se redujo a un acontecimiento, no a un proceso, y todas las reivindicaciones particulares o la confrontación de ideas se convirtieron en pliego petitorio, es decir, perdieron toda su fuerza creativa, dejaron de ser movimiento.

Aunque no es el espacio para efectuar un balance de las experiencias acumuladas a lo largo de este siglo, porque esto requeriría un análisis histórico que permitiera ubicarlas en sus justos términos, sí es posible entender, a la luz de sus resultados prácticos, la importancia de la desmitificación de la toma del poder comprendida en el planteamiento zapatista.

La lucha por el poder forma parte de ese mundo contra el que los zapatistas combaten, y su concepción, por eso, no puede restringirse a buscar la expropiación del poder de manos de sus enemigos de clase, sino que cuestiona la existencia de un mundo organizado sobre la base de relaciones de poder. La democracia, una de las demandas centrales del zapatismo, es, de acuerdo con el contenido profundo que le asignan, la negación misma de las relaciones de poder. Por eso la construcción del mundo nuevo del que ellos hablan supone un nuevo proyecto civilizatorio y no una modalidad, menos salvaje o agresiva, del actual. Por eso también el zapatismo entra en conflicto no solamente con las clases dominantes actuales y sus estructuras de poder, sino con la figura de clase dominante y con la idea de dominación.

A partir de esta manera original de plantearse el camino para subvertir el "orden establecido", con fundamento en su determinación de crear un mundo nuevo en vez de transformar el actual, se plantean dos tipos de problemas. Por un lado está toda la discusión en torno al enfrentamiento exitoso con los grandes poderes no sólo en el plano político o ideológico sino, principalmente, en el económico. Por otro lado se encuentra la complicada relación del zapatismo con un gran espectro de organizaciones que durante años han luchado por la toma del poder como camino para revertir la dominación del capital.

En palabras del EZLN, en un comunicado reciente a propósito de la lucha electoral, se vuelve a fijar claramente su posición con respecto a estos dos puntos:

... el "centro" nos pide, nos exige, una firma pronta de la paz y una rápida conversión en fuerza política "institucional", es decir, convertirnos en una parte más de la maquinaria del Poder. A ellos nosotros les respondemos "NO" y no lo entienden. No comprenden el que nosotros no estemos de acuerdo con esas ideas. No entienden que no queramos cargos o posiciones en el gobierno. No entienden que nosotros luchamos no porque las escaleras se barran de arriba para abajo, sino para que no haya escaleras, para que no haya reino alguno. No entienden que no queremos una paz que sólo significa renombrar la esclavitud y la miseria, otra forma menos fuerte de decir "muerte". No entienden que la paz que pregonan, la paz de los de arriba, es sólo garantía para el poderoso y condena para los de abajo.[1]

2. Sobre el enfrentamiento con el capital

> *Por miles de caminos se desangra Chiapas: por oleoductos y gasoductos, por tendidos eléctricos, por vagones de ferrocarril, por cuentas bancarias, por camiones y camionetas, por barcos y aviones, por veredas clandestinas, caminos de terracería, brechas y picadas; esta tierra sigue pagando su tributo a los imperios: petróleo, energía eléctrica, ganado, dinero, café, plátano, miel, maíz, cacao, tabaco, azúcar, soya, sorgo, melón, mamey, mango, tamarindo y aguacate, y sangre chiapaneca fluye por los mil y un colmillos del saqueo clavados en la garganta del sureste mexicano. Materias primas, miles de millones de toneladas que fluyen a los puertos mexicanos, a las centrales ferroviarias, aéreas y camioneras, con caminos diversos: Estados Unidos, Canadá, Holanda, Alemania, Italia, Japón; pero con el mismo destino: el imperio.*

> Subcomandante Insurgente Marcos

Éste es uno de los campos de más difícil ubicación dentro del discurso zapatista, sobre todo a partir de la confrontación entre el estilo particular y novedoso que adoptan todos los planteamientos del EZLN y del Subcomandante Insurgente Marcos, y las delimitaciones conceptuales y políticas establecidas tradicionalmente en la discusión. A lo largo de los casi cuatro años que dura ya la rebelión zapatista, se puede encontrar una variedad de referencias en todos los comunicados producidos por este movimiento, sin embargo, los documentos más explícitos al respecto son la *Declaración de la Sel-*

---

[1] Comunicado al pueblo de México y a los pueblos y gobiernos del mundo del 8 de agosto de 1998, *La Jornada*, 11-13 de agosto de 1997.

va Lacandona y las leyes revolucionarias emitidas por el CCRI-CG y contenidas en *El Despertador Mexicano,*[2] "Chiapas: el Sureste en dos vientos, una tormenta y una profecía" del Subcomandante Insurgente Marcos y, de la misma autoría, "7 piezas sueltas del rompecabezas mundial".[3]

Del análisis que se hace en estos documentos se desprende la convicción de que la miseria en un entorno de abundancia y riqueza es inmanente al capitalismo y se propone al socialismo (en su acepción más libertaria) como alternativa.[4] En México, visto desde la perspectiva del sureste, el capitalismo se expresa mediante la succión de recursos perpetrada por el capital extranjero, la sumisión de la población a una explotación salvaje combinada con distintas formas de racismo y una dictadura que dura ya setenta años y que en los últimos se ha caracterizado por gobiernos *vendepatrias*[5] que representarían mucho más los intereses del gran capital, fundamentalmente extranjero, que los de la nación o sociedad mexicana. Es decir, la propuesta zapatista parte de un reconocimiento de la dimensión planetaria del dominio capitalista, al tiempo que señala sus especificidades y la manera particular como este dominio se expresa en los distintos contextos histórico espaciales. La polaridad del desarrollo, la acumulación simbiótica de riqueza y miseria que delineará la geografía y la sociedad mundiales, es considerada como la primera pieza del rompecabezas mundial.[6]

En el discurso zapatista la referencia a la división internacional del trabajo aparece bajo la imagen del saqueo de las riquezas naturales y la condena de una buena parte de la población mexicana a condiciones de vida que significan una violación de los derechos humanos más elementales.[7] La po-

---

[2] *EZLN. Documentos y comunicados,* Era, México, 1994, pp. 33-48.

[3] El primero está publicado en ibid., pp. 49-66, y el segundo en *Chiapas,* n. 5, Era, México, 1997.

[4] "Pero cuando hay un momento de reposo, que los hay todavía, escuchan otra voz, no la que viene de arriba, sino la que trae el viento de abajo y que nace del corazón indígena de las montañas, la que les habla de justicia y libertad, la que les habla de socialismo, la que les habla de esperanza... la única esperanza de ese mundo terrenal." Subcomandante Insurgente Marcos, "Chiapas: el Sureste...", cit., p. 62.

[5] En la *Declaración de la Selva Lacandona,* su primer documento público, se dice: "llamamos a todos nuestros hermanos a que se sumen a este llamado como el único camino para no morir de hambre ante la ambición insaciable de una dictadura de más de setenta años encabezada por una camarilla de traidores que representan a los grupos más conservadores y vendepatrias". *EZLN. Documentos y comunicados,* cit., p. 33.

[6] "La una es la doble acumulación, de riqueza y de pobreza, en los dos polos de la sociedad mundial." Subcomandante Insurgente Marcos, "7 piezas sueltas del rompecabezas mundial (El neoliberalismo como rompecabezas: la inútil unidad mundial que fragmenta y destruye naciones)", cit.

[7] De aquí que sus demandas empiecen por reivindicar el derecho a la vida: alimentación, te-

laridad del desarrollo capitalista, facilitada por la articulación de intereses entre fracciones externas y locales de la clase dominante y por la acción de un gobierno que, desde su perspectiva, no responde a los intereses y necesidades de la nación, sino a los del gran capital como ya mencionábamos, ha conducido a la pérdida de soberanía y al peligro de desmantelamiento del territorio y la cultura nacionales.[8]

Rompiendo con la linealidad con la que ha sido tradicionalmente analizada la relación capital-trabajo,[9] que ha resultado inadecuada para afrontar la diversificación de formas y niveles de explotación en la complejidad capitalista y mundial contemporáneas –pero sin desconocerla como sería el caso del posmodernismo–, avanza hacia las expresiones de la dominación social capitalista en el terreno inmediato y cotidiano. Se incorporan así al análisis las condiciones materiales y sociales de la región, que constituyen el puente entre la problemática local y general de la división internacional del trabajo, construida de acuerdo con los requerimientos y característica del proceso de valorización en cada momento determinado. Los zapatistas se rebelan contra ese capitalismo mundial, que identifican, al parecer tácticamente, como neoliberalismo,[10] pero lo hacen desde su realidad cotidiana que arrastra ya una

cho, salud, trabajo, tierra, y que entre las primeras órdenes que se dan a las fuerzas que conforman el EZLN en la *Declaración de la Selva Lacandona* está: "suspender el saqueo de nuestras riquezas naturales en los lugares controlados por el EZLN". *EZLN. Documentos y comunicados,* cit., p. 35.

[8] Con respecto a la concepción zapatista de *la nación* o *lo nacional,* John Holloway contribuye a despejar algunas de las inquietudes provocadas: "En el contexto del levantamiento, el término 'liberación nacional' implica más bien un movimiento hacia afuera y no un movimiento hacia adentro: 'nacional' en el sentido de 'no sólo chiapaneco' o 'no sólo indígena', más que en el sentido de 'no extranjero'. 'La nación' se usa también en los comunicados zapatistas en el sentido menos definido de 'patria': el lugar donde nos tocó vivir, un lugar que hay que defender no solamente en contra de los imperialistas, sino también (y más directamente) en contra del estado. 'Nación' se contrapone a 'estado', de tal forma que la liberación nacional se puede entender incluso como la liberación de México del estado mexicano, o la defensa de México (u otro) contra el estado". "La revuelta de la dignidad", *Chiapas,* n. 5, cit.

[9] Un ejemplo puede encontrarse en el reciente artículo de Rossana Rossanda, "Le tesis del subcomandante", publicado en *Il Manifiesto* del 15 de agosto de 1997.

[10] Sobre el estatuto teórico del neoliberalismo hay una amplia bibliografía que refiere las posiciones de los distintos enfoques y disciplinas. El punto es importante para el análisis del movimiento zapatista en virtud del lugar que ocupa dentro de su justificación histórico política y en el diseño mismo de sus estrategias de lucha. A pesar del recurso a la palabra y a la resistencia como principales armas de lucha, a la construcción de los nuevos horizontes como objetivo superior al de destrucción o cambio de los actuales, y al énfasis en el proceso revolucionario más que en *La Revolución,* el discurso y práctica zapatistas han demostrado una radicalidad muy profunda que nada tiene que ver con el uso de las armas y sí mucho con la construcción de un nuevo proyecto civilizatorio que lleva a un cuestionamiento total del proyecto civilizatorio burgués. Así, es evidente su comprensión del neoliberalismo como modalidad vi-

larga historia, que mira hacia un futuro de esperanza y no acepta el presente como única posibilidad, y que no se reduce a la relación estrictamente económica, sino a un abigarrado complejo de relaciones sociales. Y es justamente el reconocimiento de la dimensión general en el devenir cotidiano y local lo que da al zapatismo esa perspectiva universal que ha atraído a luchadores, militantes, intelectuales y ciudadanos de muchas partes del mundo para conocer y discutir con los sublevados del sureste de México.

La dominación que ejerce el capital asume diferentes modalidades a lo largo de la historia. Los instrumentos de ese dominio se modifican con el desarrollo de las fuerzas productivas que van abriendo nuevas posibilidades de apropiación de la naturaleza, de sometimiento social al proceso de valorización, de representación simbólica, y que, aunque amplían los canales de comunicación y acortan las distancias, aumentan las mediaciones entre el hombre y su realidad y polarizan las condiciones de reproducción de la totalidad mundial.

Teniendo en cuenta la manera específica como se han desarrollado las fuerzas productivas, los nuevos campos de investigación abiertos por la tecnología electroinformática, la dimensión de los procesos productivos y la velocidad con la cual consumen las riquezas naturales, y considerando la contradictoriedad y desigualdad en la relación entre México y Estados Unidos cualquier reflexión sobre el capitalismo mundial formulada desde el territorio mexicano está obligada a partir de la polaridad mundial como una de las explicaciones esenciales de la construcción de la materialidad específica del proceso general de reproducción y de los espacios hegemónicos del poder y de la dominación del capital.

La competencia por la hegemonía económica se juega, una vez más, sobre la base del control y disponibilidad de los recursos mundiales, particularmente de aquellos que resultan estratégicos para garantizar y determinar el proceso general de reproducción. Es decir, depende, entre otras cosas, de la capacidad para apropiarse o acaparar recursos en todos los territorios del mundo, especialmente cuando se trata de no renovables y esenciales como el petróleo, los minerales metálicos y la biodiversidad.[11] Como respuesta a la

gente, sumamente salvaje y depredatoria, de un mundo organizado bajo la lógica de las relaciones capitalistas que no comienzan ni se agotan con ella. Para no extenderme innecesariamente sobre el punto, remito a mis artículos "Universalidad de la lucha zapatista. Algunas hipótesis", publicado en *Chiapas*, n. 2, México, Era, 1996, pp. 7-20, y "Neoliberalismo e insubordinación", publicado en *Chiapas*, n. 4, México, Era, 1997, pp. 33-42.

[11] Para una argumentación más detenida sobre la importancia de estos recursos, su relación con las capacidades tecnológicas y con las características concretas del proceso de acumulación y su lugar en la construcción de la hegemonía económica mundial véase Ana Esther Ceceña y Andrés Barreda (coords.), *Producción estratégica y hegemonía mundial*, Siglo XXI,

intensificación de la competencia en el campo tecnológico, el capital estadounidense, sea que asuma su forma directa de representación (la empresa) o su representatividad socialmente mediada (el estado o incluso algunos organismos internacionales), ha emprendido una gigantesca y avasalladora cruzada de reconstrucción de sus condiciones materiales y de los mecanismos de su gestión, de destrucción u omisión de las de los competidores, y de readecuación de sus relaciones de dominación sobre los territorios y los pueblos a los que ya ni siquiera se les da la oportunidad de competir.

Ningún análisis del capitalismo contemporáneo y de sus relaciones de dominación y competencia puede desconocer la conformación contradictoria, polarizada, de la totalidad mundial organizada en torno a la producción del valor ni, por supuesto, la heterogeneidad estructural, la concentración de fuerzas militares[12] y económicas y la capacidad desestructuradora del gran capital sobre las formas organizativas o el modo de utilización de los recursos mundiales que no responde a sus designios. Ni siquiera los análisis que privilegian sus niveles de representación más abstractos siguiendo su devenir en las esferas monetaria y financiera. Si a esto se le llama relaciones de dependencia,[13] subdesarrollo o de alguna otra manera, no se modifica el lugar privilegiado que juegan estas relaciones en la determinación de las condiciones y alcances de la competencia y, lo que está más allá, de la naturaleza intrínseca y la capacidad del capital para mantener y desarrollar la sociedad sobre estas bases.[14]

México, 1995. En lo que concierne al sureste mexicano se puede revisar nuestro artículo "Chiapas y sus recursos estratégicos", *Chiapas*, n. 1, Era, México, 1995.

[12] "Para Estados Unidos y sus aliados locales el proyecto de integración nunca ha sido concebido sólo en términos comerciales. Según el Pentágono, 'democracia, desarrollo y seguridad regional van mano con mano', porque es inconcebible que la expansión de capitales no sea acompañada con garantías militares". Francisco Pineda, "Vaciar el mar", p. 122 de este volumen.

[13] No es necesario recordar las sustanciales contribuciones de la teoría de la dependencia al estudio de las especificaciones del desarrollo del capitalismo en América Latina y la construcción de una totalidad contradictoria pero articulada a partir del mercado mundial. Destaca en este punto, por su rigor y creatividad, el trabajo de Ruy Mauro Marini, *Dialéctica de la dependencia*, Era, México, varias ediciones.

[14] Por eso discrepamos profundamente con el análisis de Guillermo Almeyra en su artículo "Mundialización, democracia, socialismo" (*Le Monde Diplomatique*, edición mexicana, México, septiembre-octubre de 1997, p. 3). El empeño que pone Almeyra en convencernos de que la mundialización es progresista y que el problema es "la forma en que todo esto se hace bajo la férula del capital financiero internacional" nos remite a la contradicción entre quienes piensan que el problema no son las estructuras de poder sino sus detentadores y quienes piensan que para avanzar en la construcción de un mundo nuevo es necesario abrir espacios de participación y creación colectivas en que las estructuras de poder no sean disputadas o arrebatadas sino abolidas. La posición zapatista parece estar ubicada justamente en esta línea y nos propo-

La recomposición de la hegemonía estadounidense, que de múltiples maneras se sustenta en la capacidad para utilizar el territorio mexicano y sus recursos, es recogida por el zapatismo como punto de partida de su proyecto en contra del capitalismo en virtud de que es el espacio que marca los contenidos y formas de la apropiación y articulación del proceso general de reproducción.[15] Y cuando los zapatistas privilegian el espacio hegemónico del capital en sus relaciones con el resto del mundo están también privilegiando el espacio más radical o revolucionario de la resistencia. Están buscando los niveles de definición esencial para iniciar su proceso de deconstrucción desde la raíz, desde el núcleo esencial en que se sustenta la sociedad actual y que se manifiesta en una construcción social compleja y diversa, que aunque contradictoria y cambiante, contiene una lógica interna que es necesario desmontar.

La memoria histórica de los zapatistas es la base de su radicalidad. Las referencias a formas de organización social distintas a la que ha impuesto el capital les da la posibilidad de pensar en la historicidad de los procesos y, consecuentemente, en su perennidad. Es ésta una de las grandes aportaciones que provienen de la cultura ancestral de las comunidades indígenas y es lo que les da la determinación de construir un mundo nuevo deconstruyendo el mundo del capital.

Es decir, es la construcción de la utopía lo que, simultáneamente, corroe los fundamentos y la lógica de la polaridad, la explotación, el sometimiento y las relaciones de poder vigentes. Es la clase,[16] el pueblo o la sociedad civil convertida en sujeto la que irá poniendo límites y la que irá desarticulando las bases del poder capitalista.

¿Podrá, a partir del zapatismo, ser construida una utopía lo bastante vigorosa como para romper o desmontar las redes de dominación del capital?

---

ne romper con esa otra visión "maquiavélica" que remite a la toma del poder y, con ello, a la inversión de la imagen en el espejo. Véase carta del Subcomandante Insurgente Marcos a Carlos Monsiváis.

[15] La discusión acerca de la capacidad para determinar los rasgos esenciales del paradigma tecnológico, societal y de organización territorial desviaría la línea argumental de este trabajo. Remito a dos publicaciones sobre el punto: *Producción estratégica y hegemonía mundial*, cit., y *La tecnología como instrumento de poder*, El Caballito, México, 1998.

[16] Así se asentó en la *Declaración de la Selva Lacandona*, cit. En posteriores documentos se fue hablando del pueblo o de la sociedad civil sin efectuar ninguna precisión al respecto. Sin embargo, las alusiones a esta última parecen estarse refiriendo al nuevo contenido de la proletización. Los zapatistas abandonarían así los esquemas del pasado para recoger en su concepto de clase todas las modalidades a las que ha llevado el desarrollo tecnológico combinado con las condiciones generales y específicas de su conflictualidad social.

3. Sobre la construcción de la utopía colectiva

> *... no queremos ni podemos ocupar el lugar que algunos esperan*
> *que ocupemos, el lugar del que emanen todas las opiniones, todas*
> *las rutas, todas las respuestas, todas las verdades, no lo vamos*
> *a hacer.*
>
> Subcomandante Insurgente Marcos

En el discurso y la práctica zapatistas, la lucha contra el neoliberalismo sólo es posible mediante una acción mundial, compartida por todos los excluidos, discriminados o explotados, puesto que nos encontramos ante el fenómeno de "explotación total de la totalidad del mundo".[17] Es decir, la explotación abarca no sólo todo el espacio mundial sino también todos sus ámbitos.

La explotación, que es la base de la insubordinación contra el neoliberalismo, está planteada en un nivel de generalidad que permite comprender en la categoría de *explotados* lo mismo al "negro en Sudáfrica, al homosexual en San Francisco, al asiático en Europa, al chicano en California, al anarquista en España, al palestino en Israel, al judío en Alemania, al *ombudsman* en el Ministerio de la Defensa, a la feminista en un partido político, al pacifista en Bosnia, al Mapuche en los Andes, al artista sin galería de arte, al ama de casa un sábado por la noche, al huelguista de un sindicato oficial, a la mujer sola en el metro a las diez de la noche, al jubilado, al campesino sin tierra, al editor marginal, al obrero desempleado, al disidente del neoliberalismo, al escritor sin libros ni lectores, [que] al zapatista en las montañas del Sureste mexicano". Los explotados, en este nivel de generalidad, abarcarían tanto al trabajo, es decir, al directamente involucrado en las actividades productivas desde el punto de vista capitalista por supuesto, a su familia y a todos los que, siendo prescindibles o imprescindibles para garantizar la reproducción global, no son considerados productivos (el ejército industrial de reserva marxiano adquiere aquí su verdadera dimensión).

Asimismo, esta explotación total de la totalidad hace referencia a la manera como se establecen las prioridades y jerarquías o como se expresan la hegemonía y la dominación económicas en el resto de las esferas de la vida social: la organización de la familia, de la comunidad, del pensamiento, de las relaciones políticas, de la alimentación, etcétera, tratando por todos los medios de someterlas o adecuarlas a sus necesidades y ritmos.

La diversificación de los procesos productivos es observada aquí a través

---

[17] Así es como se define la segunda pieza del rompecabezas mundial. Subcomandante Insurgente Marcos, "7 piezas sueltas...", cit.

del espectro de aquéllos a quienes en ocasiones se aludirá como *excluidos* y en otras como *explotados*, pero que son la expresión viva de una polaridad que, en la medida en que concentra crecientemente el poder, deja fuera de él a una porción cada vez más amplia y diversa de la población, al tiempo que, mediante la multiplicación de instrumentos y espacios de mediación social provoca un desdibujamiento de las relaciones de explotación.

No obstante, esta convocatoria a los explotados como excluidos no es casual. Siguiendo la línea de deconstrucción de las relaciones de poder para así generar una nueva modalidad de relación entre los seres humanos en la que ellos mismos tengan cabida, su invocación a los excluidos hace referencia también a las estructuras organizativas gremiales, de clase, o lo que se ha entendido como tales hasta hace poco tiempo. Desde esta perspectiva, la voz de los zapatistas está considerando a los *excluidos* de las estructuras de poder de las organizaciones de izquierda, es decir, incorpora un cuestionamiento profundo al autoritarismo en todas sus modalidades[18] y propone como alternativa la democracia participativa, tal y como está siendo reconquistada por las comunidades indígenas que abrazan el proyecto zapatista.

Así, su profunda convicción de que la alternativa no es *barrer las escaleras de arriba para abajo, sino que no haya escaleras*, es lo que los convierte en una alternativa atractiva para esa enorme masa de explotados que, simultáneamente, son condenados a la marginalidad por el ímpetu depredador del capital y por lo que podría llamarse *la izquierda establecida.*[19]

Los zapatistas no reconocen liderazgos en abstracto, sino sólo aquellos que quedan bajo la figura de *mandar obedeciendo.* No hay vanguardias sino *comunitarismo*, no hay partido sino *movimiento*, la organización no es formal sino *real*, surgida de las necesidades y vivencias, de lo cotidiano y su relación con la concepción general del mundo y de la utopía.

Los principios zapatistas expresados en sus frases *mandar obedeciendo* y *preguntando caminamos* los diferencian de muchas de las organizaciones existentes. No tienen un programa preconcebido, sino que ofrecen construirlo en la práctica democrática junto con todos los otros. *Caminando al paso del más lento* no hay riesgo de excluir ni de imponer verdades.

Un movimiento capaz de regirse por tales criterios no puede aspirar a convertirse en vanguardia[20] porque esto sería un contrasentido. Tampoco

---

[18] Uno de los aspectos sustanciales de este cuestionamiento es el referente a las relaciones de género, que ha sido recogido por Guiomar Rovira en *Mujeres de maíz*, Era, México, 1996.

[19] Véanse los artículos de Octavio Rodríguez Araujo, "Mi experiencia en Berlín", y de Guillermo Almeyra, "Zapatismo ornitorrinco", en *La Jornada* del 7 de agosto y del 7 de septiembre de 1997, respectivamente.

[20] "Nosotros no pretendemos ser la vanguardia histórica, una, única y verdadera. Nosotros no pretendemos aglutinar bajo nuestra bandera zapatista a todos los mexicanos honestos. No-

puede sacrificar el proceso de construcción en aras de la consecución de las grandes metas. La concepción de un mundo democrático donde la representatividad se rija por el principio de *mandar obedeciendo* y las funciones de representación no se constituyan en herramientas del poder parte de la resignificación de los valores sociales y constituye en sí la creación de una nueva utopía. Esto es, un movimiento de esta naturaleza tiene que sustentarse en la democracia, base sobre la cual puede sobrevivir frente a este capitalismo fragmentador y atomizador que hace del mercado el único validador social. La democracia participativa, deconstructora del autoritarismo y de las relaciones de poder, es la única posibilidad de establecer un comunitarismo universal capaz de derrotar al capitalismo neoliberal en el único espacio que no puede conquistar a través de la legalidad del mercado que constituye el espacio del sujeto colectivo[21] y, por tanto, la negación del individuo objetivado.

sotros ofrecemos nuestra bandera. Pero hay una bandera más grande y poderosa bajo la cual podemos cobijarnos todos. La bandera de un movimiento nacional revolucionario donde cupieran las más diversas tendencias, los más diferentes pensamientos, las distintas formas de lucha, pero sólo existiera un anhelo y una meta: la libertad, la democracia y la justicia". *EZLN. Documentos y comunicados*, cit., p. 103.

[21] "Esta red intercontinental de resistencia no es una estructura organizativa, no tiene centro rector ni decisorio, no tiene mando central ni jerarquías. La red somos los todos que resistimos". *Segunda Declaración de La Realidad por la humanidad y contra el neoliberalismo*.

"
Las mantanzas de indígenas
no existirían si no hubiera
alguien dispuesto a contarlas."

■ **Manuel Vázquez Montalbán**

debate

Los Acuerdos de San Andrés: entre la paz y la guerra

El 16 de febrero de 1996 la sociedad mexicana celebraba el gran acuerdo logrado en la mesa de San Andrés. Se inauguraba aparentemente una nueva época en la historia de un país muy rico en culturas, en experiencias, tradiciones y recursos, pero muy empobrecido y con carencias que se acumulan y se multiplican. Los Acuerdos de San Andrés fueron una señal de esperanza porque, sobre todo, marcaban una línea real de solución a una de las causas centrales del levantamiento indígena del 1° de enero de 1994: la ausencia de espacios políticos para dirimir las dificultades y confrontar las diversas perspectivas y voluntades. Si los zapatistas tuvieron que empuñar las armas como único camino posible para hacer escuchar su voz, la sociedad mexicana mostró una sensibilidad y disposición que la llevó a detener la guerra y a comprometerse de manera definitiva con la transición a la democracia.

Con los Acuerdos de San Andrés se estaba construyendo el México de fin de siglo, el México orgulloso de su cultura y sus tradiciones, capaz de reconstruir su presente sobre la base del respeto y de la recuperación de la ética en las relaciones humanas en todos los niveles. La política cobraba un nuevo sentido y los espacios de participación ciudadana empezaban a ser conquistados por una sociedad que de muchas maneras se redescubría a sí misma.

Las diferentes tradiciones y culturas presentes en estas tierras se conjugaron con los mejores principios de la modernidad para proponer un camino, inédito en el mundo, de construcción colectiva sin exclusiones y sin guerra. Dos años después, el gobierno mexicano, que fue partícipe de ese compromiso, mantiene y profundiza la estrategia contraria.

La amplia y variada participación social alcanzada en San Andrés pesó sobre el gobierno mexicano como una amenaza ante la imposibilidad de cancelar estructuras clientelares, corrupción y caciquismos sobre los cuales erigió, y evidentemente sigue sustentando, su poder. La democracia no tiene nada que ver con un régimen más preocupado por los indicadores de la Bolsa que por los costos y pérdidas sociales que implica mantenerlos a la alza. Un gobierno, que a su vez es gobernado, y que no guarda relación con la voluntad popular que dice representar, al no ser asistido por la razón, recurre a la asistencia de la fuerza. Mientras más se aleja el gobierno del cumplimiento de los Acuerdos de San Andrés, inseparables de la llamada Ley Cocopa, más se desarrolla una estrategia de guerra sistemática y generalizada para combatir cualquier tipo de disensión y para reforzar, mediante mecanismos diversos, la depredación poblacional que ya las fuerzas del mercado habían conseguido imponer.

La Ley Cocopa, resultado de dos procesos de negociación sucesivos y legitimada por la limpieza y transparencia de un procedimiento altamente democrático e incluyente, es en este momento el parteaguas del México del futuro: o se aceptan los riesgos de transitar hacia la democracia o se acepta la sumisión a un autoritarismo exacerbado que amenaza con golpear (como tantas veces la historia ha mostrado) a sus propios sostenedores.

La discusión promovida por *Chiapas*, la revista, surgió de la preocupación de muchos de nosotros por la reanudación de la guerra en México, esta vez generalizada porque ya no hay nada que la contenga en el área oriental de Chiapas, y por la cancelación de los espacios de participación ciudadana, de construcción de la dignidad colectiva, que se han ido conquistando en los últimos años. El panorama era sombrío por la insistencia del gobierno en reubicar al EZLN y a las comunidades indígenas del país como enemigos a vencer, en lugar de propiciar la búsqueda de soluciones a causas "que seguirán originando conflictos".

La Ley Cocopa, con todas las imprecisiones que pudiera tener (como todas las leyes, por lo demás), es el símbolo y la garantía de tránsito de todos los conflictos sociales por la vía de la negociación política. La Ley Cocopa constituye la respuesta al pronunciamiento de las fuerzas vivas de la sociedad mexicana por la paz. El gobierno desarrolla, en contra de esta voluntad colectiva, una estrategia de guerra con cabeza de Medusa, en la que intenta involucrar a algunos sectores sociales por medio del convencimiento de sus líderes. Esta estrategia sin duda causará mucho daño, una vez más, pero no prevalecerá; entre otras cosas porque la sociedad, encabezada, acompañada y seguida por sus pueblos indígenas, se ha echado a andar.

En la discusión que sigue, todavía no se conocían las nuevas líneas e ímpetus de la estrategia gubernamental que se desarrollaron sobre todo cuando do Adolfo Orive la tomó a su cargo. Todos los participantes analizaron, con gran libertad, los aspectos más sobresalientes relacionados con el *impasse* en que el gobierno mexicano había colocado la negociación, sin prever el grado de peligrosidad al que sería conducida en los dos meses siguientes: primero con la matanza perpetrada en Acteal por grupos paramilitares que se mueven por la zona con total impunidad y que, según los reportes de diferentes observadores y organizaciones de derechos humanos, mantienen estrechas relaciones con el Ejército Mexicano, autoridades y policías locales y federales; y, después, con la presentación de propuestas paralelas a la Ley Cocopa, como si el problema no fuera buscar una paz convenida y consensada sino encontrar algunos pliegues de la realidad donde pueda cultivarse nuevamente el engaño.

El gobierno todavía no entiende lo que significó el 1° de enero de 1994; aunque el mundo entero centró su atención en Chiapas, toca a nosotros, la llamada sociedad civil, hacérselo evidente.

La discusión dejará, afortunadamente, muchos cabos sueltos. Son quizá las puntas del tejido social que queremos contribuir a desarrollar.

Ana Esther Ceceña: Ante un proyecto económico fuertemente depredador y excluyente y ante una reforma política perversamente regateada, el escenario en que nos encontramos a finales de 1997 augura enormes dificultades. Constituye un desafío para las fuerzas democráticas tanto en la perspectiva de construcción de sujetos sociales más amplios y sólidos, como en la resistencia frente a las tentaciones y riesgos del poder. La convicción de que no es posible resolver el país si no se resuelve Chiapas obliga a una profunda reflexión acerca de la universalidad de la lucha zapatista, de la importancia estratégica de la Ley Cocopa y los Acuerdos de San Andrés y de las posibilidades que ofrecen los proyectos de autonomía. Todas estas reflexiones están cruzadas por cuestiones más bien pragmáticas ligadas a la acción cotidiana y a las coyunturas, y por cuestiones de un carácter mucho más abstracto y general que tienen que ver con la construcción de utopías o de proyectos civilizatorios en los que quepan todos los mundos. Asimismo, una de las preocupaciones centrales que nos convoca es la de encontrar los puentes que comunican los diferentes niveles y los distintos mundos.

Todas las ideas son posibles en esta discusión, pero intentaremos articularlas a partir de un balance sobre la situación actual de la negociación y la guerra, particularmente en Chiapas, aderezado por el escenario modificado que ofrece el triunfo de Cárdenas en el gobierno del Distrito Federal y la nueva composición de fuerzas en el Congreso.

El incumplimiento de los Acuerdos

Luis Hernández Navarro: Muy brevemente. La cuestión es ¿por qué el gobierno firmó los Acuerdos de San Andrés? Yo creo que se debió a razones de distinta naturaleza. Primero, creo que los firmó bajo la idea de que no tenía necesariamente que cumplirlos, como es la tradición de la política mexicana. Que lo que realmente en su lógica le estaba ofreciendo al zapatismo era su inserción en la vida civil sobre la base de poder construir su programa político y desarrollar un conjunto de relaciones que le permitieran ese tránsito de la lucha armada a la política abierta. Lo que realmente estaba haciendo el gobierno era construir un "corredor de salida" al zapatismo y a eso se reducía su oferta.

Pero también firma sobre la base de otros tres elementos adicionales: 1) La inminencia del viaje del presidente Zedillo a Europa con vistas a impulsar un acuerdo comercial crea la necesidad de llegar con las credenciales de un conflicto en vías de solución que le desbrozaran el camino. 2) 1995 es un año particularmente difícil en la historia del país: se pierden más de un millón de empleos, hay una contracción económica muy fuerte, una caída del PIB de más del 7 por ciento y, en suma, un escenario económico muy complicado –la herencia de los errores de diciembre de 1994– y el temor de que se convierta en caldo de cultivo del descontento y malestar que el zapatismo, sin estar inmerso en un proceso de institucionalización, pudiera capitalizar por vías distintas a las de la política institucional, y estoy entendiendo aquí por institucional no sólo a los partidos. En este contexto, firma para desactivar la posibilidad de una convergencia más amplia entre ese descontento, que no está necesariamente desorganizado, y el zapatismo. 3) Finalmente, firma porque la cuestión indígena es un asunto pendiente. El zapatismo adquirió legitimidad en sectores muy amplios de la opinión pública nacional precisamente por levantar entre sus banderas la causa indígena. En ese sentido, firmar los Acuerdos de San Andrés le permitía al gobierno también decirle a la opinión pública que estaba en vías de pagar esa deuda.

Todos estos elementos finalmente se conjuntaron bajo la idea original que señalaba al principio, que es la de firmar para no cumplir, con la intención de que una vez que el EZLN estuviera metido en el diálogo, encarrilado, no tuviera forma de romper con la dinámica de éste tal y como estaba establecida, y acabara por aceptar lo que se le ofrecía.

Adriana López Monjardin: Para actualizar la coyuntura de este escenario que presenta Luis hay algunos elementos adicionales. Desde que se firman los Acuerdos hay una propuesta de reformas constitucionales que elabora una comisión pluripartidista del Legislativo. Este dato es el que sistemáticamente se trata de dejar de lado. La discusión en este momento va en el sentido de que el Legislativo tiene que tener autonomía para decidir respecto de las posibilidades de las reformas constitucionales y que sería inaceptable que un grupo armado pretendiera imponerle determinada propuesta legislativa o de reforma. Sin embargo, si se reconstruye el proceso, es exactamente a la inversa: es un grupo del Legislativo el que elabora una propuesta y ese grupo está compuesto por representantes de todos los partidos políticos y por representantes de las dos Cámaras.

Se pone en duda el carácter institucional de la Cocopa al cuestionar si se trata de una comisión plural del Legislativo en la que están representados todos los partidos políticos o si en ella se actúa a título individual. La Cocopa elaboró una propuesta y a través de ella participó en efecto el Congreso de la Unión y todos los partidos políticos y, consecuentemente, el Legislativo ha estado involucrado en el proceso desde el primer momento. Pero ¿se reconoce este involucramiento o no? ¿Cuál es el proceso de elaboración de las leyes y hasta qué punto la participación social y un amplio proceso de debate comprometen al Legislativo y abren un canal distinto de participación ciudadana, no únicamente representativa? En los Acuerdos de San Andrés está reconocida la insuficiente representación política de los pueblos indígenas, pero, si son los legisladores los que marginan al actor social y los que toman la autonomía para tomar decisiones, se cae en un círculo vicioso. La idea es que se abría San Andrés, entre otras cosas, porque no había canales suficientes de representación y participación política. Si ahora se margina este proceso y se asume que el Congreso es el espacio único y legítimo de participación y representación política, esto contraviene lo que está firmado en San Andrés. Por último, se trata de un proyecto de ley que tiene que ver con un proceso de guerra. Lo que está en juego es la apertura de posibilidades para una solución pacífica. Sin embargo, esto es lo que los propios legisladores están dejando de lado cuando reclaman la participación del Legislativo, como si no la hubiera tenido.

Los problemas son muchos. En primer lugar yo pondría los protagonismos múltiples de todos los legisladores. En segundo la posibilidad de que el veto presidencial se traslade, que cambie de actor. De los distintos partidos habría orientaciones e intereses diferentes; por ejemplo, que se dejara jugar esta idea del PAN de que no es conveniente dar fueros y privilegios, que bastan los derechos ciudadanos; o la posibilidad incluso de que otro tipo de sectores −tal vez hasta vinculados con el movimiento indígena− plantearan que no es ni la única ni la mejor propuesta posible, y que pensaran que poner sobre la mesa una propuesta distinta serviría de algo, cuando que, al contrario, estaría rompiendo los consensos construidos.

Luis Hernández Navarro: Yo creo que el punto de partida para este debate sería considerar el carácter excepcional que tiene el proceso de diálogo. Si se dialoga por mandato mediante una ley promovida por el mismo Congreso, eso supone el reconocimiento explícito de quien emite esa ley de que hay una serie de actores que no están representados en el sistema de partidos establecido y que no tienen acceso a la política parlamentaria. La Ley Cocopa parte de reconocer la legitimidad del conflicto y la necesidad de resolver las causas que lo originan, y señala con claridad los actores que deben incorporarse para resolverlo. Son los mismos legisladores que promueven esa ley y la votan los que aceptan que su participación se circunscribe al ámbito de la coadyuvancia y, una vez que las partes hayan identificado las causas del conflicto y acordado las vías para resolverlas, a contribuir para que el Legislativo –o sea ellos mismos– la apruebe. La lógica de este punto de vista lleva entonces a matizar el papel que el Congreso debería tener como único legislador. Finalmente es el Congreso quien va a legislar, a sancionar esas reformas, pero hay un reconocimiento de entrada de que el conflicto se inicia porque el marco institucional que existe en el país no da para solucionarlo en el terreno mismo de las instituciones.

Francisco López Bárcenas: En San Andrés se ve, aparte de lo que señaló Luis, un problema que es bastante grave para el gobierno actual, y es la cuestión de que no se fijaron mucho en lo que estaban firmando. Les pasó como cuando Carlos Salinas firmó el convenio 169 y no se fijó que estaba reconociendo que aquí hay pueblos; porque reconocer que hay pueblos y ciudadanos implica reconocer que este estado está mal estructurado y que hay que modificarlo.

Con respecto a la Cocopa, habría que recordar que la Ley de Concordia y Pacificación surgió para meter en el juego al Legislativo y dejar que el Ejecutivo pudiera respirar un poco. Pero lo único que hace es reconocer a la Cocopa como una comisión de concordia y pacificación. Ahí no está representada la opinión del Congreso de la Unión; pero como él la crea, la faculta y mandata –como lo hace en la ley– lo que tiene que hacer, es retomar lo que esta comisión está haciendo. Un poco en el mismo sentido que las comisiones por materias que existen en el propio Congreso.

La Cocopa bien podría presentar esta propuesta y dejar al margen al Ejecutivo. Legalmente no es necesario que el presidente la presente, más bien ése sería el problema, ya no jurídico sino político. En el primer caso, lo más que podría suceder es que el Congreso la aprobara sin acuerdo del presidente y éste la vetara, la regresara y el Congreso la volviera a proponer. Técnicamente, ahí no le quedaría más alternativa que aprobarla. Entonces, el Ejecutivo no necesariamente debe participar en el proceso.

Sergio Rodríguez: Una vez que el EZLN declara la guerra al estado mexicano –y eso no hay que perderlo de vista– y por diversas circunstancias políticas se abre un periodo de excepcionalidad, surge la Ley de Concordia y Pacificación, en la que, por cierto, no se le quiere llamar ejército ni reconocer como fuerza beligerante. Esa ley tiene un carácter profundamente excepcional y en ese sentido la Cocopa no puede semejarse a ninguna de las comisiones del Congreso que funcionan de una manera regular. El problema, y éste es el punto fundamental, es que toda negociación entre un grupo armado y un gobierno de alguna manera tiene que tener garantías por ambas partes. La garantía para el gobierno mexicano es que el EZLN no haga acciones armadas. (Incluso cuando la acción de febrero de 1995, la acusación era que el EZLN estaba preparando nuevas acciones armadas, que tenía casas de seguridad.) Y la garantía para el grupo armado es que el gobierno cumpla con lo que se compromete, porque al momento que no hay esa garantía la negociación no tiene sentido. El grupo armado no debe realizar acciones armadas y el gobierno debe cumplir con lo que se compromete. Y me parece que éste es el punto fundamental, porque si fuera una ley cualquiera, efectivamente, todo tendría que pasar por el Congreso; el problema es que no se trata de eso sino de una declaración de guerra y de todos sus elementos de negociación. En otros casos similares, muchas de las veces que se han roto los procesos ha sido a partir de incumplimientos del gobierno.

Pero en este caso hay dos elementos suplementarios: que el EZLN utilizó una táctica que era la de no negociar solo, sino involucrar a sectores sociales, y la segunda es que el parlamento, el Congreso, nombró una comisión que tuvo mucho más injerencia que en otros lugares. En Colombia, por ejemplo, las primeras comisiones fueron comisiones de paz que no eran del Legislativo sino de la sociedad, avaladas por ambas partes. En este caso no: fue una comisión del Congreso, y eso le dio un papel totalmente diferente que el que pudo tener en otras circunstancias.

Si lo resuelve el Congreso más allá de las partes, simplemente en una discusión aparentemente democrática, deja de lado la excepcionalidad que da la declaración de guerra.

Adriana López Monjardin: Más que la guerra, es importante el carácter del actor social, los pueblos indígenas, que según reconocen todos los involucrados, no tienen canales suficientes de participación o representación, porque han sido un actor social negado, porque todas sus especificidades, sus diferencias culturales, sus formas propias de organización han sido negadas y marginadas. Entonces, primero se construye un espacio de participación para este actor especialmente excluido y después se intenta reproducir espacios de participación que niegan a este actor social.

Un segundo punto en este sentido es la posibilidad implícita de que sectores de la sociedad tengan interacción, capacidad de interlocución y capacidad de participación. Esto construye lo que se podría llamar la iniciativa popular; o sea, un espacio desde la sociedad que no está a espaldas ni en contra del Legislativo, sino que lo involucra en todo el proceso y abre una posibilidad de propuesta legislativa con participación de la sociedad. Constituye la posibilidad de participación desde la sociedad en el proceso legislativo, no únicamente a través de la representación delegada, sino de una participación directa en procesos de debate y de construcción de propuestas.

Ana Esther Ceceña: De todo lo que han dicho hay tres cosas que resultan problemáticas. 1) La idea de la irrelevancia de la intervención del Ejecutivo en el proceso de aprobación de la Ley Cocopa, cuando es justamente la contraparte de la negociación con el EZLN, a pesar de la existencia de las instancias de mediación y coadyuvancia. 2) La apuesta implícita del gobierno hacia la guerra con el incumplimiento de los Acuerdos de San Andrés, y el papel de la sociedad civil en este contexto. 3) La declaración de guerra responde a la ausencia de canales civiles de expresión para los pueblos indios. Se explica así la necesidad de un espacio de negociación como el de San Andrés. Sin embargo desde la firma de los Acuerdos la situación aparentemente ha cambiado; hay una elección diferente a todas las anteriores de este país y eso mueve un poco el terreno donde juegan las fuerzas. ¿Hasta dónde modifica esto la pertinencia de un escenario como el de San Andrés?

Ramón Vera: En el proceso realmente existente de la negociación, en particular de la Ley Cocopa, tendríamos que remitirnos a la creación de la Cocopa que permitía involucrar al Legislativo con esa idea de coadyuvancia, aunque la contraparte del EZLN en la negociación era el Ejecutivo. En ese sentido, el Ejecutivo da luz verde en los hechos cuando se arriba a la posibilidad de que haya una ley propuesta por la Cocopa, comisión efectivamente plural y, por lo menos en ese momento, representativa del Congreso. Cuesta mucho trabajo pensar que la ley elaborada por la Cocopa no se consensó en los partidos, con las dirigencias por lo menos, cuando significaba una responsabilidad tan grande. En la práctica, lo que quedó como impresión para la gente que estaba involucrada en el proceso era que esa ley salía de una comisión que tenía el aval de sus partidos y que la seguridad con que la presentó dejaba entrever el consenso con el Ejecutivo. La excepcionalidad a la que se aludía finalmente es ésa: es en el proceso de la discusión política y no jurídica que se hacían todas estas consideraciones sobre el sistema jurídico mexicano, pero en el entendido de la negociación con un grupo armado que además tenía detrás amplios grupos de la sociedad civil.

Francisco Pineda: En el planteamiento general para la discusión habría que considerar los objetivos generales del gobierno en el diálogo de San Andrés, porque eso puede ser útil para ubicar sus cambios. Y el objetivo de ir al diálogo de San Andrés es el de detener y fijar el conflicto para luego doblegar al EZLN; ésa es la intención última del gobierno: no hacer la reforma para que los pueblos originarios de México vivan en mejores condiciones, eso es pura demagogia, sino fijar el conflicto a través del diálogo y luego doblegar al EZLN a través de concesiones, de desgaste y de golpes sucios como ha ocurrido en otros procesos semejantes de negociación. Los diálogos de San Andrés admitían esa posibilidad, pero el EZLN decide pedir que se cumpla la primera fase (los acuerdos de la mesa 1) y así toma la iniciativa.

158

El llevar los acuerdos al plano de los hechos no está dentro de los objetivos del gobierno; ya no le permite detener el conflicto y fijarlo en un área restringida, sino que lo multiplica, hace que las autonomías se conviertan en un problema general del país, en una demanda general. Ese proceso que va articulándose con la conformación del espacio de diálogo para el EZLN con la sociedad civil, la organización del Congreso Nacional Indígena. Y todo este movimiento ya no está dentro de las expectativas del gobierno. Ahí está la explicación del desacuerdo en sancionar la reforma y de la búsqueda de una argucia, fundamentada por algunos abogados, para detenerla. El gobierno perdió en el proceso de diálogo una parte importante de la iniciativa política para detener y fijar el conflicto, y la posibilidad de llevar a cabo la reforma constitucional implicaba una profundización de esa tendencia; por eso detiene el proceso y lo estanca.

Para ubicar el problema en su conjunto, ¿cuáles son las cartas fuertes que tiene el gobierno en esta situación?, ¿cuáles son las cartas del EZLN? Porque la situación ha tenido dos desplazamientos: por un lado el del gobierno, que consiste en detener el proceso de reforma constitucional, y por otro el del EZLN que, en consecuencia, consiste en pasar a la instrumentación de la autonomía por la vía de los hechos. Esto abre otras expectativas. Las perspectivas crecen en la medida en que el proceso de autonomías se va desarrollando por la vía de los hechos, no sólo en Chiapas sino en otros lados. En esa misma medida, el proceso legal, jurídico, tendrá nuevas condiciones y deberá ajustarse a ratificar lo que ya se está construyendo. Es una carta fuerte del EZLN haber pasado a la instrumentación práctica de la autonomía.

Dolores González: El nivel de obligatoriedad de los Acuerdos, sobre todo para los poderes que no estaban comprometidos en la negociación, no queda garantizado al nivel de las reglas y procedimientos. Van apareciendo muchos vacíos y deficiencias cuando los Acuerdos ya están firmados y no es posible ponerlos en práctica. En ese sentido, una de las tareas va a ser repensar el asunto de las reglas de procedimiento si esto fuera posible para la reanudación del diálogo. Pero definitivamente lo que ahí se estableció no fue suficiente, ni en el caso de las reglas de procedimiento, ni en el caso de la Ley de Concordia y Pacificación. La excepcionalidad de la situación más bien apelaba a un asunto de voluntad política, en dado caso, de hacer cumplir, de incidir en los otros poderes para que se cumpliera. En términos más estrictamente jurídicos, yo también coincido con que la Cocopa no fue una comisión mandatada para hacer la ley y, por lo tanto, esto no le daba la posibilidad para presentarla como consenso de los partidos. Creo que una de las cuestiones más importantes de cómo se dio el acuerdo fue la participación; sin embargo esto tampoco compromete jurídicamente a los partidos para hacerla más fuerte, más que en términos de fuerza y correlaciones políticas y, aunque la correlación política se fue construyendo en el proceso de diálogo, se salió de la arena de los procedimientos y se fue a la política, y ahí se empezaron a dar los foros de uno y otro lado, pero ya no había mucha vuelta posible a las reglas de procedimiento del diálogo estrictamente.

Por otro lado, en la cuestión de cómo construir los consensos que puedan implementar el acuerdo, es amplia la aceptación de la consigna del cumplimiento, pero los contenidos no se discuten ni se conocen y, particularmente en el caso de los legisladores, yo tengo la impresión de que no hay claridad sobre los contenidos de los Acuerdos de San Andrés: siguen siendo posiciones que se toman a través de consignas de partido. En ese sentido hay una tarea fuerte de ir construyendo consensos con otros sectores sociales y también con sectores del Legislativo que no conocen las implicaciones concretas ni las dimensiones prácticas de los Acuerdos de San Andrés.

Finalmente, el Legislativo no es un ente monolítico. Tiene diferentes intereses, visiones, posiciones políticas y, en ese sentido, el cambio de toda la fracción parlamentaria de cada partido implica una nueva tarea de reconsensar cosas. Hemos platicado con algunos sectores, como los municipalistas, en donde hay un tema que en algunos casos se denomina autonomía, en otro libertad municipal, etcétera, pero que pueden ser aliados en una lucha de este tipo. Y como ése, hay sectores que podrían aliarse alrededor de los contenidos de los Acuerdos para empujar un compromiso en éste que puede ser un Congreso más sensible.

La apuesta por la paz

Armando Bartra: Si la posibilidad de llegar a acuerdos y de que éstos se transformaran en leyes no era el precio de la pacificación, era el resultado de una coyuntura, entonces nacional, de una correlación de fuerzas en la que estaban participando otros actores. No sólo era el peso de cuánto a cambio de las armas. No era la lógica de "te entrego al máuser y me bajo del caballo y me das un pedazo de tierra". Era producto de una correlación de fuerzas en una coyuntura dada. Los alegatos sobre las formas en las que se desarrolló el proceso y el incumplimiento no nos regresan a esa coyuntura. Nos permiten cobrar el costo político de una barbaridad, que pudo ser por estupidez, por desorden, por falta de control político de lo que están haciendo; pudo ser también por maquiavelismo frío y calculado –yo creo que los dos factores intervienen–; en todo caso se estaba negociando con el Ejecutivo, no con el Legislativo, y el Ejecutivo pateó la mesa: no sólo se desdijo, sino que puso una situación inaceptable en la negociación. La cosa era decir "tengo objeciones, quiero que se rediscuta" –y aún eso era muy disruptivo pero estaba previsto–, y otra cosa es sacar una contrapropuesta completamente diferente. También esto puede ser por estupidez, pero el efecto que tuvo fue absolutamente disruptivo. Me temo que buena parte del debate, del debate público y la gesticulación política, ha sido para tratar de regresar a esa coyuntura o cobrarles a los actores participantes el costo de las barbaridades en las que incurrieron. La negociación era con el Ejecutivo y en ese momento era lo más oportuno y lo más razonable y además forma parte de una experiencia internacional; una cuestión de esta índole de situación de excepción se negocia con el Ejecutivo. El "*fast-track*" en el Legislativo estaba determinado por una situación específica, histórica, y probablemente hubiera operado. Da la impresión de que en el momento en que el Legislativo acepta una comisión y una ley como la que respalda, está de acuerdo en jugar el papel de comparsa: lo asume, lo admite, incluyendo a los partidos de oposición que ahí estaban. Lo asume y lo admite políticamente; eso no quiere decir que alguien pueda colocar al Legislativo en papel de comparsa.

En el momento en que desaparecen los factores que estaban creando esa coyuntura –y creo que han desaparecido buena parte de ellos– estamos ante una nueva. No han perdido legitimidad ni el procedimiento, ni la intervención popular en el debate de las leyes, el procedimiento democrático de construir propuestas legislativas, ni la validez de los contenidos; el problema es que hay que poner más el acento en que lo que se estaba legislando es bueno para el país y para todos los mexicanos, particularmente los pueblos indios, y no únicamente en que lo que fuera ya lo habían aprobado.

Creo entonces que el problema de este debate, el mayor, es cómo crear una nueva coyuntura favorable. Las negociaciones de San Andrés tenían una agenda muy amplia y la discusión de esta agenda y su aceptación fue parte de la lucha porque no se achicara al EZLN a un movimiento local y a un movimiento indígena. Sin embargo se empieza –por razones que no viene al caso reconstruir– por el tema de los derechos de los pueblos indios, y esto, en lugar de achicar, le da una concreción y una capacidad de irradiación y de apoyo en fuerzas realmente existentes probablemente mucho mayores que si se hubiera empezado por temas más generales, de otra incumbencia, con actores que hubiera sido más difícil hacer presentes ahí. Pero no deja de ser cierto que el plantear como tema de la negociación el de los acuerdos en torno a los derechos de los pueblos indios es una forma de achicar.

La tarea es romper esta delimitación. Sin quitar ningún protagonismo a los actores principales y mayores interesados en estas reformas particulares, pero descubriendo la universalidad que está detrás de esto, universalidad que está también en el procedimiento, y ahí quiero ser claro: me parece que es un procedimiento que no debe ser considerado excepcional o exclusivo sino que debería ser normal. Las Cámaras fundamentalmente están para legislar, pero no pueden hacerlo a espaldas de las fuerzas que representan intereses particulares o generales y que no necesariamente son los partidos. Y el fenómeno San Andrés es una expresión de esto y es el costo que el gobierno no está dispuesto a pagar. No es sólo el problema de los cambios al 115, al 27 o al 4°, sino el precedente de que se legisle en el país bajo una negociación de esta índole. Yo creo que esto es lo que cuesta más trabajo digerir.

Estaría de acuerdo en que una parte importante del debate y de la alternativa, además del cumplimiento, es cómo sumar fuerzas dándole a la causa de los pueblos indios su connotación universal. La autonomía es un problema de todos, no sólo de los indios. La democracia a nivel local es un problema de todos, no sólo de los indios. El nuevo municipio, el papel de la región, etcétera, de alguna forma son problemas compartidos por indios y mestizos. El problema del 27 no sólo compete a la comunidad, sino también a la tenencia ejidal y a los intereses de la nación en cuanto a sus recursos. Entonces es posible esta ampliación de los directamente involucrados, no sólo en términos de solidaridad sino de intereses propios.

Luis Hernández Navarro: Tiene razón Armando cuando señala que la iniciativa de la Cocopa fue resultado de una correlación de fuerzas y de una coyuntura particular. En lo esencial, fue producto de una situación en la que había una división importante entre los negociadores directos del gobierno: los negociadores Bernal y Del Valle que respondían teóricamente a una relación directa con el presidente Zedillo, sectores de seguridad nacional y tal vez el ejército y el secretario de Gobernación. Gobernación estuvo dispuesta a escalar el conflicto, a hacer a un lado a Bernal y del Valle sin declararlo públicamente nunca, pero tomando para sí el proceso de negociación y utilizando para ello el vehículo de la Cocopa. Ésta se convirtió en la correa de transmisión de la Secretaría de Gobernación para ese efecto, muy claramente. Fue resultado también de una coyuntura en que el interés para avanzar en esa iniciativa fue que salía de un paquete global de acuerdos en el que el EZLN estaría dispuesto a firmar la paz y retirar la declaración de guerra. Esto le permitía posicionarse en mucho mejores condiciones para hacer política abierta en un momento de coyuntura electoral, en que era evidente un crecimiento social de sus simpatías en el país y en que una situación en donde por lo menos una parte de la dirección del EZLN se trasladara a hacer política abierta al resto del país tenía muchas posibilidades de materializarse en la construcción de una fuerza mucho más amplia. Pero esa coyuntura se acabó, Gobernación jugó sus cartas; pero el EZLN, a cambio, consiguió dos cosas que son muy importantes: 1) el reconocimiento como fuerza legítima, establecido mediante la firma de acuerdos con el gobierno, 2) los Acuerdos como tales le dan la posibilidad de demostrar que es el gobierno el que está incumpliendo y no está dispuesto a seguir por la vía de la negociación.

La fuerza de los argumentos del gobierno sobre la intransigencia del EZLN, su falta de disposición a negociar, su pretensión de ganar tiempo, se desvanece en ese momento, aunque ahora vuelve a aparecer bajo otras formas. Eso es el resultado inmediato de la iniciativa de la Cocopa: mayor legitimidad para el EZLN frente al gobierno. ¿Podemos regresar a esa coyuntura? Evidentemente, en el corto plazo no. Ninguna de las dos partes parece estar interesada, porque la percepción que cada una tiene de sus fuerzas es que están ganando. El gobierno cree que el EZLN está acotado militarmente y aislado socialmente y –según lo hemos visto– por el lado del EZLN, después de la marcha, hay un proceso de crecimiento, de fortalecimiento de las autonomías de facto. Entonces, la perspectiva de regresar al proceso de diálogo en el corto plazo no existe. Se rompió el antiguo equilibrio y, mientras las fuerzas no vuelvan a encontrar su nivel y vean en la negociación la posibilidad de avanzar, no veo por qué quieran regresar.

Más bien lo que se ve es el desarrollo de la guerra, de una guerra que tiene otras características. Estamos en una nueva fase del proceso de confrontación que básicamente se caracteriza por la paramilitarización de la guerra del lado del gobierno, y por el crecimiento social y la construcción de las autonomías de facto del lado del EZLN. Mientras eso no se equilibre, mientras las partes no vean en la negociación la posibilidad de ganar más de lo que están ganando, no se va a regresar.

Si ésta es la cuestión, lo que va a tratar de hacer el gobierno es utilizar la carta del Legislativo para intentar zafarse del arrinconamiento en que se encuentra. Hasta hoy está pagando directamente el costo de no cumplir con los Acuerdos y necesita un relevo. Esto es lo que está detrás de la propuesta de involucrar al Congreso; pero, por la correlación de fuerzas en su interior y por la lógica de su funcionamiento, éste no puede sacar un Acuerdo de reformas que respete en lo esencial lo pactado en San Andrés. Entonces va a ser utilizado para tratar de construir una legitimidad a un lado de San Andrés.

Transición a la democracia y estrategia de guerra

Javier Elorriaga: El 6 de julio cambia la correlación de fuerzas y eso lo tienen que tomar en cuenta los zapatistas: es otro Congreso, son otras fuerzas, es otro equilibrio a nivel nacional. Tenemos que impulsar esta nueva correlación de fuerzas bajo la idea del viejo escrito desde la selva de concreto: universalizar los problemas que parecen sólo de los indios discutiendo la importancia de San Andrés en la construcción democrática en México. Y ahí hay una doble interpretación sobre el establecimiento de consensos: o bien el discurso de la derrota que plantea ayudar a los indios por solidaridad, porque los están matando las guardias blancas, o bien el de la victoria, que sostiene que los más jodidos no son los zapatistas sino los que estamos fuera de su zona, porque ellos ya están construyendo la autonomía. ¿Cuál es el equilibrio para la construcción de consensos en estos nuevos términos?

Sergio Rodríguez: Efectivamente es una coyuntura diferente y lo fundamental lo aborda correctamente Armando. Sin embargo no cambia la legitimidad de la lucha de los pueblos indígenas con respecto a la ley, con respecto al tipo de negociación, a los sujetos involucrados, porque el problema indígena sigue siendo una asignatura pendiente. El asunto es que los compañeros del EZLN siempre vieron el problema de la mesa 1 como parte integral de lo que ellos concebían como reforma del estado y no como algo separado. De hecho, incluso es un punto fundamental porque es una reubicación de los sujetos y la nación. Uno de los problemas que hemos tenido nosotros es que no hemos podido ubicar la cuestión indígena como parte de la reforma del estado, y eso ha limitado el espectro de alianzas y posibilidades, que se ha reducido demasiado al problema del significado de las modificaciones para los pueblos indios y no para la nación y el estado en su conjunto. Me parece que esto tiene que ver con lo que están haciendo ahora los compañeros del EZLN, de la extensión de las autonomías por la vía de la práctica. Mientras no se llegue a un nuevo equilibrio, mientras no haya esa conciencia de las partes y de la sociedad de qué significa ese nuevo equilibrio, existe un problema, porque el Legislativo actual es diferente al anterior pero no totalmente. Para mí, legislar con base en lo que la gente piensa o quiere es otra asignatura pendiente. Es algo que tenemos que construir, que desarrollar: no está hecho. Mi temor es que perdamos de vista los aspectos que dan legitimidad a los Acuerdos de San Andrés y a la misma ley elaborada por la Cocopa, en la ansiedad por buscar una solución en el mismo Congreso. La gente que en el campo democrático está planteando esta idea parece estar buscando un papel diferente para el Legislativo, un papel legítimo, que debe tener en una nación democrática, pero también creo que tiene que ver con esa visión de que el EZLN está aislado, está acorralado, está debilitado, y que se necesita una puerta de salida.

En todo caso, la tarea es construir nuevos escenarios hacia el futuro. Uno es que la construcción de las autonomías indígenas en Chiapas se siga desarrollando. Estamos viendo las dificultades que tiene esto, porque el gobierno está entendiendo que hoy éste es el reto fundamental y que tiene que pararlo con los paramilitares, para que aparezca como una guerra entre indios sin la intervención directa del estado, lo cual le ahorra muchos problemas nacionales e internacionales. ¿Qué sucede si la autonomía se lle-

164

va a otros lugares fuera de Chiapas? ¿Qué sucede si el Congreso Nacional Indígena empieza a discutir más a fondo qué significa hacer la autonomía de facto? ¿Existen las condiciones o no? Ésa es una de las cosas que se deben pensar, porque no creo que la simple extensión de las autonomías en Chiapas va a cambiar la correlación de fuerzas. Otro escenario consiste en una extensión de los actores sociales que participan en el proceso. Dolores ponía el ejemplo de los municipalistas. Hay muchos más. Lo del 27 se debe a una extensión de los actores sociales, y eso implica necesariamente una reformulación de las alianzas. El zapatismo necesita reformular las alianzas y establecerlas de una manera diferente ante el hecho de que hay un cambio de coyuntura.

Ramón Vera: En lo que quisiera insistir es en el procedimiento de San Andrés como una vía importante de construcción de una negociación y de una posible ley a partir de la participación de la sociedad civil, que llegó a decir cosas frente al estado y, finalmente, a negociar y a plantear soluciones de una manera concreta. Esto es quizás lo que más le brinca al gobierno como algo que no puede permitir tan fácilmente. Por otro lado, la universalidad de la problemática cada vez se reconoce más, pero hay amplias capas de la población que no entienden para nada el vínculo entre los pueblos indígenas, sus problemas y todo lo que tiene que ver con lo municipal y con la democracia en otros ámbitos. La universalidad de la problemática de los pueblos indios y de la democracia en México tiene su largo plazo, pero también la lógica de la paramilitarización que se quiere instalar como manera de hacer política. Tendríamos que reconocerlo para no nada más pensar la negociación en términos de la ley y meterla al Congreso, sino en realidad comenzar a pensar un escenario a largo plazo en donde están enfrentadas estas dos propuestas de país: una en donde se está queriendo construir desde todos lados y otra en donde se quiere borrar el sentido de todo lo que se hace, que es la lógica de la paramilitarización, es decir, erradicar las maneras en que es posible encontrar vínculos entre las personas, en que las iniciativas pueden ejercerse, porque la paramilitarización no busca erradicar al enemigo (el EZLN o los municipios autónomos), sino desarticular esa nueva forma de buscar acomodos, sentidos y propuestas. Esto no se va a resolver con una negociación, ni con un diálogo y, mucho menos con meter la ley al Congreso; es una disputa de largo plazo.

La agenda nacional y los actores sociales

Armando Bartra: La agenda nacional ya no está como estuvo en los diálogos de San Andrés, en que una serie de temas se pusieron finalmente a debate a través del EZLN. La capacidad de convocatoria de las mesas que

165

no se abrieron podía significar, eso sí, una verdadera revolución. Yo creo que esto era lo que no se podía admitir. Lo que podían aceptar eran ciertas reformas en términos de los derechos de los pueblos indios. A lo que no estaban dispuestos, evidentemente, a debatir los problemas de la política social, económica o de la democracia en ese contexto.

Ahora habría que preguntarse en dónde está la agenda nacional y si no es posible regresar a la dinámica de San Andrés. Un planteamiento es cómo sumar fuerzas a la causa zapatista, el otro es cómo insertar al zapatismo en las causas nacionales. Son las dos formas de verlo y las dos son estrictamente necesarias. Es decir, de alguna manera el zapatismo debe también, en la medida en que han cambiado las condiciones en las que es y fue capaz de ayudar a la nación a poner sus grandes problemas en una mesa de debate en la que todos podíamos participar, ubicarse en la nueva coyuntura y no separarse de los grandes problemas nacionales. Pero a la vez, estos grandes problemas nacionales no pueden y no tienen por qué desarrollarse al margen de un proceso inédito, histórico, de repensar el futuro del país, como fue el de San Andrés, cuya esencia se debe mantener o reconstruir: la reformulación social participativa de las alternativas y de las leyes, más allá de la formalidad de las consultas, el compromiso razonado de los partidos, de las fuerzas sociales en términos de sus propuestas legislativas, no simplemente las promesas del partido. El problema es cómo se construyen propuestas en las que los partidos están tan comprometidos como sus votantes no sólo a votar, sino a defender. Y obviamente estoy suponiendo que los partidos tienen algo que hacer en esta dinámica.

La otra cuestión es que hay dos lógicas; las dos tienen su razón de ser y son tácticamente adecuadas para resolver problemas distintos. Una es achicar para concentrar, delimitando Chiapas, San Andrés, el acuerdo que tiene que ver con los derechos de los pueblos indios, y concentrando ahí las fuerzas para no dispersarlas poniendo todo a debate al mismo tiempo, lo cual es bastante razonable; amarrar las posturas comprometidas y exigir cumplimiento. La otra es ampliar para fortalecer, para modificar la correlación de fuerzas. Son tácticas finalmente, se combinan siempre. Yo creo que estamos en un momento en el que debe predominar la segunda táctica sobre la primera; en que es necesario, sin dejar de insistir en el cumplimiento de los Acuerdos, ampliar. Y ampliar puede significar también algo que me preocupa: si los Acuerdos de San Andrés no son el precio de la pacificación del EZLN y no estamos negociando la pacificación del EZLN, sí estamos en cambio negociando la paz. No la pacificación del EZLN, porque ésta no garantiza la paz; porque el problema no es que el EZLN se levante en armas: el problema es que la nación reconoce su causa como legítima y con ello su decisión de dejar las armas o no, de acuerdo con la negociación. Pero la matriz que genera la condición bélica como alternativa única para un pueblo que está hasta la madre sigue estando ahí. Entonces, lo que estamos negociando es la paz, no la entrega de las armas del EZLN. Si esto es así, el problema de la paz hay que ponerlo a discusión nacional, porque, como todos sabemos, está muriendo más gente quizá en Oaxaca, en Guerrero o en las zonas de dominación no claramente zapatista en Chiapas. ¿Cómo entra el problema de la paz a nivel nacional? ¿Cómo se articula con las negociaciones de San Andrés? ¿Y cómo podemos hacerlo parte de la suma de fuerzas de una demanda legítima? No estoy planteando cómo sentamos al EPR y al gobierno a negociar. Si esa vía no está funcionando para el EZLN, tal vez funcione menos para el EPR. Ése no es el problema. El problema es que no se está debatiendo seriamente en las Cámaras porque eso "incomoda" un debate civilizado de la reforma del estado. El hecho es que hay una situación de guerra en varios estados de la república, no solamente en Chiapas. Ése es un tema del debate nacional ante el que no podemos ser ciegos.

Adriana López Monjardin: Todas las intervenciones están dando como un hecho el cambio de coyuntura, pero los elementos que se aportan son insuficientes y valdría la pena aclararlos. Hay dos elementos importantes que se han mencionado: el primero es un cambio de actores sociales, un desplazamiento del protagonismo desde la sociedad civil, de los indígenas y del EZLN, a uno de mayor presencia de los partidos políticos y de las Cámaras; el segundo es el proceso de paramilitarización y crisis de los derechos humanos. Habría que pensar también qué está pasando con la economía. Cuando se inicia el diálogo están muy recientes los errores de diciembre y ahora parece haber una recomposición económica importante. La propuesta es que tomemos algunos elementos para definir esta coyuntura no sólo en términos momentáneos relativos a lo electoral sino considerando actores y procesos.

La lucha institucional

Luis Hernández Navarro: El 94 rompe el antiguo orden de cosas y permite la emergencia, el crecimiento de la densidad social, en interlocución con un conjunto de nuevos actores, que ya existían pero contenidos, y que se desarrollan con mucha beligerancia a partir de 1994. Pienso en Alianza Cívica, El Barzón, una serie de organismos ciudadanos, ONG de derechos humanos, etcétera, que pasan a ocupar otro nivel de interlocución después de 1994. ¿Dónde están esos actores ahora? Mi impresión es que han quedado nuevamente contenidos, como si los hubieran vuelto a guardar en la caja de la cual habían salido. Después del protagonismo de El Barzón, que fue muy relevante en el 95 y parte del 96, se mete de lleno a la lucha electoral y la coloca, al lado del PRD, en el centro de su estrategia, al punto de hablar explícitamente de que ya no hay que movilizarse. Lo menos que podemos decir es que, en el corto plazo, ha sido una estrategia exitosa para ellos, en la medida en que les ha permitido ocupar posiciones políticas, espacio, interlocución que nunca habían tenido como tales. Alianza Cívica y las organizaciones ciudadanas tienen un proceso interesante en el que una parte muy significativa de sus integrantes pasa al Instituto Federal Electoral como consejeros ciudadanos, a nivel local y regional sobre todo. Lo que había venido siendo su razón de ser principal, que era el problema de elecciones libres y justas, relativamente se resuelve y, simultáneamente, una parte de sus integrantes que se asume como clase política emergente, pasa a formar Causa Ciudadana y se mete de lleno a la política partidaria, electoral, en alianza con el PRD, otra vez con relativo buen éxito, en la medida en que quedan como diputados. Concentran muchas de sus energías y actividades a ese campo de la política y parecería ser que el mundo de las ONG de derechos humanos, o de la cooperación para el desarrollo tradicional queda circunscrito a pequeños proyectos locales; hay un retraimiento de la política nacional y un redimensionamiento de su trabajo. Un hecho incontestable es que esa franja de la sociedad ha encontrado en el mundo de las elecciones canales de expresión.

Por el otro lado, las fuerzas que se van construyendo, se coagulan. Los actores que estaban más o menos sueltos hoy están amarrados al mundo de lo político electoral y no parece haber en el corto plazo perspectiva de que eso se modifique. Va a tener que ocurrir un proceso relativamente largo de participación y desencanto, si es que se desencantan con sus posibilidades de acción en la Cámara. Finalmente, esto significa empleos, movilidad y una influencia de la que no disponían desde hace mucho tiempo.

La consecuencia inmediata es que la apuesta de construir con este conjunto de fuerzas un polo de interlocución para la transición no partidaria, que se hizo en el Foro para la Reforma del Estado en San Andrés, hoy está mucho más limitada y, con ello, la posibilidad de expandir las alianzas del zapatismo. Los campos están mucho más acotados y la posibilidad de recomposición pasa necesariamente por la experiencia del desencanto de esos sectores. Eso no va a ocurrir mientras estén en la Cámara y tengan presupuesto e influencia. Entonces, nuestra perspectiva en lo inmediato no parece ser muy venturosa y optimista. Estamos en un proceso muy complicado, en donde no está muy claro si estamos en una crisis de estado o en una transición a la democracia. La apuesta de construir ese polo de interlocución con las otras fuerzas no se ve tan posible como lo pareció hace un año.

Ana Esther Ceceña: En la misma línea de Luis acerca de cómo el proceso electoral modificó la posición de actores como El Barzón y atendiendo a la provocación de Adriana sobre la importancia del proceso económico, hay una cuestión muy importante que encuentra en el petróleo una expresión paradigmática. Antes de las elecciones hubo una fuerte lucha por impedir la privatización del petróleo, encabezada por López Obrador. Se trataba de una lucha de gran significación, pues al carácter estratégico del petróleo como recurso se agrega su carácter de símbolo nacional, y se trató por ello de una lucha con repercusión y consenso en todo el país. Ahí sí hubo toda una política para vencer esta resistencia, sea maquiavélica o circunstancial. Esto da enorme legitimidad a López Obrador para acceder a la dirección del partido, pero rápidamente lo mete en la dinámica electoral que, en virtud de los resultados, contribuye a mantenerlo ocupado en muchas cosas entre las que la lucha por el petróleo es una más. El petróleo, sin embargo, simboliza el núcleo de la lucha por imponer el nuevo modelo económico y de las resistencias de la población frente al mismo; las definiciones no se dan exclusivamente en torno al petróleo, pero además de ser un recurso fundamental en términos generales, su importancia económica es sustancial para el sostenimiento de la economía en el futuro. De hecho, el modelo económico que sigue el gobierno mexicano tiene al petróleo como su eje central, articulador.

La institucionalización de luchas como la de El Barzón está ocurriendo también en el terreno económico. El proceso que refiero es de alguna manera el camino para institucionalizar la lucha por el petróleo, y lo mismo puede ocurrir con los Acuerdos, es decir, mandarlos a la Cámara para que sea ahí donde todo se resuelva, sin que la oposición pueda ser tan abierta o tan fuerte. Es una manera de debilitar estos frentes de lucha. Si en este momento una buena parte de la población está ilusionada o comprometida con los procesos electorales, ello no supone confrontarnos con gente con la que en muchos puntos podemos estar de acuerdo y en muchos otros momentos hemos estado o podemos estar. Más bien habría que propugnar por hacer de todos los espacios un nuevo San Andrés. San Andrés debería multiplicarse en todos los espacios de participación ciudadana, no necesariamente institucionales, que son el ámbito de todas estas fuerzas dispersas, no organizadas u organizadas fuera de los partidos. ¿Cómo hacer que el PRD tenga como interlocutor no al gobierno, sino a la sociedad? Por lo pronto, mediante la exigencia permanente no sólo de que se cumplan los Acuerdos de San Andrés, que representa un compromiso muy amplio de la sociedad en el que confluyen muchas fuerzas y sectores distintos. Lo mismo ocurre en el terreno económico. Ahí hay que dar una batalla muy importante, que ya estaba planteada en la agenda de San Andrés, como recordaba Armando. En la mesa de economía estaba propuesto discutir qué hacer con este país desde el punto de vista económico, cómo enfrentar la estrategia del neoliberalismo o del capital y cómo desarrollar alternativas.

Tenemos que fortalecer los espacios en que estamos acostumbrados a responder, exigiendo también que los otros espacios estén al servicio de la sociedad. En esa medida, no lo plantearía como política de alianzas frente al PRD, sino como una exigencia de la sociedad frente a él, que implica la construcción de un espacio de interlocución entre la sociedad y el partido porque, entre otras cosas, no todos los que votamos por el PRD estamos afiliados ni queremos estar.

Sergio Rodríguez: Están los elementos de la recomposición económica que son indudables, sin olvidar que el año pasado hubo una crisis económica terrible, y el crecimiento del PIB está relacionado con los indicadores del año anterior, pero admitiendo que en los círculos financieros mundiales hoy existe una actitud hacia el gobierno y los proyectos económicos mexicanos totalmente diferente y eso les da cierta base de sustentación. Sin embargo, no creo que el problema económico esté determinando ni lo más importante siquiera, ya no digamos todo. Para mí lo fundamental es que en 94, 95 y 96 hubo una clara dicotomía a nivel de la correlación de fuerzas entre el EZLN y lo que estaba alrededor, lo que logró concitar, y el gobierno. Hoy no. Un protagonista que fue importante en el pasado vuelve a serlo de una manera mucho más organizada, más estructurada, y es evidentemente el PRD y el cardenismo. Es decir, hay una fuerza que no operaba igual en 94 que ahora. La política del PRD y de Cárdenas en 94-95 no tenía la misma dimensión que tiene ahora. No tan sólo en lo que dice Ana Esther, que ya es muy importante, sobre la forma en que enfrenta los problemas, y en lo que decía Luis acerca de todas las fuerzas que se acercan no nada más al terreno electoral en general sino al terreno de la influencia PRD. De alguna manera se van diseñando formas de hacer política, y no creo que en el PRD haya una forma interesada en ganar en el 2000 y se acabó. No nada más hay esa corriente; hay muchas. Desde los que piensan que es necesario participar en la recomposición del poder como tal, lo que incluye al poder existente actual, no con la idea de una ruptura, y que privilegian la interlocución con el sistema, con el gobierno. Sin embargo, la agenda de la transición a la democracia que López Obrador le propuso a Zedillo es muy buena.

Cuando Armando decía la paz, no se refería a la paz como consigna o como concepto, sino que se refería a una agenda social, económica, política, que volviera a centrar los puntos de los problemas reales en el país. Efectivamente, la posibilidad de hacer las alianzas se ve más reducida porque todos los sectores que antes no operaban en el terreno electoral ya están ahí. Inevitablemente, tenemos que plantearnos el problema de que hay una fuerza fundamental que cuenta con la ilusión de la gente de que va a llevar al cambio. Pero no pienso que el desencanto es lo que va a permitir la recomposición, porque si bien puede ayudar a ciertos sectores a radicalizarse, normalmente conduce a la apatía. Debemos trabajar más bajo la idea de la agenda que propone López Obrador, de los documentos que se elaboraron en San Andrés, incluso los de la mesa 2 del diálogo sobre Democracia y Justicia, y plantearnos la discusión con esos sectores sobre la agenda nacional por la paz, por tener una vida mejor, una vida digna. Lo que sería un error es cerrar los ojos y pensar que eso no existe y que debemos esperar otra coyuntura. Es necesario construir una coyuntura diferente a partir de esta realidad que hoy está expresándose. Obviamente sabemos que es sumamente complicado, porque hay un grupo amplio de gente que está buscando la recomposición de las alianzas con el propio poder, pero esa realidad está presente hoy en México y no podemos negarla.

Ramón Vera: Bueno, yo me quedo pensando que los actores que finalmente quedan amarrados después o a partir de las elecciones, y que a fin de cuentas fueron propiciados por el EZLN, no sólo están amarrados, sino que el EZLN ahora les estorba en este nuevo romance, lo cual agrava más la situación. No es sólo que se hayan quedado gravitando en torno al mundo electoral, sino que ahora el EZLN les parece una incomodidad. Por eso Luis habla de que es necesario el desencanto, para que por lo menos esos sectores acaben por entender que la vía no nada más es parlamentaria o electoral. Ésa es la preocupación porque yo estoy de acuerdo en que no sólo hay que esperar una nueva coyuntura, sino que hay que construirla y poner en la mesa una serie de cuestiones para discutir con todos esos actores. El punto central a la mejor es retomar la reforma del estado entendida como democratización de los espacios, de la influencia de políticas públicas, de la democracia directa en comunidades, barrios, etcétera, y no sólo este encantamiento y entusiasmo electoral que me parece que es muy evanescente.

En ese sentido, no es la paz en abstracto, pero tampoco es la pacificación de los grupos que estén alzados. Es plantear nuevos mínimos indispensables para la convivencia y, a partir de ahí, mínimos indispensables para recomponer las causas que originaron y seguirán originando conflictos.

Sobre todo porque la paramilitarización no es nada más coyuntural, sino que es una manera de empezar a hacer política a largo plazo, no nada más en Chiapas sino en todo el país.

Dolores González: Me parece que estos actores de los que se habla ciertamente se han vinculado a todo el proceso político electoral, pero están también en un momento de reposicionarse y de redefinir cosas. En el ámbito de las ONG, hay un fuerte cuestionamiento en torno a cómo reposicionarse en este momento ante el sentir de que no fueron invitadas a la fiesta de la democracia y que no están involucradas estructural y orgánicamente en ese espacio. Entonces, también queda la tarea de volver a diseñar estrategias y posiciones frente a los actores que están tomando el protagonismo principal en la coyuntura. Es un momento en el que todos estamos transitando, todos nos estamos reposicionando y volviendo a definir nuestros retos y nuestros desafíos del periodo. Sí creo que la paz es un tema articulador, y las otras cuestiones básicas en la agenda nacional son el cumplimiento de los Acuerdos, el reconocimiento de la participación ciudadana en su derecho para definir leyes y el combate a la paramilitarización. Esto es un camino de dos vías: hay que ver lo que se está discutiendo en la agenda nacional y plantear en ella lo que nosotros consideramos cuestiones centrales de manera articulada. En el proceso de diálogo nacional por la paz una dificultad importante fue tener un grupo suficientemente poderoso para realmente catalizar los diferentes aspectos de esta discusión, suficientemente representativo y amplio para que pudiera fungir con el papel que se pretendía en ese momento. Lo que se logró fue muy importante, pero no alcanzó la dimensión o la plataforma necesaria para incidir en la agenda nacional. ¿A partir de qué campos? De los mismos que se indicaban para esta nueva coyuntura, los asuntos que tienen que ver con la representación y el derecho a la participación, con la reconstrucción del tejido social, que nos ubica no como actores que se puedan descalificar entre sí, sino que tienen temas comunes, y en este momento hay que poner un acento en las convergencias y en el fortalecimiento de actores sociales y un cierto fortalecimiento del proceso de institucionalizar la paz. Cuestiones como la Cosever, como la propia Cocopa: ¿qué vamos a exigirles a estas instancias –incluso la Conai– en este momento? Éstas son nuestras instituciones de paz ahora. Podíamos pensar en una institucionalización más amplia y más participativa. En el caso de la impunidad, que es otro de los temas más importantes de la coyuntura. Hay una preocupación social alrededor de la seguridad, pero no la hemos vinculado con el tema de paramilitarización y de esta estrategia de guerra, cuando es parte de ella. Tenemos que empezar a vincular estos temas de tal manera que podamos estar presentes.

La situación económica

Andrés Barreda: El contenido económico sí es muy importante. Yo no discutiría si más o menos que la política en este momento, sino más bien lo que me preocuparía es tratar de tejer las mediaciones que permiten ver en qué sentido lo económico es inmediatamente político. En referencia a la pregunta de Adriana, en efecto, parte de la nueva coyuntura económica es que está realizando un cambio profundo y de largo plazo en la economía mundial. Estamos en una crisis muy grande en el Medio Oriente; lo que es-

172

tá sucediendo en Asia es el inicio de un nuevo ciclo, como lo fue en los setenta el estallido de la crisis; la magnitud de la ayuda financiera que se está requiriendo para neutralizar los problemas en Asia es ya de cientos de miles de millones de dólares: se hablaba hoy de 300 mil millones de dólares. No sé hasta donde esto desemboque en una afluencia masiva de capitales hacia México. Hasta ahora las tendencias confirman a México como un país atractivo y esto es importante como apoyo a los procesos de privatización. Tal vez en este momento no es el problema principal, aunque comparto con Ana Esther el hecho de que el petróleo es siempre un problema de fondo, como un horizonte; pero lo que se viene en el año próximo es la culminación de los procesos de privatización de ferrocarriles. Ya se privatizaron el Chihuahua-Pacífico, y el que baja por Monterrey lo compraron las dos empresas ferrocarrileras más importantes de Estados Unidos. Eso significa la incorporación de los espacios de minerales estratégicos del país a la extracción de minerales de los Estados Unidos. Se viene el año próximo como proceso fuerte de privatización puertos muy importantes en la concreción de los corredores planeados por los norteamericanos, puertos aéreos también. Vienen procesos de privatización muy fuertes, y se sigue avanzando en mostrar cómo los espacios ecológicos se van a incorporar a grandes proyectos de privatización. Todo esto es un problema de reorganización del territorio; es un proceso económico que inmediatamente es un problema de refuncionalización de los territorios. Esto es lo que conecta con los proyectos de regionalización y de creación de instancias de control de las inversiones, y es donde lastima el proceso de la autonomía y los Acuerdos de San Andrés.

La transición o la reforma política está siendo contemplada como un espacio que le dé juego a este proceso y que permita bajar el perfil de un posible pacto social. Ahí el peligro está fundamentalmente en los sectores de la oposición, llámense PRD u ONG, porque hay muchas ONG que participan también de esta fantasía, que se dedican a cabildear con el Banco Mundial creyendo que esto tiene muchas posibilidades.

Es muy importante mostrar cómo las tendencias económicas implican procesos tendenciales de gran sacrificio de población, de expulsión, de exterminio, de guerra, como lo planteaba Armando, y ahí es donde tiene su contexto la estrategia de paramilitarización. Yo comparto mucho la preocupación de Ramón de que es una estrategia global, de largo plazo, y que irá extendiéndose por todos lados. Además, hay otros procesos sacrificiales fuertes que están en puerta: aumenta cada vez más rápidamente la formación de corredores de maquila, y no solamente estoy pensando en el Istmo de Tehuantepec o en los corredores de la frontera norte que ya están, sino en la propia ciudad de México, donde están apareciendo corredores de maquila sumamente atroces. En todo Nezahualcóyotl, Texcoco, Iztapalapa se están abriendo empresas coreanas con jornadas laborales, de 14 y 18 horas, con contratación por tres meses, con anulación completa de derechos laborales, y se habla cada vez más abiertamente de la conformación de estos corredores de maquila. Éste es un problema fuerte, que tiene que ver con el diseño macro de la ocupación de los territorios y de utilización no sólo de los recursos naturales, sino de los recursos humanos. Frente a esto se viene el problema de una modificación de la legislación laboral, con un Congreso que evidentemente la va a apoyar y en donde incluso hay perredistas que la ven con buenos ojos. Es muy importante ligar el problema de ese cambio en la legislación laboral a los procesos de privatización, a los de exclusión. Es decir, no pensarlo desde una perspectiva rural, sino también desde una perspectiva urbana, máxime que la estrategia es sacar a la gente del campo y concentrar un 80-90 por ciento en las ciudades. Yo entiendo que el PRD, efectivamente va a buscar la negociación de un pacto social, pero creo que, por la falta de realismo en sus representaciones respecto de lo que es la naturaleza del proceso, el pacto social que van a negociar va a ser de muy bajo perfil. Es necesario entrar a radicalizar la propia información sobre lo que implica el proceso, para participar pensándolo no solamente en términos políticos sino también económicos, y evidenciando lo que deben ser las posibilidades de la lucha territorial, y en ese sentido los Acuerdos de San Andrés son un punto de partida muy importante.

¿Cómo conectamos el problema de los Acuerdos de San Andrés con el de los municipios y con el de la lucha en las ciudades? Eso es muy importante en un espacio como Ciudad Nezahualcóyotl o como Iztapalapa, donde hay tres-cuatro millones de personas que van a entrar a formar corredores de maquila. Esto implica que se reestructura el trabajo doméstico, que los propios padres de familia pasan a ser los que exploten a los propios hijos. Yo creo que ahí la resistencia tendrá que ser forzosamente territorial y articularse a través del movimiento urbano-popular. Esto ya se está discutiendo en el movimiento urbano-popular. Ahí hay un punto de articulación con la problemática de los Acuerdos de San Andrés. Esto implica, en términos de la nueva coyuntura, que estemos muy cerca, que seamos muy sensibles, de modo que las luchas de masas y de la sociedad civil en general no están siendo ventiladas, por la participación del PRD o de los partidos, en la gestión de sus respectivas necesidades. En ese sentido, la problemática económica inunda toda la problemática política inmediata.

Armando Bartra: En este intento de perspectiva que surge de la pregunta sobre la coyuntura, creo que en la última década, quince años quizás, lo que hemos visto es un proyecto, (llamémosle neoliberal) de reforma del país que, partiendo de una reforma económica (de corte esa sí neoliberal, eso lo entendemos más fácilmente) que supuestamente en un plazo relativamente corto iba a tener efectos sobre todo de beneficio social, o sea, iba a implicar una reactivación económica que también automáticamente se iba a reflejar en empleo-ingreso. Permitiría pasar a una modernización política de corte bipartidista, modernización política con todas las comillas que le quieran poner, es decir a una reforma del estado mexicano sólo en términos del sistema político-electoral, que permitiera, por ejemplo, una alternancia de partidos sin modificar nada. Éste es el esquema. Por esto se inicia la reforma económica sin reforma política: no hay que mover el agua cuando se trata de apretarse el cinturón; cuando haya posibilidad de empezar a soltar el cinturón entonces será posible la reforma política. Lo que estamos viviendo es, en este momento, una crisis de la forma histórica del estado mexicano y, además, el trastabilleo y el brutal costo social del modelo económico. No sólo el modelo económico no acaba de despegar como tal (94 es una evidencia y los 94 pueden estar en el futuro inmediato del país) sino que, además y aún a pesar de los indicadores económicos macro, el efecto social de exclusión, ya no sólo de marginación, ya no sólo de los que no tienen entrada sino de los que salieron, es creciente. Es en esta coyuntura en la que se están dando las cosas; no la buscamos, simplemente sucedió. Están en curso dos vías: por un lado, la transición democrática de la que tanto se habla. La reforma democrática es una reforma esencialmente político-electoral –que no es irrelevante–, la ciudadanización de los procesos electorales, ciertas formas un poco menos inequitativas de participación, una mayor beligerancia de los partidos que ha tenido efectos ya sensibles, significativos, una nueva composición de la Cámara y, sobre todo, algo que es trascendente y hay que decirlo aunque sea por una vez: los derechos políticos de la etnia chilanga, que éramos la etnia mayor sin derechos políticos plenos y hoy estamos con derechos políticos restringidos (todavía no tenemos municipios; en una de ésas hasta municipios vamos a tener) bajo una modalidad muy peculiar, que es el primer gobierno de oposición de centro-izquierda en el país, más allá de los municipales. Éstos son resultados. No son irrelevantes; sobre todo el segundo, porque obliga a discutir los problemas de la democracia en términos, por ejemplo, de qué onda con los corredores de maquila que pueden surgir en la zona conurbada, sea D. F. o sea fuera de ella. Es decir, el hecho de que la centro-izquierda gobierne una entidad federativa implica que enfrente también problemas concretos y no únicamente los grandes problemas de las grandes urbes. Pero está en curso también una reforma del estado mexicano, una recomposición de la forma del estado, que está cobrando fuerza coyunturalmente, que está cobrando protagonismo, que tiene que ver con la reforma autoritaria o hacia el autoritarismo que implica militarización regional pero también reposicionamiento del ejército, de las grandes corporaciones ejército-iglesia como respuesta a la exclusión social que se ve como efecto inevitable del sistema. Si uno prevé que el costo de entrar en un curso de modernización excluyente es eso, la exclusión social, pues se tienen que militarizar esas relaciones. No es votando por el PAN como se va a resolver el conflicto social generado. La lógica es una recomposición autoritaria, despótica. No digo que éste sea el gran plan sino que hay fuerzas empujando en este sentido.

Un ejemplo muy claro de esto es el tratamiento de los problemas de la ciudad de México. Es un problema social de exclusión que se está resolviendo de la única forma que parece posible, que es a macanazos. Es muy significativa la incapacidad del gobierno de Zedillo para negociar con las ONG de derechos humanos. No puede y es demasiado evidente lo que está sucediendo. En este contexto, la oposición juega las posibilidades de la transición democrática, la reforma político-electoral, y de su papel en ella. Lógicamente es el espacio en el que su carácter le permite tener un mayor protagonismo. Le estorba en cambio el avance de la vía autoritaria, no sólo porque lo quiera controlar, detener o impedir (esto es evidente y está en su discurso), sino porque le estorba reconocerlo, y tiene dificultades frente a una resistencia social que no se satisface con tener representantes en las Cámaras o en los espacios del gobierno local.

El cauce que ofrece la oposición de centro-izquierda es importante. Más que la mayoría y que el nuevo papel en la Cámara de Diputados lo serían los espacios de gobierno local, en particular un gobierno local que ha surgido de un proceso de efervescencia política como es el de la ciudad. De ahí la enorme preocupación de Monsiváis de confrontar a Cárdenas con una organización real, de organizarnos sin pedirle permiso, de hacerle el favor de organizarnos de modo tal que tenga contrapartes con las cuales negociar.

Queda suelto en cambio el debate de los grandes problemas nacionales en una perspectiva estratégica que, por razones evidentes, una oposición de centro-izquierda con el espectro ideológico que representa no puede plantear, no suficientemente. Además de que tiene que ser pragmática, finalmente lo que está a discusión no es el modelo económico: es el presupuesto, el gasto público y la ley de ingresos; bueno, un problema de sumas y restas en última instancia. Hay que saber negociar también en términos de sumas y restas, pero evidentemente no está en cuestión el modelo económico ahí.

También está la urgencia de resolver problemas particulares que están presentes en toda la sociedad. Una de las grandes promesas incumplidas de López Obrador es que el PRD iba a ser partido político en las coyunturas electorales y movimiento social el resto del tiempo. Está también la problemática social gremial o sindical, las limitaciones de la problemática sindical cuando los sindicatos tradicionales no tienen respuesta, las organizaciones gremiales campesinas, la organización de los pueblos indios, organizaciones regionales y nacionales de pueblos indios, las ONG, no solamente las de discurso estratégico sino las de propósito puntual; el problema de la enorme emergencia de problemáticas particulares que el sistema no puede resolver y que son las que está enfrentando por la vía autoritaria. No se trata sólo del debate general, profundo y estratégico, sino también de la negociación puntual o de la combinación de ambos. Hay que plantear la problemática global estratégica, pero se requiere acción y negociación puntual, y no está claro que sea la función de los protagonistas actuales en términos de partidos ni tampoco de lo que ha sido hasta este momento el zapatismo.

Luis Hernández Navarro: Hasta 1994, las perspectivas de la transición en México eran pensadas en una franja de la opinión pública a partir de notables. Desde la propuesta de López Obrador hasta muchas otras hablaban de un conjunto de personalidades que tenían la capacidad de servir como cemento o cohesión o puente de los distintos actores políticos desde la perspectiva de la transición. La misma convocatoria a la CND pecaba de esa visión; pero eso ya se acabó. Los notables se acabaron: ahí siguen, son los mismos, pero su perfil en la política nacional ha disminuido de una manera impresionante. ¿Quién está ocupando ese lugar? Muy claramente los partidos políticos y sus jefaturas. Aunque no nos guste, llegó para quedarse el esquema de los partidos y de sus dirigentes como los voceros privilegiados de la vida política nacional. El movimiento indígena, con todos sus avances, ha tenido muchas dificultades para articular una voz conocida y autorizada en los medios.

Universalidad de la lucha, diversidad de los actores

Gustavo Esteva: Como yo perdí toda la claridad que traía en las últimas dos horas, no quisiera compartir la confusión que tan sólidamente logré, pero sí voy a contribuir a ella.

Lo que llegó para quedarse, que creo que es imbatible, es una correlación que implica convertir la transición en transacción. La transición consiste ahora en una transacción entre partidos y los llamados sectores organizados que tienen interlocución con ellos, y en esa perspectiva la condición es que sea una transacción en la que todos ganen, y todos pueden efectivamente ganar siempre y cuando ninguno se exceda cuestionando las reglas básicas del juego. El PRD no tiene condiciones reales para romper esas reglas y poner en riesgo su apuesta principal que es el año 2000 discutiendo a fondo el modelo económico; con gran razón y sensatez política puede decir que la apuesta principal es llegar al 2000. Esta transacción efectivamente parece conveniente para todos los partidos y todos los "sectores organizados" y es imbatible. La Ley Cocopa era un gol que estuvo a punto de meterse en una situación absolutamente irrepetible; ya no tiene ninguna posibilidad de entrar. Se creó una circunstancia en la que creyeron que iban a resolver un asunto local en Chiapas sin darse cuenta lo que realmente implicaba la Ley. Eso es una enorme ventaja, porque es una lápida que hemos tenido encima: por lograr que salga la Ley Cocopa, que consideramos fundamental, muchos de nosotros no nos hemos atrevido a tratar todo lo que significaba la ley. Pero no va a poder salir nunca la Ley Cocopa, y esto podría implicar un aliviane para poder plantear las cosas en serio, distintas y opuestas a las de la transacción que a corto plazo parecería que significa mayor debilitamiento nuestro, porque seríamos más chiquitos y marginales frente a la gran cúpula de partidos y de fuerzas dominantes.

La universalización de las demandas, como el tema de la paz, nos mete en un magma de grandes discursos en que se pierde sentido; el hito de preocupación central es la cuestión del estilo de vida y de gobierno, concreto y local, no los grandes temas nacionales ni el de la globalización o el del neoliberalismo. Eso nos da la diversidad no la uniformidad, es decir, no es que nos dé una fórmula común de lucha, sino la enorme diversidad en que tenemos coaliciones de los diferentes, no un acuerdo homogéneo sobre algo por lo que todos debemos luchar. Es muy distinto lo que van a pelear como estilo de vida y de gobierno los de Santo Domingo de los Reyes y los de una comunidad en la sierra norte de Oaxaca. Estamos hablando de estilos de vida y gobierno en términos esencialmente distintos en los que nos coaligamos todos los diferentes. Significa pelear en serio por una forma de vida y de gobierno que ni los partidos ni el gobierno van a poder darnos de ninguna manera en los próximos años. Nos dejamos llevar demasiado por la imagen de torpeza de Zedillo y a veces no podemos ver lo que está en el juego, que es la corresponsabilización de los partidos en todos los desastres por aprobar cosas inadecuadas. Si pierden el gobierno y el PRI en la Cámara van a ganar, porque ya los partidos son responsables por todos los desastres que vamos a tener en los próximos años. Pero estaríamos en el juego de convertir la transición en una transacción en que esos principales actores organizados estarían todos apostando a ese juego, porque a todos les conviene. Pero esta apertura de la ciudad de México, por decirlo de una manera simplificada, en que puede jugarse a cardenismo y no a perredismo, pensando en relaciones entre los grupos o los barrios y las autoridades, no es el problema de la representación o la democracia formal, es un problema de cómo nos gobernamos, que es por cierto la única posibilidad que tiene Cuauhtémoc de hacer algo en la ciudad de México, que gobierne con la gente y no a la gente. Si se llegara a un acuerdo político para que la gente gobierne la ciudad, tiene posibilidades de hacer algo porque ése es un tema que nos interesa a todos.

178

Armando Bartra: Se definió a la CND como un llamado a los notables y como algo que no puede volver porque ese papel ha sido ocupado por los partidos. Pero la CND podía ser también considerada una convención nacional de damnificados. Es decir, un verdadero frente social compuesto por las víctimas de la reconversión y del neoliberalismo, que finalmente somos todos, y ese espacio no lo pueden ocupar los partidos. Los partidos están en la *real politik* y ahí tienen que estar, si no su propia naturaleza se está traicionando. Deben ser pragmáticos políticamente y eficientes en ese juego, y pueden también tratar de tender lazos hacia la organización y la vida social; pero, por su propia dinámica, los partidos no van a poder, finalmente, asumir el problema de la organización en la vida cotidiana. Hay pues un enorme espacio que no está desocupado, no está vacío, no está desorganizado; no existen los vacíos organizativos, todos estamos organizados, el problema es el tipo de organización de esta llamada sociedad civil. En un sentido amplio, la organización social, no política, es un espacio que consiste en la negociación y el regateo cotidiano, en la resistencia, y eso significa estar organizado para hacer frente a problemas inmediatos y específicos. Es la organización de la resistencia, la organización cotidiana. Otra es la propuesta a la legislación y la utopía, más allá del pragmatismo político. Las dos cosas, lo más particular, lo más inmediato, lo más tangible, y al mismo tiempo esta visión de futuro que puede liberarse por el momento evidentemente de lo más tangible e inmediato, pero también del realismo político, de la *real politik*, son espacios que se han medio cubierto y que el zapatismo ha potenciado notablemente, no la política electoral o partidista, sino los espacios para que la organización social en general, la sociedad civil –que incluye gremios, sindicatos, organizaciones sociales, pero también opinión pública, activistas, académicos y notables o algunos representados a través de los notables–, pueda cumplir esta doble función: la resistencia cotidiana, la negociación, el regateo, los derechos sociales, el reformismo e incluso el peticionismo, que satisfagan las necesidades mínimas, y por otro lado, la utopía. Sólo que esto implica algo que no estamos o están acostumbrados a plantear, y es que estos particulares, este reino de la particularidad que es la sociedad civil, sean capaces de combinar lo particular y lo universal de la propuesta. ¿Cómo hacer un planteamiento desde lo particular, desde lo gremial, desde la comunidad, desde la localidad, desde la etnia, desde los pueblos indios, desde los obreros, desde las mujeres, etcétera, que sea un planteamiento universal a la vez? ¿Cómo reivindicar los derechos particulares y a la vez caber dentro de un proyecto global? ¿Cómo por lo tanto negociar, pero no sólo la solución concreta sino la utopía? El zapatismo generó por primera vez un espacio donde esto empezaba a surgir, y lo más maduro hasta este momento es el proceso en el que se han debatido los derechos de los pueblos indios y en el que

179

hoy es perfectamente posible debatir el problema de los derechos de todos los mexicanos. Esto no es muy fácil desde el movimiento urbano-popular, porque él mismo no ha elevado su perspectiva a ese tipo de planteamientos globales. En cambio, los pueblos indios, que son un sector quizás en términos demográficos más reducido, sí se han elevado a niveles que trascienden sus propias problemáticas específicas: está el problema del 115 y en general de la democracia municipal; está el problema del 27 que tiene que ver no únicamente con el derecho sobre la tierra sino con si el futuro del tercio de los mexicanos que viven en el campo es ser arrinconados a las ciudades o hay una alternativa de desarrollo rural en la que quepan por lo menos una parte de ellos; está el problema de la autonomía, no concebida únicamente como un derecho conseguido por su carácter profundo e histórico, sino por su carácter ciudadano. Pero en general es un ámbito que podemos llamar con pleno derecho *sociedad civil* y que es un territorio de la vida social y materia de frentes y de convergencias sociales; es un territorio que los partidos no ocupan, en el que inciden pero no pueden ocupar, que creo que no deben ocupar; es el gran tema a resolver: las relaciones entre estos espacios de política social, de resistencia, de utopía, y la *real politik* de los partidos políticos, y qué bueno que están ahí y cuanto mejor lo hagan, mejor para todos.

La viabilidad de la Ley Cocopa

Ana Esther Ceceña: Dentro de los puntos que hemos estado discutiendo, por distintas razones, todos son escépticos con respecto a la Ley Cocopa, y aun así, con matices, todos plantean que es necesario exigir el cumplimiento de los Acuerdos que no se restringe a la ley y, en esa medida, sigue siendo una demanda central, aunque no única, ni exclusiva, ni excluyente. Es decir, que el cumplimiento de los Acuerdos de San Andrés tiene un carácter mucho más universal que lo que contiene la propia ley. Hay dos partes dentro de estos Acuerdos de San Andrés: una referente al procedimiento de la discusión, a la convocatoria amplia a toda la sociedad, a la manera como se discute, a la construcción de un consenso entre todos los actores, y otra referente a los contenidos. Desde los dos puntos de vista se tiene que insistir en el cumplimiento de los Acuerdos, pero cada uno tiene pistas distintas de salida. Por un lado, se requiere tejer nuevas alianzas y consensos en torno a los contenidos y, por otro, convertir el procedimiento democrático que significa la discusión en San Andrés en una práctica general. Sobre todo en el caso del D. F., en el que tenemos un gobierno nuevo y supuestamente comprometido con la justicia social y la democracia. Gustavo decía que Cárdenas no puede gobernar si no es con la gente. Efectivamente, pero ¿cómo resolver la contradicción entre un gobierno que avanzara en una construcción social alternativa en el D. F. y el gobierno federal que promueve la militarización en todo el país? ¿Qué haría que el D. F. fuera la excepción? ¿Y eso qué implica en términos de la posibilidad de construcción de estos tejidos sociales, de estas alianzas, de estos consensos?

Una idea que es central retomar en la discusión es la de la paramilitarización como política de largo plazo. Es el modelo que está impulsando el gobierno, no para resolver una coyuntura específica ni solamente en Chiapas, sino que es la tónica dominante de aquí en adelante, y cuya contrapartida es el avance de las autonomías de facto en Chiapas, notablemente, pero también en otras regiones del país. Tendríamos que evaluar si efectivamente la paramilitarización es una estrategia gubernamental poniendo en perspectiva las problemáticas política, económica y social, y si los proyectos de autonomía son efectivamente una contrapartida real y posible, es decir, si son una manera de detener, de combatir esta paramilitarización en el sentido de que puedan ser el camino para lograr la confluencia en torno de la paz.

Luis Hernández Navarro: Más bien al revés: la paramilitarización es la respuesta a los procesos de autoorganización de la gente.

Ana Esther Ceceña: Sí, pero el otro aspecto que hay que considerar es cómo paramos esta estrategia de paramilitarización, cómo logramos construir la paz en un contexto como éste, y ahí los procesos autonómicos pueden proporcionar algunas de las respuestas.

El otro punto pendiente en la discusión es el de la relación entre lo universal y lo local. La disyuntiva o dinámica entre la lucha por formas de gobierno y por estilos de vida locales, y problemáticas o planteamientos mucho más generales o universales, como de alguna manera estarían en el origen de la lucha del Ejército Zapatista, es decir, la perspectiva de cada uno en relación con la autonomía y con la paramilitarización.

El último elemento es la relación entre éstas y todas las fuerzas sociales que están en la lucha electoral. Cómo se relaciona esto, por ejemplo, con la construcción de una alternativa en esta ciudad, de un proyecto nacional, y no solamente de un gobierno para la ciudad.

Todos estos puntos están pendientes pero, por el carácter de la coyuntura y la importancia estratégica que tiene en el proceso de construcción de la paz, así como también por esta aparente paradoja que suscita, el eje tiene que ser la Ley Cocopa.

Francisco López Bárcenas: Hay que discutir si en el movimiento indígena se puede plantear la inviabilidad de la Ley Cocopa pero al mismo tiempo el cumplimiento de los Acuerdos de San Andrés, cuando la ley proviene de los Acuerdos. Esto es muy importante, porque no se puede decir ahora a las comunidades: ¿Se acuerdan de todo aquello que les dijimos? Pues ahora es otra cosa.

El otro punto es que desde el Congreso Nacional Indígena nos metimos mucho en la elaboración de un discurso en torno a la ley y se descuidaron aspectos relacionados con las alianzas con otros sectores de la sociedad. Habría que repensar qué se está aportando a la sociedad desde el movimiento indígena con las autonomías.

Adriana López Monjardin: Hay otros espacios problemáticos que se han planteado. En primera, la irreductibilidad de la problemática específica de los pueblos indígenas o de otros sectores particulares. Es irreductible en el sentido de que la solución de otros problemas que también están presentes en la sociedad no la resuelve automáticamente. El hecho de que haya elecciones más limpias en México no resuelve ni los problemas económicos, ni los problemas sociales, ni los indígenas. Además, se mencionaban otros espacios, por ejemplo, derechos humanos que está fuera de todo este escenario y también tiene una dimensión irreductible; el espacio social-gremial, y yo agregaría el espacio específicamente electoral, el hecho de que haya elecciones más competidas a través del sistema partidario y su relación con lo indígena. Es decir, más que la posibilidad de incidir en el PRD y el Congreso, los únicos espacios son los partidistas, y qué tiene que ver esto con los pueblos indígenas; plantear los espacios específicos de la problemática indígena que es la que estamos discutiendo en este carácter irreductible. No es nada más cómo llevar al Congreso el problema, sino mostrar una serie de problemas que no se resuelven en las Cámaras y, con ello, la insuficiencia para resolver el problema electoral indígena, de derechos humanos, social-gremial, etcétera, por ese canal.

Ana Esther Ceceña: Pero también cómo hacer que aquello que es consenso ciudadano no tenga que ser rediscutido, como en el caso de la Ley. Es decir, concebir estos espacios como representativos de la voluntad ciudadana y como creadores de las nuevas condiciones de participación y construcción de consensos que apelarían al reconocimiento de la Cámara misma.

Adriana López Monjardin: Detectamos espacios sociales que no están suficientemente atendidos, representados y resueltos por los espacios partidistas y de las Cámaras. Ahí hay dos opciones: una es, dado que no están en el debate nacional todo este tipo de temas, llevemos estos temas a las Cámaras para que ya estén en el debate nacional; pero otra opción es reconocer intrínsecamente que estos espacios son insuficientes para resolver cuestiones como las sociales-gremiales, los derechos humanos, la especificidad indígena y la especificidad de las elecciones indígenas o las maneras de elegir a las autoridades. Entonces, no es cómo metemos al sistema partidista, cómo metemos a las Cámaras esta problemática, sino cómo desarrollar otros espacios dado que este sistema es insuficiente para tratar una serie de problemas sociales.

Luis Hernández Navarro: Hay un espacio que es irreductible para los partidos políticos –estoy totalmente de acuerdo con Armando–, pero el problema es si en este proceso de transición, transacción, restauración o lo que sea, ese espacio irreductible para los partidos tiene hoy un canal de interlocución política, si puede reconstruir mecanismos de representación para romper con la partidocracia, para construir un sistema de representaciones que no tenga que pasar por eso. Ahí es donde posiblemente estamos en una situación más difícil de lo que estábamos hace un año.

Armando Bartra: En este país no hay partidos, una partidocracia. Vivimos la crisis de una forma política del estado mexicano y algunos de los protagonistas que emergen y aparecen son nuevas corrientes o partidos políticos. Sería el caso muy claro del PRD y del PAN. Pero el debate no está en hacer que los partidos les presten atención a los problemas particulares y específicos que mucho nos importan para que ellos los promuevan en las Cámaras. Eso está claro. Tampoco en evitar que los partidos se transformen en los protagonistas. No hay ningún deseo de evitarlo: yo quisiera que hicieran bien su trabajo, pero no que hicieran el trabajo por nosotros porque no pueden hacerlo. El PRD también debe hacer gestorías, no está mal; pero la otra función es que el asambleísta tiene que hacer política global, tiene que discutir los grandes problemas de la ciudad, no los problemas específicos de la colonia de donde salió. No queremos tener un Legislativo a la gringa, en que todos los diputados representan efectivamente algo muy particular que es el interés de grupos de agricultores o de las petroleras, etcétera. En Oaxaca hubo que pelear durante muchos años, de muchas maneras distintas y anormales, porque se tomaran en cuenta usos y costumbres y la determinación de la comunidad para los cargos de responsabilidad; finalmente se tiene una legislación estatal que lo reconoce. Evidentemente, su pelea no consistió en hacer que en la Cámara les dieran ese derecho. Su problema fue primero práctico, después de definición de un planteamiento político y, finalmente, de una negociación que permitió que se aprobara. Eso es de lo que se trata.

En cuanto al planteamiento de lo particular, yo creo que es muy claro: no hay soluciones globales; todas las soluciones tienen que aterrizar y volverse concretas o todos los problemas surgen de manera concreta; la aparición general, la fórmula, la democracia no existe; la democracia es siempre específica. Acordar usos y costumbres en Oaxaca como una modalidad posible para el acceso al poder en los municipios indígenas no resuelve el problema de hacer de los usos y costumbres un vehículo adecuado para ampliar la democracia en abstracto.

Pero la aprobación o rechazo de la Ley Cocopa no se puede hacer sin los partidos, salvo en situaciones de excepción y en las condiciones de guerra en las que se estaba planteando la posibilidad de que el Ejecutivo utilice su mayoría en el Legislativo para pasar vía *fast track*. Bueno, eso se vale en este momento pero no permanentemente. Entonces, habrá que establecer siempre que hay una representación a través de los partidos, que hay otro tipo de representación a través de los gremios, otra expresada en las ONG por ejemplo: que hay múltiples representaciones; quizás no están en su mejor momento, pero de que existen, existen.

Ana Esther Ceceña: Se hacía una distinción entre los Acuerdos de San Andrés y la Ley Cocopa en términos de importancia y de ritmos, hablando de la posible inviabilidad de la ley, aunque sea temporal, frente a la viabilidad de los Acuerdos. Sin embargo, no está clara la posibilidad o imposibilidad de disociación entre ambos y, por la relevancia que tiene en la discusión política actual, es necesario profundizar el punto. Asimismo, atravesando todas las problemáticas que se han estado planteando, sería necesario evaluar esta aparente contradicción entre lo local y lo universal y ver en qué sentido constituyen dos dimensiones de un mismo problema.

El movimiento municipalista

Adriana López Monjardin: Sería interesante también que Dolores nos dijera el movimiento municipalista, ¿qué está planteando y qué puentes hay con el movimiento indígena?

Dolores González: La idea de lo local como un espacio que da viabilidad a una serie de procesos transformadores depende mucho del enfoque. El movimiento municipalista en México está ahora madurando una discusión al respecto. Sus protagonistas principales son las autoridades municipales asociadas básicamente a través de los partidos. Existe la Asociación de Autoridades Locales que es afín al PRD; la Asociación de Municipios Mexicanos al PAN, y la Federación de Presidentes Municipales que es priísta. La agenda del movimiento tiene que ver con los recursos financieros: una reforma fiscal que implica no solamente una mayor asignación, sino la capacidad de estar en los espacios de decisión donde se distribuyen; con la autonomía, que cada quien entiende de diferente manera pero que gira en torno a la posibilidad de dar a los gobiernos locales mayores facultades y competencias, esto es, que tengan un nuevo lugar en el escenario nacional como promotores y responsables del desarrollo local (actualmente el municipio es el administrador de los servicios públicos pero no llega a tener en sus manos el desarrollo como poder concedido). Sobre la autonomía, la cuestión es convertir al municipio en actor central del desarrollo económico y social y en el interlocutor del gobierno.

El movimiento municipalista defiende la autonomía como forma de relación con el gobierno estatal, federal y, en algunos casos, incluso con las comunidades. Ha cobrado mucha fuerza a partir del 88 sobre todo, por la gran pluralidad que hay ahora en los gobiernos locales. Hace diez años había 56 municipios que no eran priístas; ahora ya son la mayoría del país: alrededor de 1200 considerando los municipios indígenas de Oaxaca, que son 412. Ha cambiado totalmente la correlación en términos de pluralidad política. Sin embargo los municipios indígenas, que serían actores muy importantes en esta propuesta, no están presentes en la discusión municipalista.

Ha cambiado también la calidad. Todas las ciudades importantes económica y demográficamente ya están en manos básicamente del PAN, y algunas del PRD. De las diez ciudades económicamente más importantes, sólo una la está gobernando el PRI. Ha cambiado mucho la correlación en los ámbitos locales, se está luchando por espacios de fortalecimiento autonómico y una redistribución del presupuesto. Hay una lucha articulada plural para dar mayor proporción de ingresos a los municipios directamente, en la que confluyen PRI, PAN y PRD. Un ausente muy importante en este momento es el municipio indígena como tal, que todavía no se expresa como una voz articulada o con una estrategia propia frente a la lucha por los poderes locales. Están los Acuerdos de San Andrés como referencia, pero no se ha manifestado como un sujeto activo dentro del proceso, aunque, por la sensibilidad para el tema, podría ser un actor bienvenido al ámbito municipal, donde se podrían tejer muchos puentes. Tanto en la Ley Cocopa como desde el lado de los municipalistas hay una serie de puntos coincidentes entre las demandas de ambos sectores. Son procesos que van todavía separados: por un lado el del Encuentro Estatal de Pueblos Indígenas, que es donde caben los municipios indígenas, y por el otro las coordinadoras municipalistas.

Y el otro tema fundamental es el de la participación. Nosotros hicimos un análisis de las propuestas de reforma municipal en el país, y de 1992 para acá salieron como 3,300 diferentes. Como 370 pertenecían al municipio indígena, lo que es totalmente novedoso porque antes del 92 no se encuentra nada absolutamente. Dentro de la propuesta de reforma municipal, lo que toca a los municipios indígenas en orden de preocupación es la representación y participación; después están los distintos ámbitos de autonomía, comunal, municipal y regional, y después está la cuestión de lo que son más específicamente los derechos indígenas en términos de los sistemas normativos, de las estrategias propias de desarrollo, esto es, el tercer nivel de desarrollo, las políticas sociales, etcétera. Reiteradamente se habla de regidurías indígenas como la alternativa y de las formas de gobierno propio, pero sí hay un acercamiento en temas y en posiciones para convertir esto en uno de los aspectos principales de una reforma de gobierno local.

Lo que es muy importante de los municipios autónomos en este momento es la fuerza para convertirse en interlocutores locales; eso es muy importante para la distensión interna, para reconstruir el tejido social, las alianzas locales con las fuerzas sociales existentes.

Adriana López Monjardin: En el contexto del creciente protagonismo de los partidos, parece que una de las únicas posibilidades de que un movimiento que tiene características específicas no se convierta en rehén de ningún partido es abrir canales de interlocución con varios. Con respecto a lo que se plantea en San Andrés, habría un puente muy importante hacia el PAN. Con respecto a la definición de los municipios mayoritariamente indígenas, la formulación que estaba en los Acuerdos de San Andrés era muy compleja y lo que quedó en la Ley Cocopa creo que proviene del PAN y se refiere a las formas de participación ciudadana. En ese momento parecía adecuada porque abarcaba al conjunto de los municipios y no únicamente a los indígenas, y planteaba que cada uno decidiría sus propias formas de participación ciudadana, frente al contrasentido de la contrapropuesta del gobierno federal, que daba esta facultad a las legislaturas estatales. La propuesta de la Ley Cocopa sobre este punto proviene del discurso panista que sostiene la independencia municipal para diseñar sus propias formas de participación. En todo caso la posibilidad de abrir múltiples canales de interlocución resultaría más eficaz y diversificaría los actores.

Las leyes sombrilla

Gustavo Esteva: El problema es la contradicción entre dos estilos radicalmente distintos de ver al mundo y de hacer las cosas, y no se encuentran fácilmente formas de conciliarlos. El estilo que pone énfasis en las particularidades no tiene suficiente preocupación por las relaciones entre los diferentes, por la posibilidad de la concertación de un orden general. En realidad, la posibilidad de que haya un acuerdo entre los diferentes supone un proceso largo y complejo para saber cómo podríamos construir entre todos un orden general a partir de visiones muy distintas. Hay un sentido de urgencia por encontrar lo que une, por formar consensos, y en ese consenso se anula la diferencia porque se utiliza el estilo partido o el estilo ley para lograrlo. Los particulares pueden formar una coalición muy profunda oponiéndose o rechazando una serie de cosas pero, cuando esa unión les impulsa a dar un paso adelante para tener un consenso afirmativo, se pierden, porque nunca logran ponerse de acuerdo o el acuerdo hace que muchos deserten del movimiento. Esto se ve en municipalistas, ecologistas, mujeres, indígenas y en todos los movimientos populares. El Barzón se hace enormemente fuerte mientras está simplemente luchando contra; pero en los momentos en que se trata de hacer propuestas afirmativas, o no logra ponerse de acuerdo, o desemboca en la forma partidaria. En la discusión legal ocurre lo mismo: se plantean leyes que regulen de manera homogénea la vida general; esto niega las particularidades e inmediatamente hay dificultades. El énfasis principal de la coalición de los diferentes debe seguir siendo el *no*, donde el modelo principal es el *basta*. Cada vez que el movimiento de los diferentes pasa de su rechazo común, que le da mucha fuerza y mucha capacidad, a una propuesta afirmativa, se debilita y se dispersa. La solución está en la búsqueda de dispositivos sombrilla afirmativos, que finalmente en su naturaleza son un rechazo. El mejor modelo es el de la ley oaxaqueña sobre usos y costumbres, que consiste en una ley sombrilla: que cada municipio siga eligiendo a su manera. La ley de Oaxaca es una limitación al estado, no a la gente, que queda en libertad de optar por partidos o por usos y costumbres, siguiendo el procedimiento propio de cada lugar, y las autoridades electorales tienen la obligación de reconocer la decisión. Si mantenemos la cuestión municipal en términos sombrilla, puede haber acuerdo entre PRI, PAN y PRD sin problemas: si llegamos a la afirmación específica de cómo debe gobernarse el municipio nos estalla el acuerdo inmediatamente. Esto es lo que hace que lo local sea directa e inmediatamente universal y global en un sentido práctico eficaz. En el nivel local es posible enfrentar las fuerzas globales mediante el rechazo compartido. Las opciones afirmativas son muy diferenciadas. Los consensos posibles son en las cosas concretas a que nos oponemos (militarización, violación de derechos humanos). En este momento está habiendo una interacción muy interesante de los municipalistas con feministas, grupos indígenas y distintos tipos de ecologistas mediante una articulación de intereses negativos, y se plantea la articulación de lo positivo como un proceso de largo plazo. Si esto lo vinculamos con la Ley Cocopa, se trata de mantenerla como un instrumento de lucha pero abriendo la discusión a todo lo demás que contienen los Acuerdos de San Andrés y a todas las implicaciones de la Ley Cocopa que no estaban suficientemente discutidas. Se trata de abrir la discusión para estos otros temas, para este nuevo tipo de articulación, es decir, lo que estaríamos cambiando es sólo el énfasis en la Ley Cocopa.

Francisco López Bárcenas: Efectivamente, la idea de una ley sombrilla nos acerca a los Acuerdos de San Andrés. Entre los cuestionamientos del gobierno está el de la definición de quiénes son los indígenas. Ya sabrán los indígenas quiénes son los indígenas; lo único que tiene que hacer el gobierno es reconocer lo acordado. Para qué se mete en problemas de definición: eso los indígenas lo tenemos muy claro. Con respecto a la educación, por ejemplo, lo importante es que va a haber educación intercultural, y no sus características concretas. Eso no es posible, no pasa por la autonomía definitivamente; pero para que exista esta ley marco es necesario que haya una norma mínima; las particularidades no se pueden homogeneizar: son diversas. La autonomía no puede tener un modelo porque deja de ser autonomía. No se puede decir que sea regional, comunal, municipal; ése es un asunto de cada pueblo, según sus propias necesidades y situación. Eso responde a la realidad y necesidades específicas. En ese sentido, creo que difiere del planteamiento municipalista, porque ahí se está tratando de regular para modificar (cambiar la ley, etcétera), y en la autonomía no se trata de regular de distintas maneras, sino de establecer un marco que reconozca las formas de organización política que existen. Eso es muy característico de lo indígena, por la diversidad cultural. Si hay una cultura distinta, necesariamente hay una forma distinta de organizar la vida y también normas mínimas reconocibles entre toda la gente, pero, sin equipararlo, se puede extrapolar a otros sectores sociales que van articulando también algunas normas mínimas de convivencia. Esto es lo que el movimiento indígena está aportando, además de que es la única forma que tenemos para cambiar este país desde abajo. No hay que inventar normas, simplemente hay que reconocerlas.

Ramón Vera: Se ha estado discutiendo como si la Ley Cocopa fuera el fin en sí mismo y realmente nunca lo ha sido; quedó muy claro desde el principio que la Ley Cocopa era parte de un proceso mucho más amplio que tenía que ver con los Acuerdos de San Andrés. Los Acuerdos de San Andrés son importantes por su contenido expreso y por el procedimiento por el cual se llegó a ellos, y la Ley Cocopa lo es sobre todo por el proceso. No es posible invalidar la Ley Cocopa pero seguir sosteniendo los Acuerdos de San Andrés, porque el procedimiento de construcción de la ley es en realidad lo que está propuesto como objetivo en San Andrés, ya que implica una profunda reforma del estado que es la que simboliza la Ley de la Cocopa.

En los Acuerdos de San Andrés, sí tienen que ser revisados los contenidos porque hay muchos que no están puestos todavía en la mesa. Por ejemplo, con respecto a la reforma institucional hay un campo muy vasto de trabajo que se tiene que abrir a la discusión y que implica inmediatamente la participación activa de los sujetos vinculados con algún programa o presupuesto y que concierne a la manera como se toman las decisiones. Pero si en este momento se cancelara la Ley Cocopa como bandera, como propuesta, se estarían desfondando una serie de procesos que en realidad, dado que nunca se vio a la Ley Cocopa como objetivo último y único, se han estado impulsando en paralelo. Un ejemplo muy claro son los acuerdos logrados en Mesa del Tirador y toda la movilización huichola que no hubiera sido posible sin los Acuerdos de San Andrés y sin la Ley Cocopa; entonces, el énfasis en la ley no necesariamente cancela el trabajo en los hechos, pero ese trabajo en los hechos, solito, acabaría por ser mucho más difícil de llevar a cabo.

Lo mismo ocurre con la oposición entre la idea de los municipios y la autonomía en general. Casi siempre que hay una discusión en donde es imposible tomar un partido o el otro, es porque deben mantenerse los dos. Con los municipios y la autonomía en general, no puede hablarse de oposición por el hecho de que los municipios estén planteando una regulación municipal concreta, incluso del tipo paraguas; más bien las luchas municipales que agregan algún tipo de protección paraguas para amparar la diversidad municipal van a ayudar muchísimo a cualquier tipo de autonomía, sea regional, comunitaria o municipal. El movimiento indígena no tendría que pensar que –dado que se está regulando o pensando en regular cosas para los municipios, sobre todo si se entiende la regulación o la ley como paraguas y no tanto como coerción– esta lucha se contrapone a la suya: al contrario, ayuda a tener un menú más amplio de posibilidades para que la autonomía se ejerza.

Andrés Barreda: El problema de las autonomías es diferente de la cuestión municipal, pero finalmente siempre se está hablando de un nivel territorial, aunque sea el espacio de una comunidad, de un municipio o de una región. Siempre hay un aspecto territorial en el problema de la autonomía. No solamente se tiene que pensar en articular el problema de la autonomía con el movimiento de los municipios, sino con el movimiento de la autogestión que se da en múltiples niveles, es decir, puede ser la autogestión de una fábrica, una cooperativa o puede ser la autogestión de la salud dentro de una comunidad o en una red de clínicas, que ya implica un nivel territorial más amplio, o en el movimiento urbano popular. La autogestión se da en múltiples niveles y habría que profundizar la reflexión sobre lo que es el proceso de la autogestión en general, urbana y rural, en su complejidad. No se han encontrado los nódulos de los diferentes procesos de autogestión para reflexionar sobre la enorme complejidad con la que se desarrollan; hay una riqueza enorme de experiencia, hay un vacío muy grande en lo que se refiere a balance. Ahí habría que articular la problemática de la autonomía indígena también, y no solamente con el municipio.

Las autonomías de facto

Adriana López Monjardín: En la discusión hay una tensión que está implícita cuando se afirma la posibilidad de no renunciar a la Ley Cocopa pero seguir peleando en general por los Acuerdos de San Andrés. Hay escenarios muy complicados y ayudaría que se discutieran abiertamente. En Mesa del Tirador se encontró la confluencia entre ambos procesos; pero hay muchos casos muy complicados y los tenemos a la vuelta de la esquina: por ejemplo, Roccatti ya hizo unilateralmente la cuarta visitaduría de derechos humanos para regiones indígenas, en una simulación de cumplimiento de los Acuerdos de San Andrés, cuando hay todo un procedimiento a través de la Cosever. Al margen de la comisión, de las partes, y por lo tanto a espaldas de los propios Acuerdos, se crea la cuarta visitaduría, y por primera vez se introducen en la discusión de derechos humanos una serie de cosas que tienen que ver con derechos colectivos. Esta cuarta visitaduría declara, entre otras cosas, que se va a ocupar de que los contenidos de la educación sean acordes con las culturas indígenas; entonces en la negativa maniática del gobierno mexicano a reconocer todo derecho colectivo como derechos humanos –ya había rechazado los laborales, los políticos, etcétera– de pronto se abre una fisura. Tarde o temprano la gente va a tener que interactuar con esta cuarta visitaduría: a mucha gente no le va a quedar más remedio que usarla y apelar a ella, a pesar de estar convencida y seguir luchando por la aprobación de la Ley Cocopa y el cumplimiento de los Acuerdos de San Andrés. Ése es un caso que ya está sobre la mesa, pero hay muchos. Cuando se dice la Ley Cocopa no lo es todo y hay que empezar a avanzar, ¿qué quiere decir? Un escenario podría ser que cada quien, cada pueblo, cada comunidad, cada organización tome los Acuerdos de San Andrés y, en la medida de sus fuerzas parciales, comience a hacerlos realidad. Entonces las organizaciones de productores pueden apelar a los Acuerdos de San Andrés para que las políticas sobre café, en el caso de la CNOC por ejemplo, se tomen con la participación de los indígenas, y otros tomarán las políticas públicas, derechos humanos, otros las radiodifusoras, etcétera. Sería, por un lado, legitimar el incumplimiento, el cumplimiento parcial, la simulación o el esquirolaje, pero por otro lado sirve. Los que vayan a tocar las puertas de la cuarta visitaduría van a ir no porque sean traidores, sino porque les hace falta. Igual puede hacer la CNOC: apelar a los Acuerdos para exigir participación en las políticas públicas; igual actores indígenas de Chiapas podrían promover una legislación estatal que cubriera la cuestión de las autoridades municipales para disminuir el probable altísimo número de muertos a raíz del proceso electoral.

Dolores González: Los Acuerdos y la Ley son de naturaleza totalmente diferente: la Ley Cocopa es la implementación del marco constitucional para las autonomías sobre todo, y no contiene una serie de elementos que están en los Acuerdos de San Andrés. Fundamentalmente, es en el trabajo de bordar sobre las autonomías de facto y las coordinaciones regionales donde es posible hablar de comunidad de intereses y donde podría empezarse con una ejecución alternativa de los Acuerdos de San Andrés que, sin sustituir a la Cosever, vaya resolviendo cuestiones que los Acuerdos no resuelven. Es decir, hablar de la autonomía a nivel nacional en múltiples modalidades y opciones va a crear muchos problemas y tensiones en la reestructuración del estado nacional. En este sentido, los ensayos son importantes porque van dando pistas de dónde están las tensiones fundamentales. Por ejemplo, para resolver la relación de la autonomía comunitaria con el gobierno estatal, que no está establecida legalmente en ningún lado, se pueden empezar a trabajar una serie de elementos de concurrencia y articulación si les empezamos a dar un carácter de entidades de poder público, cualesquiera que sean sus funciones y facultades. Incluso en ese mismo sentido es necesario ir armando ciertos procesos de reflexión y capacitación que tienen que ver con la gestión del desarrollo y del poder, que son las cosas que a futuro se van a tener que abordar.

En Guanajuato hubo una gran federalización; se quisieron pasar 115 competencias del gobierno del estado a los municipios. Se hizo todo un estudio de capacidades de los municipios para recibir esas competencias y nada más tenían alrededor del 10 por ciento de lo que estaba propuesto. En términos de capacidades, de recursos humanos y tecnológicos, lo primero que hay que plantear es un proceso de capacitación de las comunidades para manejar por ejemplo recursos públicos, para participar en la planeación, en la presupuestación de obras, etcétera. Entonces, hay una serie de líneas que se están desarrollando en estos ensayos de autonomía, pero que se pueden generalizar previendo lo que va a ser necesario trabajar a futuro. Esto de la cuarta visitaduría ciertamente es una forma de violar los Acuerdos de San Andrés más que de cumplirlos, sin embargo, tenemos que ir previendo cuál es la propuesta alternativa. En el caso de las autonomías, falta trabajar en los contenidos precisos, y el municipio ofrece cierta viabilidad de hacerlo a corto plazo, porque cada vez más las organizaciones indígenas y el movimiento indígena independiente han ido ganando los espacios de poder público. Sin embargo, no hay una propuesta que se esté articulando alrededor de esta mayor fuerza, no está correspondiendo con una construcción de propuesta colegiada por decirlo de alguna manera.

Gustavo Esteva: El consenso aquí no es renunciar a la Ley Cocopa, sino simplemente parece un consenso-diagnóstico sobre su inviabilidad en la actual correlación de fuerzas y sobre el hecho de que puede resultar contraproducente y desgastante tener todos los huevos en esa canasta. No es abandonarla. Debemos seguirla afirmando como bandera, tanto por la ley y sus contenidos como por el procedimiento que la creó. Tenemos que afirmar y reivindicar el procedimiento de la Ley Cocopa y simplemente abrirnos a otro espectro de lucha. Dentro de este esquema, hay una serie de elementos de los Acuerdos de San Andrés que están teniendo inmediata repercusión para la reflexión. Una cuestión central es la de la comunidad como entidad de derecho público. Una de las luchas que esto implicaba, y que no se consiguió en la negociación de San Andrés, es considerar a la comunidad como cimiento de la estructura constitucional del país. Lo de la entidad de derecho público fue la fórmula de compromiso. Ésta es una lucha totalmente vigente. Ya eso existe: en Tlaxcala la comunidad es el piso de la constitución y de la organización. Ese tipo de lucha, que interesa muchísimo a las comunidades indígenas, puede mantenerse vigente a partir de los Acuerdos de San Andrés. Y una traducción que nos está haciendo falta es la del equivalente urbano y no indio de una comunidad indígena: ¿cómo podemos configurar el espacio de una comunidad en la ciudad de México? Otro elemento que está en discusión en estos momentos en las comunidades consiste en reformular todas las instituciones que operan en áreas indias: todas, no sólo el INI sino la SEP, Sedesol, etcétera. El INI está ansioso por soltar su aparato; está presionando a los estados para que lo tomen, pero es una oportunidad para que los pueblos indios digan qué tipo de instituciones quieren: distintas en distintos pueblos indios. De acuerdo con los Acuerdos de San Andrés, puede haber otro tipo de instituciones, en sustitución de las existentes, que forme parte de la discusión de los pueblos indios y no indios. Eso sería la apertura a una serie de temas que están absolutamente vigentes, sin renunciar ni boicotear la Ley Cocopa.

Estamos corriendo muchos riesgos. Con todos los huevos en esa canasta se puede entrar en un *impasse* políticamente peligroso. La tensión existe, pero se puede resolver luchando por la Ley Cocopa como una reivindicación asumida por el CNI, sin detenernos en ella. Nos hemos estado autolimitando.

Eugenia Gutiérrez: Yo difiero en torno a la importancia de la Ley Cocopa y la veo desde otro punto de vista. La Ley Cocopa ha servido a lo largo de todo este año como un arma política para demostrarle a México y al mundo que ni el gobierno federal ni los partidos políticos tienen palabra. No veo que estemos arriesgando demasiado, por el contrario, creo que ha sido un arma política muy importante. Hemos visto al EZLN guardar silencio durante meses porque no necesitaba decir nada: simplemente había una ley que no se estaba cumpliendo; ni el gobierno federal ni los partidos políticos tenían palabra para cumplirla. Sí es importante, pero no es necesario desgastarse apoyándola, hay que considerarla en su justa dimensión.

Me gustaría que pudiéramos profundizar sobre el momento en el que el cumplimiento de los Acuerdos de San Andrés fuera de los patrones de diálogo y fuera de las normas que se han establecido puede llegar a ser una traición, y cuándo es simplemente un cumplimiento de los Acuerdos, porque creo que hay procesos que son inevitables. Hay ciertos proyectos políticos de los pueblos indios, ciertas perspectivas, que se tienen que ir cumpliendo cotidianamente, sin que sea precisamente una traición, aunque no haya verificación por parte de la Cosever. No se puede detener ese proceso. El cumplimiento de los Acuerdos de San Andrés se tiene que dar todos los días por parte de los pueblos indios y de todas las organizaciones que participaron en ese diálogo y aportaron algo; sin embargo sí puede ser considerado como una traición en el momento en que el gobierno federal se brinca procesos y empieza a utilizar el cumplimiento de los Acuerdos de San Andrés para sus propios intereses.

El incumplimiento de facto

Ramón Vera: No es posible reivindicar el cumplimiento de los Acuerdos de San Andrés y acogerse a la cuarta visitaduría aceptando que se cumplan unilateralmente de tal manera que acaben por ya no traicionar sino desfondar el piso sobre el que se pueden empezar a cumplir. No se pueden cumplir en la medida en que el EZLN, que es el firmante, no avale que se están cumpliendo; justamente la Cosever tiene que determinarlo: sí es importante esa precisión. Cuando planteo la no contradicción es porque considero imposible separar los Acuerdos de la Ley Cocopa: van juntos, son indisolubles porque finalmente una cosa surge de la otra, pero también porque acuerdos firmados por dos partes no se pueden cumplir unilateralmente. El gobierno de Chiapas planteó la remunicipalización con base en los Acuerdos de San Andrés, y en realidad se estaba haciendo una acción totalmente unilateral que recibió el rechazo de las comunidades. Y ahora son las comunidades las que de alguna manera están remunicipalizando, porque están ejerciendo en los hechos una serie de cuestiones planteadas en San Andrés. Sí es importante insistir en estas precisiones porque va a haber muchos encuentros y desencuentros sobre eso en lo inmediato. Llega un momento en que con las acciones unilaterales por todos lados se acaba por obedecer a los canales institucionales habituales, e insisto, lo que se está planteando centralmente en los Acuerdos y en la Ley Cocopa es una manera diferente de hacer las cosas, una manera transparente de relacionarse. En la medida en que no está sucediendo así se puede llegar a un desfondamiento de lo que realmente se puede lograr si se hace por los conductos que se pactaron.

Ana Esther Ceceña: ¿En qué consiste el desfondamiento de los Acuerdos de San Andrés a través de la iniciativa de la cuarta visitaduría?

Adriana López Monjardin: Es idéntico al proceso de remunicipalización unilateral en donde hay un acuerdo entre dos partes, acompañadas y comprometidas con todo un conjunto de organizaciones, personas, especialistas, comunidades, etcétera, de lo que llaman sociedad civil, de mutuo acuerdo, y donde ni siquiera las dos partes intervienen como garantes, sino que, en la medida en que el proceso había involucrado a la sociedad civil, hay también espacios de la sociedad civil aceptados por ambas partes para verificar el cumplimiento de los Acuerdos. Y esta iniciativa equivale a decirle al sindicato que se va a cumplir el contrato colectivo mientras se busca disolverlo, y entonces nadie tiene la más remota posibilidad de saber si el patrón realmente está aplicando el contrato colectivo o no, porque la instancia de interlocución está desaparecida. Es exactamente igual cuando el gobierno de Chiapas promueve la remunicipalización en abierta violación de los Acuerdos de San Andrés, porque estaba contemplada una comisión con una serie de actores que no se respeta. Es muy similar el proceso de la cuarta visitaduría. Pero yo insisto en que no necesariamente la gente que vaya a la cuarta visitaduría está traicionando nada, sino que tiene una situación de agobio, de desesperación por el problema de violación de derechos humanos, y lo mismo apela a una ONG que a la cuarta visitaduría. Por eso digo que hay una tensión entre un proceso con un actor colectivo, que implica una estrategia y una serie de pasos y de procedimientos y, por otro lado, un conjunto de necesidades, en este momento, de derechos humanos. Pero podría ser lo de los cafeticultores de la CNOC o casos de transferencia de las facultades del INI en Oaxaca. En la medida en que se estimula que se apliquen los Acuerdos de San Andrés en múltiples espacios, se desfonda el proceso de garantizar su cumplimiento tal como fueron concebidos, construidos y firmados.

La democracia de San Andrés

Francisco López Bárcenas: Para nosotros y como discurso nacional, político, es muy evidente que los Acuerdos de San Andrés son importantes tanto por su contenido como por el procedimiento por el cual se alcanzaron. También por supuesto la Ley Cocopa es importante por el procedimiento. Nunca en la historia de México se había hecho una legislación que se consensara así. Pero en la realidad esto va creando mucho conflicto y se tienen algunos ejemplos. En muchas comunidades de la región mixteca, está armando bastante ruido el hecho de que luchar por los Acuerdos de San Andrés como posibilidad de reconocer a la comunidad como sujeto de derecho público era mejor que luchar por hacer municipios más pequeños. Las comunidades que estuvieron de acuerdo, después de dos años preguntan por el momento en que contarán con ese reconocimiento, y eso sí crea un conflicto grave, a grado tal que una comunidad entera se constituyó en ONG porque es la única manera de acceder a recursos. Es una salida falsa, pero vieron un centro de derechos humanos que estaba consiguiendo recursos así y se convirtieron. En Campeche se logró una legislación constitucional aceptable pero, mientras se empezaba a regular, el gobierno del estado aprovechó el descuido e invalidó todo, no sólo en la legislación secundaria sino también en la reglamentaria. Donde se hablaba del reconocimiento de las autoridades tradicionales agregaron una serie de candados.

Pero sobre todo en el Congreso Nacional Indígena una situación que crea conflicto es si la Ley Cocopa es lo único o se van a meter otros asuntos. Cuando se estaba discutiendo la modificación a la ley general de equilibrio ecológico, les hice una serie de propuestas para discutirla y me acusaron de diversionista. Pasó lo mismo con la ley forestal, que fue aprobada sin un solo comentario nuestro. Ésos son los matices que hay que ver en la realidad y que pueden provocar bastante conflicto.

Ahora, en los lugares donde Anipa comenzó a impulsar las regiones autónomas, yo he encontrado que lo que más piden son municipios indígenas –hablo de los yaquis, de los seris, de Guerrero–, entonces, la única lectura que puedo hacer es que los Acuerdos de San Andrés sí están ahí y que la gente los reivindica, pero también quiere irlos concretando.

Eugenio Bermejillo: La experiencia de San Andrés –lo dijimos todos y creo que estamos en lo cierto– es que la confluencia de los pueblos indígenas allí formó un gran proyecto político de los pueblos indígenas, que por supuesto los rebasa para irradiar hacia otros sectores. Entonces, el paso municipalista está muy claro porque hay un movimiento en ascenso y porque San Andrés se orientó por ahí. Gran parte de las reformas importantes van sobre el artículo 115, ya que en torno al artículo 27 hubo una prohibición *ex profeso* que hizo que los temas de la tierra y del territorio quedaran truncos. Pero si tenemos que elegir entre apretar o abarcar, hay que tomar la segunda alternativa para expandir las cosas hacia otros movimientos, y eso va a modificar no sólo los términos de la ley sino todo el procedimiento. En ese sentido ya no hay que pelear por las frases, sino por los conceptos y procesos. Simplemente hay que volver a incidir en los procesos y ampliarlos. Y no es que todo lo pensemos en términos de la ley, pero constituye una especie de anotación: es como marcar un nuevo balance en la correlación de fuerzas.

Ana Esther Ceceña: Ya tocamos muchos de los aspectos relacionados con esta problemática, entonces, habría que invertir los términos. En un principio se decía: peleamos por la Ley para tener los Acuerdos, finalmente la Ley como tal no es importante. Efectivamente lo importante son los Acuerdos en términos de proceso social, de contenido y de muchas cosas, pero la Ley es la cristalización de ese proceso, de esos Acuerdos, incluso de esa correlación de fuerzas que supuso un consenso social muy amplio, no sólo de las dos partes en conflicto. ¿Es posible entonces pretender pelear por los Acuerdos de San Andrés escindiéndolos de la Ley? Sin considerar la falta de disposición del gobierno federal, ¿podemos luchar por los Acuerdos de San Andrés independientemente de la Ley?

La otra cuestión es la de evaluar si efectivamente es tan sombrío el panorama para la Ley Cocopa. Al iniciar la sesión, estábamos pensando en la suerte de la Ley al ser presentada al Legislativo, con la idea de que la Ley sigue y lo que está cambiando es el escenario por el cual transita. Tres horas más tarde la idea es que, sin importar cuál sea el escenario, la Ley no puede transitar y se convierte, ahí sí, en un medio para luchar por los Acuerdos de San Andrés. ¿Es realmente inviable la Ley Cocopa? ¿Cuáles son sus márgenes? Aparentemente para el EZLN la Ley no es inviable o imposible, y está esperando el cumplimiento de los Acuerdos en esta etapa en el sentido de aprobación de la Ley. ¿Es posible que haya un margen de maniobra ahí? ¿O qué perspectiva tendría la Ley Cocopa y con ella todo el movimiento que está detrás? ¿Dónde quedan todos los actores que se comprometieron con ella?

Gustavo Esteva: Tiene sentido pelear por la Ley Cocopa hasta la muerte sin vacilar ni un momento y creo que sería sumamente perjudicial que cualquiera de nosotros u otros grupos empezaran a descartar la posibilidad que la Ley Cocopa se apruebe. Y pienso que fue muy importante que muchas comunidades se concentraran en la discusión de la Ley Cocopa y elaboraran su posición al respecto. La posibilidad de que en Oaxaca se discutiera comunidad por comunidad, artículo por artículo, sobre la Ley Cocopa fue algo sumamente positivo. Cada quien dio sus interpretaciones, elaboró, maduró e hizo suya esa posibilidad, y tirar ese esfuerzo sería absolutamente loco. Tiene que construirse a partir de ahí. Ahora, en Oaxaca es muy perceptible que la obsesión con la Ley Cocopa nos ha estado deteniendo. Íbamos embaladísimos en un montón de luchas concretas y por estar obsesionados con la Ley Cocopa esto nos paralizó en una serie de cosas. Y la dinámica en la que hemos estado todos consistía en pedir, exigir, pelear y hacer al mismo tiempo. No dejar de hacer todo el tiempo y no dejar de avanzar en la lucha concreta. La Ley Cocopa en estas circunstancias no tiene más vuelta que seguir exigiendo y, en su caso, denunciando el incumplimiento. Hay un elemento adicional. La exigibilidad de la Ley Cocopa es mucho más débil, frágil, discutible que la de los Acuerdos de San Andrés. Los Acuerdos de San Andrés están firmados; la Ley Cocopa acabó en la tarde de los chinchones. Nunca quedó claro el acuerdo por la parte gubernamental y deriva todo en un cierto pantano. El problema de los zapatistas en este momento no es ni siquiera la Ley Cocopa sino las cinco condiciones del diálogo. Pero ése, que es un problema de los zapatistas, no tiene que contaminar la estrategia política general; ni siquiera ellos se han quedado en eso, es decir no se circunscriben a exigir que se cumplan las cinco condiciones, sino que van avanzando en un espectro muy amplio de iniciativas y de acciones. Entonces, frente al gobierno, los zapatistas reclaman las cinco condiciones para dialogar pero, al mismo tiempo, avanzan con otras iniciativas. Ni para los zapatistas ni para nosotros, la Ley Cocopa debe ser una limitación. Yo no veo contradicción: tenemos que seguirla exigiendo pero no en exclusividad. Su probabilidad de aprobación es mínima en la coyuntura actual; no hay la correlación de fuerzas necesaria, pero no debemos detenernos por eso, ya que no significa que se haya perdido la lucha, sino simplemente que tenemos que seguir por este y otros caminos en una variedad de asuntos.

Dolores González: Los proyectos autonómicos de facto están ocurriendo en varios estados en este momento, y no están limitados por el cumplimiento de los Acuerdos por ahora, aunque éstas siempre serán su marco, sustento y fundamento. Son dimensiones distintas de la misma lucha: una que está en el terreno de lo legal, lo legítimo, de la dimensión de lo nacional, de los actores políticos fundamentales, y otra que es la lucha cotidiana del movimiento y que obviamente está en el marco de los Acuerdos, porque éstos encuadran sus reivindicaciones más cotidianas. Y ahí no hay opción: son luchas que se dan todos los días en todo el país.

La Ley Cocopa y la paz

Ana Esther Ceceña: Hay que recordar que la Ley Cocopa es una de las cinco condiciones para reanudar el diálogo. Si pensamos que la Ley Cocopa es un asunto de largo plazo, tenemos que medir las implicaciones. Eso supone que ya no hay diálogo, que la guerra sigue y que, además de que están avanzando los procesos de autonomía de facto, también lo está haciendo la paramilitarización y la descomposición social promovida como parte de la guerra de contrainsurgencia. Entonces, las condiciones para exigir la aprobación de la Ley son difíciles en este momento, pero no estoy muy segura de que haya que contentarse con caminar en las otras pistas, sin dejar de reconocer la importancia que esto tiene. Por supuesto que seguimos avanzando en muchos otros terrenos, pero ¿es que no podemos encontrar un modo de que efectivamente se apruebe la Ley? ¿de exigir a los partidos ahora en la cámara que cumplan con un compromiso establecido por un amplio consenso en la sociedad a la que representan? ¿o incluso de crear nuevos consensos? Por eso la pregunta es ¿realmente es imposible que se apruebe la Ley?

Gustavo Esteva: Uno de lo mejores escenarios imaginables en este momento sería que se cumplieran las otras cuatro condiciones para reanudar el diálogo y que, en lo que se refiere a la Ley Cocopa, el estado retirara su propia propuesta y la Cocopa se entrevistara con las partes para buscar una solución. Ahí parece posible que el EZLN aceptara platicar y que pudiera plantearse una reposición de procedimiento que lleve a una iniciativa de reforma constitucional. Sería el mejor de los escenarios, aunque no parece viable. El cumplimiento de las cuatro condiciones significa la pacificación de la zona norte de Chiapas, desmilitarización y una Cosever que funcione efectivamente.

Una anécdota: en febrero de este año dijeron los zapatistas, "Quizá íbamos demasiado rápido y no a nuestro tiempo. Estamos peleando por la iniciativa de la Cocopa y la gente realmente no sabe lo que es. En este momento lo que importa es bajar, ir a las comunidades", y hacer eso fue sumamente útil. Todo el primer semestre de este año, discutir la iniciativa Cocopa en las comunidades fue sumamente positivo, pero la verdad sí nos quedamos en eso. El foro estatal indígena de Oaxaca iba viento en popa y toda una serie rica de discusiones se atrapó todo este año en la iniciativa de Cocopa.

Paramilitarización y autonomía

Ana Esther Ceceña: ¿Hay manera de parar la paramilitarización del país? ¿Independientemente del reconocimiento de la Ley Cocopa o junto con éste?

Gustavo Esteva: Se puede detener con la autonomía en el nivel de las comunidades. Yo diría: si llega a haber acuerdo en el caso concreto de Oaxaca, el estado da las armas a la comunidad porque se va a encargar de la seguridad. En ese momento la comunidad se hace cargo y ahí no entra ningún paramilitar, ni narco.

Cuando se da esa posibilidad la comunidad está bien organizada y asume el control de su propia seguridad. Efectivamente, la organización de nivel local es la única posibilidad de reacción ante los paramilitares. En el nivel global mundial, el esquema es gobernar por la fuerza y con el mercado: ésa es la esencia del esquema neoliberal. Dejamos libres las fuerzas del mercado y controlamos por la fuerza los excesos y los desastres que esto provoca; y como esto no siempre se puede hacer por la vía del ejército o la policía, se utilizan mecanismos paramilitares, y la droga ofrece un magnífico pretexto para utilizar ese mecanismo. La forma de responder a eso no es la constitución de ejércitos o la mera reforma del estado, sino la consolidación de la base social y el control directo de la población. Yo creo que se está dando en la ciudad de México: los únicos lugares seguros son aquéllos donde los barrios controlan la vida.

Ramón Vera: Tres comentarios. La discusión de la Ley Cocopa en las comunidades a lo que apuntaba no era tanto a la necesidad de la ley en sí misma, sino también a la reconstitución de los sujetos. O sea, era tener una especie de espejo en donde se empieza a reflexionar sobre todo lo que se está haciendo o se puede hacer, y en ese sentido se avanzó muchísimo. Yo difiero de Gustavo en que nada más fue discutir la Ley Cocopa y ahí nos quedamos. Fue

198

un proceso de reflexión muy amplio en donde sí se empezaron a reconstituir los sujetos sociales y que está disparado en todo el país. Todavía no se sabe qué alcances va a tener, pero se ha estado tejiendo de una manera muy amplia, no nada más pensando en la ley; la ley ha sido el pretexto para reflexionar sobre muchos otros asuntos. No se vislumbra todavía el futuro de esta reconstitución, pero se ve que hay un tejido social que se está moviendo de otra manera y que los sujetos sociales están empezando a tener una presencia y una incidencia mucho mayor, pese a toda esta paramilitarización de la que se ha estado hablando. A mí me parece que las autonomías de facto, como bien lo decían, sí son un freno a la paramilitarización. El otro elemento fundamental es que la paramilitarización, a diferencia de la militarización, y es quizá lo que define más centralmente a la guerra de baja intensidad: es que está implicando un barrido de todo el sentido comunal, comunitario, y acaba por crear ámbitos de confusión terribles, de pérdida del sentido de lo que se hace, de inutilidad en las acciones. En el momento en que un conglomerado establece vínculos claros entre la gente, es más difícil que los paramilitares lo permeen, porque en ese caso sí hay un sentido del proceso histórico en el que se está. La guerra de baja intensidad consiste justamente en crear puntos ciegos, en borrar el sentido de lo que se vive.

De hecho justamente se busca que los paramilitares sean de las propias regiones para crear una contra, en el sentido más literal del término, que ataque directamente todos los proyectos creativos que tengan las comunidades: ése es su objetivo. Los procesos de autonomía lo frenan y lo recrudecen en una dialéctica difícil. Lo recrudecen porque finalmente acaban por ser lo que lleva al Estado a tratar de controlarlo todo por medio de paramilitares, pero, al mismo tiempo, es lo único que se le puede oponer.

Entonces, sí hay una serie de avances muy concretos y no está todo limitado a pelear por una ley. La Ley es un espejo, un referente, una bandera de lucha, y es una compuerta que abre muchas aguas. Hay una dicotomía entre lo que es la paramilitarización y la autonomía que va a ser la discusión durante mucho rato, y el equilibrio entre las dos es lo que va a acabar por conformar el escenario próximo; en Chiapas es muy evidente. El EZLN despliega sus municipios autónomos y se recrudece la paramilitarización, pero, al mismo tiempo, son éstos los que pueden enfrentarla porque en donde todavía no se desarrolla este proceso es peor la incidencia de Paz y Justicia, que ya es un grupo que no se puede llamar guardia blanca o escuadrón de la muerte, sino ejército "regular" no formalizado. Ahí estaría dada esa dicotomía.

Y el tercer comentario es sobre la famosa Ley Forestal. Esta ley es muy interesante porque la Semarnap e incluso la mayoría de las ONG ecológicas afirman que fue un proceso corresponsable, como el de San Andrés, y no es así. A diferencia de San Andrés, en donde había una contraparte, reglas de procedimiento y un piso para discutir y llegar a acuerdos claramente definidos, en donde cada una de las propuestas valía por sí misma, se ponía en la mesa y se acordaba, en la ley de la Semarnap en realidad se hizo una consulta disfrazada de negociación para crear una ley. Se afirma que la ley de la Semarnap también fue creada desde abajo, cuando fue un encubrimiento, mediante una consulta, de una ley unilateral. Esto lleva a preguntarse sobre los pisos mínimos necesarios para establecer una negociación con el Estado, porque en San Andrés estaban claros pero en la ley de la Semarnap no.

Paz Carmona: La paramilitarización preocupa muchísimo porque sí es una estrategia planeada para romper la vida cotidiana y en la que incluso ya se distinguen varios modelos. En todos, sin embargo, se repite la mezcla entre uniformes militares, policiacos y ropa civil, de manera que no es posible hacer un deslinde claro. A pesar de las condiciones deplorables en que se encuentra la gente por el hostigamiento de los paramilitares, está acogiendo a sus hermanos y entonces, aunque no se están reuniendo en asambleas como ellos acostumbraban, están construyendo lazos de unión entre comunidades. El gobierno le está teniendo mucho miedo a la autonomía. En Polhó, que es un municipio muy grande, de 8 mil gentes aproximadamente, con 30 comunidades, el 75 por ciento votó por el municipio autónomo. Es una fuerza muy grande y los paramilitares en realidad son pocos, pero tienen por supuesto las armas.

Consensos y universalidad

Ana Esther Ceceña: Quisiera volver sobre dos puntos. Uno es el del paraguas y el otro es el de lo universal local, que es una discusión que tenemos desde antes de 94.

Sobre el primero, Gustavo presenta el rechazo, y no la construcción, como la posibilidad de tejer consensos. Delimitar el rechazo equivale también a delimitar el territorio propio y los límites de la apertura que permitiría establecer consensos de otra manera. La experiencia que se ha tenido en Oaxaca resulta muy interesante, especialmente porque permite no anular las diferencias, la riqueza cultural, las posibilidades. Pero, en realidad, si se establece como estrategia delimitar los espacios del consenso a partir del rechazo, estamos cerrando la puerta a la posibilidad de construir, a ir empujando el paraguas. Y si hay muy pocos acuerdos generales que se puedan tomar por el momento, tienen que hacerse con todo el respeto posible a las diferencias que tenemos. Como justamente el ser diferentes es lo que nos hace iguales, como dicen los zapatistas, hay que convertir esa igualdad, esa coincidencia en la diferencia, a lo mejor no en proyecto como tradicionalmente se entiende, pero sí en algún esbozo de camino conjunto. El rechazo a la militarización es muy importante, pero no basta con que se diga no, sino que hay que encontrar el modo de decirlo en la práctica, construyendo las autonomías tal vez, pero, aun ahí, esas autonomías no se construyen parapetándonos hacia adentro. Ese espacio ya es nuestro, de alguna manera ya está conquistado; lo que es necesario para crear un sujeto social más amplio es encontrar caminos para empujar o romper el paraguas a partir de las autonomías o los espacios ya propios, y entonces sí construir un proyecto colectivo de diferentes: no un proyecto homogéneo, para nada un proyecto homogéneo.

Para que lo local o particular cuente pero no aísle es necesario plantearse todas las problemáticas que son comunes, que son generales y en esa medida emprender luchas, proyectos o discusiones tomando en cuenta que efectivamente somos lo que corresponde a nuestra ubicación específica, pero somos también lo que deviene de nuestra ubicación en el planeta. Tenemos estas dos dimensiones: los problemas que está planteando el modelo neoliberal afectan nuestra vida cotidiana, pero no pueden ser peleados sólo en nuestras casas porque no provienen del vecino próximo, sino que tienen una determinación mucho más amplia, general, y que nos está afectando a todos, aunque de diferente manera. Como las mayorías están conformadas de un conjunto de minorías, de una pulverización de minorías que está en todos lados y en todo el mundo, esa mayoría con todas sus diferencias (quizá justo por ellas) tiene que combatir como mayoría contra esta determinación general, contra este modelo dominante, construyendo en su comunidad pero también vislumbrando que el problema es mucho más general y más complejo que lo que podemos percibir desde cada comunidad. Si no se pelea contra el BM, a pesar de lo diminutos que somos y de la aparente debilidad que eso conlleva, nunca va a ser posible trascender este espacio local.

Gustavo Esteva: Tú misma diste una respuesta eficaz a todo el problema. Mi argumento es que, si reconocemos que somos profunda y realmente diferentes, tenemos que saber que la posibilidad de un auténtico acuerdo para vivir en armonía va a ser un proceso muy tardado y complejo, no hemos ni siquiera empezado a hablar en serio, a poner en consonancia o sintonía todas nuestras diferencias. Realmente no hay la menor idea de los acuerdos que se podrían tener. No hay ni una sola palabra que tenga la misma comprensión en todos los hombres, mujeres y niños que forman este país. Las palabras *paz*, *justicia* o *dignidad* significan distintas cosas para distintas gentes. Es necesario dar muchas vueltas para ver si esas culturas superpuestas en un espacio común pueden derivar algunos acuerdos comunes. Realmente no lo sabemos, aunque vamos caminando para allá.

Entre los chinantecos, hombre que mata mujer lo queman vivo; es medio salvaje, pero dicen que les ha servido mucho para reducir la violencia contra las mujeres. Ahora, ahí las gentes están discutiendo el asunto. Algunos han tratado de modificar ese principio y dicen, "Bueno, si nos respetan nuestras maneras de hacer justicia, quizá podríamos llegar a un acuerdo; una de nuestras mejores tradiciones es la de cambiar nuestra tradición de manera tradicional. Entonces podemos decidir que no haya pena de muerte; entonces podemos acordar con todos los mexicanos que nadie va a usar la pena de muerte, que no tendremos linchamientos, pero a partir del respeto mutuo". Pero ése es un proceso realmente muy complicado. En la transición sólo podemos ponernos de acuerdo en los rechazos porque están muy claros, y estamos rechazando todos por distintos motivos las mismas cosas que son globales. Yo creo que éste es el éxito del zapatismo, que por ser tan local levanta un problema enteramente global. Si nos arraigamos bien en este lugar, los problemas que tenemos son globales. Pero de nuevo es el rechazo a esas fuerzas globales determinantes a partir de una afirmación local. Desde un punto de vista teórico, lo local y lo universal son dos puntos opuestos igualmente inaceptables. Hay un tercero que no hemos explorado que es el pluralismo radical. El relativismo lleva casi inevitablemente a los fundamentalismos, y el universalismo se padece ya hace 500 años. En México, y esto lo discutimos en San Andrés, no hay un régimen jurídicamente pluralista ni el espacio para discutirlo: eso es lo que queremos. Si entra la iniciativa Cocopa a la Constitución mexicana no lo creamos. Se podría empezar a discutir cómo construir un régimen jurídico pluralista. De entrada casi todos los abogados dirían que no. Los abogados están programados ontológica y profesionalmente con una visión única y les cuesta trabajo plantearse un régimen jurídico pluralista, entre otras cosas porque no contempla un proyecto de estado-nación. Se tiene que cambiar el diseño para otro tipo de estado. Solamente en la transición los consensos se forman con toda claridad y fuerza en el rechazo común de fuerzas globales, nacionales e internacionales, y eso da los paraguas para crear espacios políticos de interactuación de los diferentes que darán el proyecto afirmativo. En esto estamos.

Francisco López Bárcenas: Acerca de que el paraguas puede significar un aislamiento e impedir relacionarse con los otros o, si localiza mucho, dejar fuera lo demás, no, porque el paraguas no es el fin en sí mismo, sino la forma de afianzar un espacio donde pueda construirse ese sujeto. En otros términos, ¿por qué reconocer los usos y costumbres? Porque permiten que la gente actúe de acuerdo con su concepción del hombre, la armonía, la seguridad. Dicho jurídicamente, habría que crear una norma que permita y faculte lo que la gente india acostumbra hacer, que lo reconozca para que ya no sea delito. La idea de este paraguas no es aislar, sino encontrar el modo de relacionarse con los otros.

Ana Esther Ceceña: Habría que verlo desde la perspectiva contraria: el problema no es relacionarse sino transmitir al resto de la sociedad esa otra concepción y esa otra normatividad que puede constituir un aporte. No se trata de que los pueblos indígenas se defiendan o mantengan sus usos y costumbres, sino de que los socialicen o los impulsen hacia afuera de su entorno.

Gustavo Esteva: Las sombrillas tienen como principal valor la posibilidad de que se reconstituyan los sujetos como ellos quieran. De los 56 pueblos, son muy pocos los que realmente existen. El sujeto que llamamos pueblo zapoteco, o pueblo mixteco, realmente no existe. Cuando tengan las sombrillas a lo mejor llegan a reconstituirse y a lo mejor aparecen tres pueblos zapotecos que ya tienen lenguas y culturas diferentes. Es una norma excelente pero no puede generalizarse.

El sujeto indígena

Alfredo López Austin: Para llegar al establecimiento de la validez de la pluralidad, se debe partir necesariamente de un nivel de generalidad tan abstracto que permita fincar las bases para desarrollar nuestras diferencias. Desde hace tiempo insisto en que no vamos a dar un solo paso sin que se defina de una manera muy precisa en la ley lo que es el sujeto pueblo indígena. Mientras no se haga, se está en el grave riesgo de crear leyes que solamente se aprueben pero no tengan ninguna posibilidad de cumplimiento. Se debe llegar a una definición que por un lado no sea coercitiva, en cuanto a que obligue de manera contraria a la voluntad de los sujetos en potencia a constituirse como tales. Pero por otro lado, que sea tan nítida y tan clara que no deje las cosas flotando en el vacío. Si no hay la preocupación jurídica por decir la ley es de A y definimos a A, estamos haciéndonos tontos. Si en el caso en que está bien definido el sujeto es tan difícil hacer cumplir la ley, imagínense los casos en que dejamos las cosas en la ambigüedad. Antes de ver qué derecho hay que defender, se debe decir quién es el detentador de ese derecho, entendiendo tanto derecho como obligación: derecho en sentido amplio.

Gustavo Esteva: En las constituciones de los países, incluso en la mexicana, existen muchísimos casos en los que se estableció un derecho para un sujeto sin definir al sujeto. Y esto tuvo un significado histórico político muy importante; desató un proceso a través del cual se llegó a la definición de los sujetos y a constituir la ley reglamentaria. Lo que hace la Constitución es desatar ese proceso y no cerrarlo. Un ejemplo son los ejidos y las comunidades indígenas que están en la Constitución del 17 sin que estén definidos ni unos ni otros. Políticamente tuvo un valor enorme incorporarlos, aunque fueran definidos muchos años después, en el proceso legislativo correspondiente. Así, esa Constitución abre un proceso político que genera las posibilidades de interrelación de sujetos que llegan a una definición política del sujeto ejido.

Alfredo López Austin: ¿Qué ventaja tendría retrasar esto?

Gustavo Esteva: La primera ventaja es que tenemos que reconocer la situación real objetiva en que los pueblos indios han sido sistemáticamente desmantelados, lo que hace que todas las características técnicas que podrían imputárseles para la construcción del sujeto no sean válidas. Los antropólogos han utilizado la lengua indígena como definición, pero hay varios pueblos que por varias generaciones fueron mutilados de su lengua y que son, viven y piensan como indígenas, pero no hablan su lengua. Llevamos cincuenta años de intentar esa definición y no se ha logrado desembocar en una mínimamente satisfactoria. La que se ha estado utilizando, que está en la iniciativa Cocopa, se tomó por estar en el convenio 169 de la OIT que ya es una ley en México; pero es una definición absolutamente imposible de validar. Se dice que son los pueblos que existían antes de la constitución de las fronteras nacionales y que conservan total o parcialmente las instituciones que tenían antes; pero sucede que no hay ni un solo pueblo que conserve ni una sola de las instituciones que tenían hace 500 años. Esa definición de sujeto que se tomó circunstancialmente no es válida. Lo que necesitamos es un detonador jurídico constitucional que abra espacios políticos para que los sujetos indios se reconstituyan y, a partir de esa configuración en la realidad, que va a ser su iniciativa, podamos pensar seriamente en su traducción jurídica. Va a haber un lapso entre el detonador constitucional y el proceso de reglamentación jurídica, y ese lapso se aprovecharía políticamente para la reconstitución de los sujetos.

El más importante de los procesos que podemos plantearnos en estos momentos en el país es la reconstrucción del sujeto indígena. No son los que están ni están los que son. No están los sujetos indígenas; sólo pueblos muy chiquititos pueden decir que son los sujetos indígenas. Un ejemplo: los tacuates son un municipio y unas cuantas comunidades; en realidad son tacuates un 15 por ciento de la población; empezaron a recibir zapotecos, mixtecos, etcétera, pero como eran recién llegados se cobijaron bajo la sombrilla tacuatista y se dicen tacuates, aunque no lo son. No puede definirse el pueblo tacuate como los que están allí. El 85 por ciento de los tacuates lo son porque lo dicen: no tienen ningún otro rasgo característico. El sujeto indio se va a reconstituir, se está reconstituyendo, y en ese momento le daremos una traducción jurídica aplicable en la legislación, no en la Constitución. Para la Constitución no necesitamos más que un valor simbólico político. La Constitución no se puede aplicar sin las leyes reglamentarias.

Alfredo López Austin: El hecho de que no se pueda definir "indio" desde el punto de vista antropológico nos lleva, cuando mucho, a decepcionarnos de las definiciones que han dado los antropólogos. Pero creo también que hay una realidad indígena en México, una entidad real en México que, con inteligencia, con paciencia, con dedicación, obviamente generada por las comunidades mismas, por los indios mismos, puede llegar a una buena definición.

Gustavo Esteva: Hay una de antropólogo, excelente y válida, la de Bonfil: son indios los que tienen una matriz civilizatoria mesoamericana, diferente a la occidental. ¿Vamos a ponernos de acuerdo en cuál es esa matriz?

Alfredo López Austin: Eso sería en negativo, porque ahí entrarían los asiáticos, los africanos, etcétera. De ninguna manera es aceptable la definición de Bonfil en esos términos, porque un buen porcentaje de la tradición indígena de México no es mesoamericana. Está el norte, evidentemente, y eso eliminaría esta magnífica definición de Guillermo (los tarahumaras, por ejemplo, no son mesoamericanos sino que están emparentados con los navajos). Tendríamos que decir en este caso que se ha perdido la esencia o la naturaleza de lo indio, si no queremos ser esencialistas, y como se ha perdido, vamos a reconstruirla y, entonces, ya reconstruida, daremos nuestra propia definición. No, el asunto es totalmente distinto: es que existe ahora una realidad indígena con una cantidad enorme de problemas, de necesidades, con derechos, con proyectos de vida. No necesita reconstituirse; necesita reconstituir su fuerza, no su naturaleza diferencial. Existe un mundo indígena que se ha estado rebelando ante una situación, y esa misma potencia para lanzarse en contra de una situación opresiva es la que indica que ahí están, que existen aquí y ahora, que no son gérmenes o larvas que se tuvieron que encerrar porque les detuvieron la historia. También se ha afirmado desde la posición de Bonfil "... y queremos retomar la historia". No, para mí son hombres históricos presentes, firmes, reales, valiosos, con un proyecto o muchos proyectos de vida que ya ahora pueden definirse con mucho esfuerzo –las definiciones son muy difíciles–, pero que necesitan una precisión actual para constituirse como sujetos de derecho hoy, y después perfeccionarse en todo lo que quieran. Pero no se pueden dejar cosas importantes en la indefinición, tal vez por pereza de mentalidad jurídica, para decir después de la reconstitución "ya tenemos la posibilidad de ponernos nuestros nombres y darnos nuestros apellidos". No juguemos al futuro: veamos el presente.

Gustavo Esteva: Es una existencia abstracta: si no aceptan ni siquiera el término *indígena.*

Alfredo López Austin: Pero no confundamos conceptos con términos. El concepto es algo que se tiene que construir a partir de una realidad.

Gustavo Esteva: La realidad es que son zapotecos, mixtecos, mixes; la realidad indígena es un invento, es una abstracción, una reducción.

Alfredo López Austin: Es una reducción como todas las abstracciones. También se puede decir que no es cierto que seamos mexicanos: somos estudiantes, obreros, campesinos. Pero necesitamos abstracciones partidas de la realidad; abstracción no significa falsedad.

Gustavo Esteva: Lo que se necesita es la transformación de la abstracción y es precisamente en lo que estamos. La abstracción original fue de rechazo y opresión; se consideró a los indígenas por exclusión, como todos ésos que no eran como debían de ser.

Alfredo López Austin: Es que no se puede definir una realidad indígena a partir sólo de la mentalidad occidental. ¡Cómo es posible decir que sea indio aquél que no pertenezca a la cultura occidental, por favor! Hay muchos elementos no occidentales, coherentes, sistemáticos, comunes, dentro de la gran diversidad del indígena.

Gustavo Esteva: Es una sospecha no comprobada hasta ahora y que quién sabe si se pueda comprobar...

Alfredo López Austin: Entonces no estamos luchando dentro de un movimiento indígena. Estamos luchando dentro de un movimiento occidental que reclama la participación de los diferentes, pero los diferentes tan impersonales que no tienen ni siquiera capacidad para definirse si no es por exclusión.

Gustavo Esteva: ¡Cómo no! Se afirman como mixtecos, como zapotecos, como mixes...

Alfredo López Austin: Yo me afirmaría también como habitante de la calle X o como la familia que lleva el ilustre apellido de López. Yo tengo muchas maneras de definirme, pero el hecho de que yo me defina como López no quiere decir de ninguna manera que no pueda definirme como suscriptor de *La Jornada.* Seamos claros: existe la realidad de una población indígena que no podemos dejar de definir porque ya está aceptada por la OIT con términos tan ambiguos y tan imprecisos que no permiten un posterior desarrollo, cuando esa definición nace de la propia realidad hoy existente, que ha sido suficientemente fuerte culturalmente para imponerse a una cultura que, aparte de llevar cinco siglos de dominarla, tiene todo el sartén por el mango.

Gustavo Esteva: Es una hipótesis. Cuando esta hipótesis tenga expresión concreta me encantaría analizarla y conocerla.

Alfredo López Austin: Vamos a pasar de la hipótesis a la realidad. ¿Cómo? Estudiando, no esperando a que primero nos den una aprobación constitucional y luego a ver si nos dejan tener una ley reglamentaria. Toda esa población indígena que sí existe y está padeciendo una situación injusta tendrá que esperarse con las manos cruzadas a que el Congreso autorice o lo defina como sujeto con los méritos suficientes para pasar de potencialidad a realidad.

Gustavo Esteva: Estamos hablando de un proceso político. Todas las hipótesis de definición de realidad indígena, cuando se cotejan con la realidad, han sido descartadas hasta ahora.

Alfredo López Austin: ¡Claro, cuando lo han hecho los antropólogos! Defendería en este caso a los antropólogos como aquellos individuos que por sus conocimientos científicos pueden *auxiliar* a una entidad real existente con voz, con fuerza política, a definirse, y servir de enlace entre esta realidad social y una parte de la sociedad que es una formalización jurídica. No podemos soñar por lo pronto que va a cambiar la Constitución....

Gustavo Esteva: Tienes razón fuera de lugar. Como decía el viejo constitucionalista Lasalle, las constituciones son problemas de poder y de política, no de derecho. Entonces a nivel de la Constitución estamos hablando de alusiones simbólicas que tienen un significado y un peso político, pero que desatan un proceso político activo en el que ya están los pueblos indios y en el que llegarán a darse políticamente una definición.

Alfredo López Austin: Se debe empezar, al margen de lo que se haga en la Constitución, a tratar de llegar a esos principios comunes.

Gustavo Esteva: Pero no hay que generalizar. En todo el continente americano llevan veinte años en eso y hasta ahora no se han podido tener. Hay que hacerlo políticamente.

Alfredo López Austin: Políticamente se está haciendo, pero al paso de lo político tenemos que salir también con una técnica jurídica que trate de llegar a esta dificilísima definición.

Tenemos un problema. Cuando definimos Mesoamérica, nos encontramos con una realidad muy clara: por un lado una comunidad cultural, basada en una comunidad histórica que –más allá de la tremenda diferenciación original, principalmente étnica y lingüística–, llegó a constituir una unidad cultural. Después de esto tendríamos que seguir definiendo Mesoamérica a partir de las enormes diferencias que dentro de lo mesoamericano existen en cada una de las regiones.

¿Cómo le hacemos los que nos dedicamos a estudiar Mesoamérica para comprender esto? Primero estudiando las similitudes. Si no se entienden las similitudes ¿por dónde se pueden aclarar las diferencias? No negamos las diferencias, pero primero vamos a ver cuál es el punto de partida que tenemos epistemológicamente como guía para poder seguir adelante. Entonces, si se quiere apoyar muy firmemente la pluralidad, es necesario primeramente ponerse de acuerdo sobre los puntos de unidad posible en la población mexicana para poder actuar. ¿Cuál será este punto de coincidencia?

El señalamiento abstracto de las bases y de las reglas del juego con las que vamos a partir. Lo primero que tenemos que hacer para una cuestión jurídica es definir los sujetos. Partamos de eso y luego ya entremos en particularidades, entremos a diferencias, en la especificación de las necesidades regionales y de cada uno de los pueblos. Todo mundo deja lo jurídico para después; atendámoslo ahora o estemos por lo menos preparados para el momento en que sea conveniente.

Francisco López Bárcenas: En derecho no son indispensables las definiciones y cuando se dan no necesariamente responden a una realidad. Por ejemplo: el Estado mexicano no está definido y sin embargo es un sujeto de derecho, no está definida entidad federativa, ni ejidatario. La ley dice que un trabajador es una persona que presta un trabajo personal subordinado. ¡Háganme favor! ¿Eso será un trabajador? Para efectos del derecho laboral, sí.

Alfredo López Austin: Una cosa es definir el sujeto y otra cosa es darle un mal término.

Francisco López Bárcenas: Yo creo que estamos partiendo mal, porque el derecho no se dedica a describir sino a prescribir; puede incluso estar opuesto a la realidad, pero si así está establecido por la norma, así es para efectos de derecho. En esta situación, caeríamos en un grave error si tratamos de definir pueblo indígena o sujeto indígena, porque corremos el riesgo de excluir a muchos, o en caso contrario, podemos incluir a muchos que no sean realmente.

Alfredo López Austin: ¿Dónde está el problema, en definir o en hacer una mala definición?

Francisco López Bárcenas: Mejor, ¿se necesita?

Alfredo López Austin: Sí se necesita. En el derecho penal es algo que funciona bien, porque no se puede constituir el cuerpo de un delito si no se parte de una definición precisa. Cuando se comete una acción negativa que no está prescrita en la ley como delito, no se puede perseguir como tal gracias a esa definición. ¿Qué es lo que necesitamos? Precisión en la ley y que quien tiene la sartén por el mango no pueda aplicar la ley a su arbitrio.

Francisco López Bárcenas: Sí, pero ahí hay un problema: ésta es una norma que prohíbe, por eso está tan especializada, porque prohíbe. En esto de los derechos indígenas se trata al revés: se trata de permitir.

Alfredo López Austin: Se trata de permitir y de prohibir, porque no nada más estamos defendiendo los derechos de los pueblos indígenas, sino que estamos impidiendo que sean anulados por derechos de los no indígenas.

Francisco López Bárcenas: ¿Pero para quién son las prohibiciones entonces?

Alfredo López Austin: Para los no indígenas. Y hay que definir lo que es ser indígena para saber a quién se le prohíbe.

Francisco López Bárcenas: Es mejor prescindir de la definición.

Alfredo López Austin: Es mejor prescindir y tener ambigüedad en la ley para quien tiene el poder no jurídico, porque entonces utiliza la ley como instrumento para apoyar sus propias acciones y determinaciones. La precisión de la ley es algo que protege a los que no tienen el poder de ejercerla.

"
  Estamos dispuestos a levantar y
construir cuantas veces quieran los
poderosos destruir, el local del
Consejo Municipal. En cada local
destruido quedará la huella del
poderoso; de 'destructor de
esperanzas'. Eso hacen, eso quieren,
pueden cuidarlo los soldados y
policías el tiempo que quieran pero
siempre tendrán grabado el
desprestigio del pueblo."

■ **Discurso de Claribel en Tierra y Libertad,**
  11 de mayo de 1998

Márgara Millán

En otras palabras, otros mundos: la modernidad occidental puesta en cuestión.
Reflexiones a partir de Los hombres verdaderos.
Voces y testimonios tojolabales, de Carlos Lenkersdorf*

La lengua como cosmovisión

La modernidad occidental se encuentra ante una encrucijada: las diferencias económicas y sociales entre la población son cada vez más grandes, los resultados depredadores y destructivos del desarrollo son cada vez más evidentes, las guerras y el hambre son constantemente exacerbadas en un fin de milenio donde las opciones intolerantes avanzan frente a posiciones que resisten desde la afirmación de la diversidad y el pluralismo. Es en este contexto en el que algunas reflexiones académicas y científicas se vuelcan sobre sus propios presupuestos, y afinan la mirada para relativizarla y ser capaces de distinguir, en el horizonte, otras racionalidades posibles en el mundo de hoy. Esto es lo que hace Carlos Lenkersdorf en sus estudios sobre la lengua tojolabal y su sentido extralingüístico.

Los tojolabales, uno de los varios grupos étnicos que son las culturas vivas de Chiapas, le ofrecen al investigador un contrapunto civilizatorio: una cultura fundada en la *intersubjetividad*, es decir, en una manera de considerar el mundo, los objetos y las personas, radicalmente distinta a la que domina en la racionalidad capitalista moderna. Bajo el presupuesto de que las lenguas son puertas de entrada a las cosmovisiones humanas, el mismo acercamiento de Lenkersdorf al estudio analítico de la lengua tojolabal pone en acción el presupuesto intersubjetivo. Más allá del estudio morfológico y formal de la lengua que la describe y clasifica, imponiéndole nuestro

* Siglo XXI-UNAM, México, 1996. Carlos Lenkersdorf es un estudioso de la cultura tojolabal. Su formación en filosofía, lingüística y otras disciplinas humanísticas le han servido para contribuir en la ambiciosa tarea de traducir un mundo a otro. Las notas que siguen son motivadas por la lectura de su trabajo, premiado en 1994 por la Fundación Lya y Luis Cardoza y Aragón, más una serie de ensayos publicados en diversas revistas especializadas.

213

modelo, el trabajo *Los hombres verdaderos*[1] indaga sobre los sentidos vivenciales de la expresión lingüística, para encontrarlos en los fundamentos cosmogónicos que nutren una forma singular de habitar el mundo. La idea de que al *nombrar* construimos un determinado tiempo y espacio va tomando cuerpo en la descripción de los principios del mundo tojolabal contemporáneo,[2] y esto a su vez se va develando como el sustrato ético y cultural del neozapatismo indígena.

Diversas corrientes de pensamiento y movimientos sociales confluyen hoy en la crítica a los "centrismos" que operan en la racionalidad dominante: el etno, el andro, el falo y el logocentrismo. Ciertas propuestas feministas, por ejemplo, desarrollan la idea de generar *conocimientos situados* que desarticulen los centralismos de un conocimiento abstracto y universal. Donna J. Haraway critica la ciencia moderna desde la comprensión de sus prácticas de visualización. ¿Cómo ver, desde dónde, quién o cómo se logra tener más de un punto de vista? Por supuesto, nos dice, se ve distinto desde el punto de vista del subyugado. Sin mitificarlo, habría que integrar su perspectiva en la generación del conocimiento.[3]

La contribución de Lenkersdorf tiene mucho que ver con el intento de

---

[1] Dice Lenkersdorf que, sobre el sentido y la temporalidad de "lo verdadero", *tojol* sería el momento en que se cumple con la vocación. Lo *tojol* de una tortilla sería cuando está en su punto. No todas lo están y ninguna lo está todo el tiempo. Lo verdadero es un reto y no una propiedad o atribución (de raza, sexo, etcétera). Los que perciban el reto y se comporten en consecuencia van por el camino de los *tojol*.

[2] El libro *Los hombres verdaderos* plantea cuatro hipótesis básicas y didácticas para introducirnos a la perspectiva arriba señalada: 1) a través de la lengua nombramos la realidad; 2) nombramos la realidad según la percibimos; 3) al pertenecer a diferentes culturas y naciones, nuestra percepción de la realidad difiere, y 4) nos relacionamos de diferente modo con la misma realidad.

En términos generales, las lenguas indoeuropeas han sido caracterizadas como lenguas acusativas (para las cuales Lenkersdorf propondrá más bien lenguas estructuradas como sujeto-objeto), y las que no corresponden exactamente a esta estructura han sido denominadas ergativas (Lenkersdorf propondrá intersubjetivas). Con ello, sostiene el autor, es posible ser más fieles al espíritu de las lenguas. Presente en esta intención está también el deseo de "traducir" de una manera diferente, entendiendo que en *el cómo se dice* hay gran parte del contenido de lo dicho. La propuesta es pues analizar a fondo las implicaciones presentes en la forma singular de construir el lenguaje.

[3] Para avanzar en una perspectiva situada, propone la heteroglosia frente al lenguaje común; la desconstrucción frente al nuevo sistema; el posicionamiento opositivo frente a la teoría unificada de campos; las relaciones interconectadas frente a la teoría del amo. Donna J. Haraway, "Conocimientos situados: la cuestión científica en el feminismo y el privilegio de la perspectiva parcial", *Ciencia, cyborgs y mujeres, la reinvención de la naturaleza*, Cátedra, 1995, pp. 313-45.

214

acceder a los puntos de vista de los subordinados desde la lingüística, conocer *la visión del otro*, como vía que posibilite la representación de "un mundo donde quepan muchos mundos". A través de múltiples ejemplos referidos a la construcción morfológica y sintáctica del tojolabal, Lenkersdorf despliega su teoría sobre la intersubjetividad, es decir, el hecho sorprendente de que en tojolabal nada ni nadie puede ocupar, lingüísticamente, el lugar de *objeto*. Paralelamente, nos va introduciendo en otra lógica de razonamiento y convivencialidad, el de la cultura indígena tojolabal, su comunitarismo, a partir del cual se define de manera distinta al individuo. Plantea con ello la necesidad de que la ciencia nos acerque a la comprensión de la diferencia, de *los diferentes*. Esta propuesta es en sí misma una actitud dialógica, es decir, un ponerse a conversar con esa otra manera de nombrar el mundo y de habitarlo.

Lenkersdorf descubre en el tojolabal que "las acciones no se conciben de manera piramidal entre sujetos actores y objetos receptores, sino que, en cuanto acontecimientos, eslabonan diferentes tipos de sujetos, no diferenciados jerárquicamente".[4]

Y también que:

> [...] Los hablantes del español y del tojolabal aluden al mismo hecho pero no pueden nombrarlo de la misma manera [...] más bien, no lo ven de la misma manera [...] no ven la misma cosa en el mismo hecho [...] Éste se refiere, sin duda alguna, a la relación entre varias personas. Esta relación se percibe en español como aquella de un sujeto-actor frente a objetos que reciben la acción del sujeto. En tojolabal [...] la relación es la de *varios sujetos actores* cuya participación se requiere para que el hecho ocurra.[5]

La unidireccionalidad de las lenguas indoeuropeas entre los sujetos y los no sujetos muestra una acción *no comunicativa*, contrapuesta a lo que en el contexto tojolabal ocurre como comunicación bidireccional. Los tojolabales no pueden percibir la comunicación ni hablar de ella a no ser que sea *dialógica*, donde participan *sujetos diferentes interrelacionados*, así como *complementariedades entre iguales*. Mientras que el español funciona con una estructura piramidal vertical y unidireccional, el tojolabal funciona con una estructura horizontal, participativa y bidireccional. La investigación de Len-

---

[4] Carlos Lenkersdorf, "Ergatividad o intersubjetividad en tojolabal", México, próximo a aparecer en *Estudios y Cultura Maya*, revista del Centro de Estudios Mayas, n. 21, Instituto de Investigaciones Filológicas, UNAM, 1995, p. 12.

[5] Carlos Lenkersdorf, *Los hombres verdaderos...*, cit., p. 31.

kersdorf es multidimensional[6] y no se detiene en la frontera de la lingüística como disciplina. Se pregunta sobre cómo lo que observa en la lengua conecta con las prácticas y vivencias de los hablantes.

***

> *Cada universo es un sistema de comunicaciones entre un centro y un calendario. ¿Qué si no son las intuiciones y las categorías kantianas? Por supuesto, hay una estrecha relación entre los gestos y los paisajes mentales. No se puede imaginar un mundo que no esté construido con las palabras y los procedimientos lógicos de la lengua conocida y cada idioma guarda un particular escenario de posibilidades. Allí queda también la originalidad del levantamiento indígena de 1994.*

Piero Gorza[7]

La segunda parte del libro explora la intersubjetividad en las relaciones que los tojolabales establecen entre sí y con el mundo; con los objetos y con la naturaleza. A partir de ejemplos paradigmáticos de los usos y concepciones tojolabales, el autor nos adentra en su condición vivencial comunitaria y sagrada, que difiere y en muchos puntos se contrapone a la occidental urbana.

El fundamento de la vivencia comunitaria y la base de la intersubjetividad tojolabal está en el hecho de que "todos tenemos corazón". Todos somos sujetos. *Lajan, lajan 'aytik*, que significa "estamos parejos". Lenkersdorf considera que esto es una forma expresiva de la intersubjetividad.

---

[6] Habría muchas otras dimensiones que explorar, por ejemplo, la de la inexistencia del verbo ser; la existencia de un "nosotros" inclusivo y otro exclusivo, forma que no tiene igual en los idiomas indoeuropeos, o los significados de la inexistencia del género como él o ella, que en tojolabal es indiferenciadamente *ye'n*, cuestión analizada por Lenkersdorf en el texto "Del género y la perspectiva tojolabal", abril de 1994, por aparecer en la revista *Estudios y Cultura Maya*, n. 20, CEM, UNAM. En este trabajo Lenkersdorf se refiere a las investigaciones feministas sobre el punto, apreciando que no sólo enfocan el tema del género sino que lo hacen de manera nueva, interrogando los significantes socioculturales de las formas de la expresión. Este trabajo de Lenkersdorf nos introduce a formas complejas de construcción y adscripción al género presentes en el tojolabal, y muestra la necesidad de investigar su "correspondencia" o significación en la vida práctica.

[7] "El mito, las palabras y la muerte", *Intersticios*, publicación semestral de la Escuela de Filosofía de la Universidad Intercontinental, México, año 3, n. 5, 1996, pp. 73-95.

Su contexto es que los unos la dicen a los otros. Con estas palabras confirman lo que todos saben y viven. Es decir, el contexto habla de la comunidad en cuanto lugar que exige y justifica la afirmación. Las palabras mismas, además, indican la *igualdad* (*lajan lajan*) y el *estamos nosotros* (*'aytik*). Formamos, pues, un conjunto, una comunidad de iguales. Éstos son los elementos de la afirmación. Dos son explícitos (*lajan* y *'aytik*) y el otro, señalado por el contexto: la comunidad [...] aquí no se trata de la estructura de una expresión sino *del significado de las palabras.*[8]

¿Cómo existe la intersubjetividad en la estructura social tojolabal? ¿Qué tiene que ver con las formas políticas y discursivas del neozapatismo chiapaneco? La idea de vivirse como seres que forman parte de algo más grande, un "nosotros", una comunidad, está encerrada en la respuesta. Ello implica que todos desempeñan un papel en lo que podríamos denominar "la familia cósmica". El *todos somos sujetos* implica una jerarquía de lugares y funciones dentro de un todo que nos define como sujetos. Ese todo es la comunidad. Esta comunidad vive (tiene corazón) gracias a la participación de todos y cada uno de los individuos que la componen. El "mandar obedeciendo" es la manera en que la comunidad se rige a sí misma. El anciano o presidente (*ja ma 'ay ya 'tel*, literalmente *el que tiene su trabajo*) lo es porque *ayxa sk 'ujol* (está ya su corazón), y se distingue del *mandaranum*, cacique o mandón, porque representa el "sentir" de todos. "Mandar obedeciendo" presupone la existencia de la comunidad de consenso. Se trata de un "nosotros" que se tiene que generar en cada decisión. Un "nosotros" a partir del cual se define la individualidad, la subjetividad y la libertad tojolabales.

Frente al concepto de individualismo y de libertad exacerbada que surge de la experiencia de las megalópolis y de la realidad tecnocientífica contemporánea, la experiencia tojolabal, encarnada en su singular contexto, centra su fuerza y vitalidad en la comunidad. La comunidad, el "nosotros", actúa como familia extensa integrando a todos sus miembros, pero también a los elementos extraños con que se relaciona, y que son incorporados al ordenamiento comunitario. Esta plasticidad se muestra, por ejemplo, en la incorporación del cristianismo a las *formas* tojolabales, haciendo que "el Hijo único de Dios" sea a la vez *jtatik jesus*, (nuestro padre Jesús), uno más entre otros *jnan* y *jtatik* (madres y padres nuestros). Santos, vírgenes y dios son integrados a una pluralidad de papás y mamás, relacionados tanto con la familia carnal como con los habitantes cósmicos: el sol y la tierra. Familia extensa que incorpora el universo y genera la vivencia (estructurada en el lenguaje) de una comunidad cósmica.

[8] Carlos Lenkersdorf, *Los hombres verdaderos...*, cit., p. 78.

Es central la relación intersubjetiva con la naturaleza. Ahí también hay una jerarquía. *Nuestra Madre Tierra,* la que nos carga y nos da sustento, ocupa el lugar principal en "la multitud de cosas que llenan la naturaleza y que están incluidas en el nosotros del cual se afirma *lajan lajan 'aytik"*.[9] Esta relación sagrada con la tierra amplía su circuito profano de significaciones al convertirse en una de las demandas centrales del neozapatismo insurgente. En palabras del Comandante David:

> Es necesaria la tierra. Es necesario que quienes la trabajan tengan suficiente. Desgraciadamente no es así. Hoy los que históricamente son productores y creadores de la alimentación del pueblo no tienen la posibilidad de tener en sus manos ese medio tan importante. Es esto uno de los problemas más graves y fundamentales en todos los pueblos indígenas. Porque los que se dicen caciques, finqueros, ganaderos, terratenientes han acaparado las tierras. Las tienen en sus manos para sus ganados. No para que el pueblo coma sino para otros intereses. Ellos entienden diferente que nosotros los pueblos indígenas. *La tierra para nosotros es la que nos da de comer, la que nos da todo. Nos da la vida, por eso la consideramos nuestra Madre. Pero el finquero, pero el ganadero, pero el terrateniente, entienden la tierra como objeto, como algo que le da riqueza nada más. Satisface su ambición de dinero, su ambición de poder.* El ganadero, el finquero, el terrateniente, junto con el gobierno, así lo entiende...[10]

Efectivamente, se trata de un problema de entendimiento, vinculado a los contenidos que le dan sentido al poder. En la cosmovisión occidental, no existe el centro (la comunidad). Se vive en el descentramiento comunitario que coloca al individuo como nuevo centro. Pero un individuo formado como *ambición de dinero.* Es en este punto donde una cultura por fuerza interpela a la otra en sus fundamentos básicos. Pero lo singular del moderno movimiento político indígena es que convierte la interpelación cultural en un *plus:* hace converger una visión atávica (continuamente historizada) sobre la naturaleza y el cosmos con la visión "pospolítica" (en el sentido de que no corresponde a las formas políticas tradicionales) de inviabilidad de un mundo atomizado, fragmentado y en proceso de autodestrucción, es decir, con la necesidad contemporánea de encontrar nuevo fundamento ético a la política, que tiene que ver con el problema del medio ambiente, del desarrollo y de un futuro posible para una "vida digna para todos". Es en este

[9] Ibid., p. 107.

[10] Fragmento del mensaje del CCRI-EZLN al Foro Nacional por la Soberanía Alimentaria, 23 de agosto de 1996, *Ojarasca,* en *La Jornada,* n. 4, México, agosto de 1997.

punto donde dos mundos se tocan y pueden reconocer el terreno de una racionalidad común a desarrollar: la que nos habla de conservar la vida de todos, de preservar la naturaleza, de construir la humanidad.

***

... En este siglo en que el hombre se encarniza en la destrucción de innumerables formas vivientes, después de tantas sociedades cuya riqueza y diversidad constituían desde tiempo inmemorial lo más claro de su patrimonio, jamás sin duda ha sido tan necesario decir, como lo hacen los mitos, que un humanismo bien ordenado no comienza por uno mismo sino que coloca el mundo antes que la vida, la vida antes que el hombre, el respeto de los demás antes que el amor propio; y que incluso una permanencia de uno o dos millones de años sobre esta tierra, en vista de que de todas maneras tendrá fin, no podría servir de excusa a ninguna especie, así fuese la nuestra, para apropiársela como una cosa y conducirse hacia ella sin pudor ni descripción.

Lévi-Strauss, *Mitológicas III. El origen de las maneras de mesa*, Siglo XXI

El trabajo de Lenkersdorf nos adentra en la dimensión cosmogónica que nutre al neozapatismo, uno de los movimientos sociales contemporáneos más potentes, entre otras cosas, por su novedad discursiva y su capacidad enunciativa. Alejándose de las imágenes que construyen lo indígena como permanencia fijada en el tiempo, el análisis de *Los hombres verdaderos* nos muestra a los tojolabales contemporáneos como agentes de su propia historia, reinterpretando su condición actual a través de su cosmovisión e interactuando con el mundo, historizando el "lugar antropológico" donde generalmente los ubicamos. Nos muestra también los puntos irreconciliables entre maneras diversas de entender el mundo.

El neozapatismo y su capacidad de enunciación trascienden los planteamientos evidentes sobre la explotación y la pobreza, entre otras cosas, porque han encontrado nuevos núcleos de sentido para los más y los menos marginados modernos: *una vida digna, ¡ya basta!, para todos todo, mandar obedeciendo* y la idea de *un mundo donde quepan muchos mundos* son enunciados polisémicos que nos incluyen a todos, conformando una plataforma de compleja interacción entre derechos ciudadanos modernos y antiguas concepciones del mundo, corazón que puede revitalizar a occidente guiándolo por una modernidad distinta, que ponga coto a la idea-fuerza de progreso a toda costa, de univocidad y homogeneidad del "desarrollo", imponiendo límites racionales (en términos humanos) a la razón instrumental: una plataforma no inocente en su oposición a la desacralización del mundo, a su destrucción por la explotación ilimitada de sus recursos, al desarrollo de la ciencia como tecnología de guerra, a la pervivencia de las diferencias –de raza, etnia, sexo– como discriminación.

Se trata de núcleos de sentido que agrupan movimientos articulados en torno a diferentes ejes: género, clase, raza, preferencia sexual, defensa ecológica, convicción científica, ideológica y religiosa, participación ciudadana y otros más, que resisten a través de acciones y teorías. En el centro de estas resistencias específicas se encuentra la certeza compartida de que la vida humana puede ser más humana para todos.

El corolario de *Los hombres verdaderos* sería la necesidad de occidente de aprender de otras maneras de ver el mundo y de habitarlo ahí donde la visión dominante (dominada por la lógica del valor que se valoriza) sólo ve *premodernidad*, territorio por explotar, atraso y mano de obra barata, descubrir las formas de relacionalidad social que conllevan otra lógica, la que privilegia el valor de uso frente al valor de cambio (la Madre Tierra frente al negocio de la tierra), lógica que nos vuelve a *todos* sujetos. Encontrar los referentes de otro metabolismo social, de otras definiciones de la individualidad humana, más responsables con un "todo" bio-cósmico-social. Reordenar el humanismo, en palabras de Lévi-Strauss.

Ampliar nuestro mundo defendiendo el derecho a la existencia de otros mundos implica modificar rasgos sustanciales de nuestra propia cultura. No sólo relativizarla, tomar distancia crítica ante ella, sino también, por ejemplo, preguntarse acerca de las formas del conocimiento humano. De alguna manera, se trata de construir un conjunto heurístico que nos permita conocer sin evadir la responsabilidad del conocimiento en el estado actual de las cosas del mundo, planteándose como problema el de generar nociones que desestructuren paradigmas cognitivos dominantes al abrir espacios para experiencias vivenciales diversas, la de los muchos mundos que habitan el mundo, y que hoy, queremos, resignifiquen la humanidad.

Ley para el Diálogo, la Conciliación y la Paz Digna en Chiapas*

Al margen un sello con el Escudo Nacional, que dice: Estados Unidos Mexicanos. Presidencia de la República.

Ernesto Zedillo Ponce de León, Presidente Constitucional de los Estados Unidos Mexicanos, a sus habitantes sabed:
Que el H. Congreso de la Unión, se ha servido dirigirme el siguiente

DECRETO

El Congreso de los Estados Unidos Mexicanos, decreta:
Ley para el Diálogo, la Conciliación y la Paz Digna en Chiapas

Artículo 1. Esta ley tiene por objeto establecer las bases jurídicas que propicien el diálogo y la conciliación para alcanzar, a través de un acuerdo de concordia y pacificación, la solución justa, digna y duradera al conflicto armado iniciado el 1° de enero de 1994 en el Estado de Chiapas.
Para los efectos de la presente ley, se entenderá como EZLN el grupo de personas que se identifica como una organización de ciudadanos mexicanos, mayoritariamente indígenas, que se inconformó por diversas causas y se involucró en el conflicto a que se refiere el párrafo anterior.
Artículo 2. Será objeto del acuerdo de concordia y pacificación a que se refiere el artículo anterior, entre otros, pactar las bases que permitan:
I. Asegurar la paz justa, digna y duradera en el Estado de Chiapas, dentro del pleno respeto al Estado de Derecho;
II. Atender las causas que originaron el conflicto y promover soluciones consensadas a diversas demandas de carácter político, social, cultural y eco-

---

* *Diario Oficial de la Federación*, México, 11 de marzo de 1995.

nómico, dentro del Estado de Derecho y a través de las vías institucionales;

III. Propiciar que los integrantes del EZLN participen en el ejercicio de la política dentro de los cauces pacíficos que ofrece el Estado de Derecho, con respeto absoluto a su dignidad y garantías de ciudadanos mexicanos;

IV. Conciliar las demandas e intereses legítimos de los diversos actores de la sociedad chiapaneca;

V. Promover el bienestar social y el desarrollo económico sustentable en Chiapas, y

VI. Proponer los lineamientos para la amnistía que, como consecuencia del proceso del diálogo y conciliación, concederá en su caso el Congreso de la Unión por los hechos relacionados con el conflicto en el Estado de Chiapas, iniciado a partir del 1° de enero de 1994.

Artículo 3. En el acuerdo de concordia y pacificación previsto en esta Ley, intervendrán los representantes del Gobierno Federal y del EZLN con la participación que corresponda a la Comisión de Concordia y Pacificación.

Del diálogo y la negociación

Artículo 4. Con objeto de propiciar condiciones para el diálogo y la conciliación, a partir de la fecha de publicación de la presente Ley en el *Diario Oficial de la Federación* y durante los treinta días naturales inmediatos siguientes, las autoridades judiciales competentes mantendrán suspendidos los procedimientos iniciados en contra de los integrantes del EZLN, que se encuentren sustraídos de la acción de la justicia, y ordenarán que se aplace por dicho término el cumplimiento de las órdenes de aprehensión dictadas dentro de dichos procedimientos. De igual manera, la Procuraduría General de la República suspenderá, por el mismo plazo, las investigaciones relativas a los hechos a que se refiere el artículo 1 de esta ley.

Si se ha iniciado el diálogo dentro de dicho plazo, se mantendrán las suspensiones mencionadas en el párrafo anterior, siempre que continúen las negociaciones para la suscripción del acuerdo de concordia y pacificación a que se refiere esta Ley.

Artículo 5. El Gobierno Federal pactará con el EZLN los calendarios, agenda y, en general, las bases para el diálogo y la negociación del acuerdo de concordia y pacificación previsto en este ordenamiento, con la participación que, en su caso, corresponderá a la Comisión de Concordia y Pacificación señalada en el artículo 8. Dicha Comisión propondrá, por consenso, los espacios específicos para la realización de las negociaciones que deberán ser convenidos por las partes.

Artículo 6. En tanto se desarrolla el diálogo y la negociación, el Gobierno Federal adoptará las medidas necesarias para garantizar el libre tránsito de los dirigentes y negociadores del EZLN y asegurar que no serán molestados, en sus personas o posesiones, por autoridad federal alguna.

Las autoridades competentes del Gobierno Federal, se coordinarán con las del Estado de Chiapas y de los municipios respectivos, para que el libre tránsito y la integridad de los dirigentes y negociadores del EZLN, en sus personas y posesiones, quede garantizada, en términos del párrafo anterior, con la intervención que, en su caso, corresponda a la Comisión de Concordia y Pacificación.

En los espacios de negociación, determinados de común acuerdo, no se permitirá la portación de ningún tipo de arma. El Gobierno Federal en coordinación con el del Estado de Chiapas, con la intervención que corresponda a la Comisión de Concordia y Pacificación, generará medidas de distensión y demás condiciones físicas y políticas para el diálogo.

Artículo 7. El Gobierno Federal en coordinación con el Gobierno del Estado de Chiapas y los ayuntamientos respectivos, otorgará garantías y facilidades a los indígenas y campesinos de la zona del conflicto para su reintegración y asentamiento en sus comunidades de origen. Esta disposición es válida para todos los indígenas y campesinos, independientemente de su participación en el grupo involucrado en el conflicto del Estado de Chiapas.

De la Comisión de Concordia y Pacificación

Artículo 8. Se crea la Comisión de Concordia y Pacificación, integrada por los miembros de la Comisión Legislativa del Congreso de la Unión para el diálogo y la conciliación para el Estado de Chiapas, así como por un representante del Poder Ejecutivo y otro del Poder Legislativo del Estado de Chiapas, que serán invitados con tal objeto.

Esta Comisión coordinará sus acciones con la instancia de mediación reconocida por los negociadores.

La presidencia de la Comisión de Concordia y Pacificación estará a cargo, de manera rotativa y periódica, de los representantes del Poder Legislativo Federal. El secretariado técnico estará a cargo de integrantes de la propia Comisión designados de manera conjunta por los miembros de la misma.

La Comisión podrá designar delegados que se acreditarán ante el Gobierno Federal y el EZLN.

Artículo 9. La Comisión para la Concordia y la Pacificación se encargará de:

I. Coadyuvar a fijar las bases para el diálogo y la negociación del acuerdo y pacificación a que se refiere esta Ley, las que contendrán, entre otros aspectos, los lugares y condiciones específicos de las negociaciones y la agenda de las mismas;

II. Facilitar el diálogo y la negociación y apoyar la suscripción del acuerdo de concordia y pacificación a que se refiere esta Ley;

III. Promover ante las autoridades competentes condiciones para realizar el diálogo en los lugares específicos que hayan sido pactados para las negociaciones, y

IV. Gestionar ante la Secretaría de Gobernación la adopción de las medidas necesarias para la adecuada difusión de esta Ley.

De la Comisión de Seguimiento y Verificación

Artículo 10. Una vez que se suscriba el acuerdo de concordia y pacificación a que se refiere esta Ley, o cuando los negociadores lo consideren procedente, se creará una Comisión de Seguimiento y Verificación, integrada de manera paritaria, en los términos que lo acuerden los propios negociadores y a la que se invitará a sendos representantes de los Poderes Ejecutivo y Legislativo del Estado de Chiapas.

Igualmente, la Comisión podrá invitar a personas o instituciones que considere conveniente para el mejor cumplimiento de su cometido.

Artículo 11. La Comisión de Seguimiento y Verificación se encargará de:

I. Dar seguimiento a los compromisos pactados dentro del proceso de concordia y pacificación, con el propósito de promover el cabal cumplimiento de los mismos;

II. Proponer reformas jurídicas que se deriven del acuerdo de concordia y pacificación previsto en esta Ley, y

III. Publicar de manera periódica las acciones emprendidas y los resultados alcanzados, derivados del acuerdo para la concordia y pacificación, tendientes a resolver los problemas que dieron lugar al conflicto a que se refiere la presente Ley.

Disposiciones finales

Artículo 12. El Gobierno Federal promoverá la coordinación de acciones con el Gobierno del Estado de Chiapas y de sus ayuntamientos, a fin de que las acciones e inversiones federales, estatales y municipales, previstas en el Plan Nacional de Desarrollo y en los programas estatal y municipales, apoyen prioritariamente el desarrollo social y económico de las comunidades indígenas y de los campesinos en esa entidad federativa.

En igual forma se promoverá la concertación de acciones con los sectores social y privado, a fin de que contribuyan a establecer y fortalecer el diálogo y cooperación permanentes entre los diversos grupos de la sociedad chiapaneca. Asimismo, se fomentará la creación de fondos mixtos con recursos federales, estatales, municipales y privados para financiar programas específicos destinados a rescatar de la marginación a las citadas comunidades indígenas y de campesinos en el Estado de Chiapas.

Artículo 13. Las autoridades federales, en el ámbito de sus respectivas competencias, mantendrán la soberanía, seguridad y orden público internos, guardando la debida coordinación con las autoridades estatales para tales efectos. Las disposiciones de esta Ley no impiden el ejercicio de las facultades otorgadas a las autoridades competentes y fuerzas de seguridad para que cumplan su responsabilidad de garantizar la seguridad interior y la procuración de justicia.

Transitorios

Primero. Esta Ley entrará en vigor el día de su publicación en el *Diario Oficial de la Federación*.

Segundo. Esta Ley será difundida en los medios de comunicación en el Estado de Chiapas y deberá fijarse en bandos en las diversas poblaciones que se encuentran en la zona de conflicto, en las lenguas que se hablen en dichas localidades.

Tercero. La Comisión de Concordia y Pacificación a que se refiere esta Ley, se instalará a los tres días hábiles de la entrada en vigor de este ordenamiento.

México, D. F., a 9 de marzo de 1995. Senador Sami David David, presidente. Diputado Gerardo de Jesús Arellano Aguilar, presidente. Senador Jorge Rodríguez León, secretario. Diputado Marcelino Miranda Añorve, secretario. [Rúbricas.]

En cumplimiento de lo dispuesto por la fracción I del artículo 89 de la Constitución Política de los Estados Unidos Mexicanos, y para su debida publicación y observancia, expido el presente Decreto en la residencia del Poder Ejecutivo Federal en la Ciudad de México, Distrito Federal, a los diez días del mes de marzo de mil novecientos noventa y cinco. Ernesto Zedillo Ponce de León. [Rúbrica.] El secretario de Gobernación, Esteban Moctezuma Barragán. [Rúbrica.]

"
Aquí es una tribu chichimeca desde la edad de mis abuelos. Nuestros antiguos vivían en San Luis de la Paz y hace cosa de un siglo nosotros mismos nos fuimos orillando porque no queríamos vivir con ellos porque nos humillaban porque hablábamos la lengua y seguíamos nuestras costumbres. No nos resignamos, no es cierto que no somos civilizados; en un principio, antes, se dice que todo lo que se alcanza a ver era territorio chichimeca, ahí nos sosteníamos de carne, de plantas, de cualquier animal que se encontraba. Éramos poquitos, siempre; nos desvanecimos luego. Algunos estamos conscientes del pasado, otros lo ignoran, pero fue un gran pasado [...] Hasta ahorita nunca se me ha olvidado la lengua. Así no se olvida. Aunque ya hay cruzados en la Misión, mi familia mantiene la lengua y la historia de que nuestros antiguos pelearon contra los españoles hasta que nos convirtió San Luis Rey y la Virgen de Guadalupe. Para vida de saber necesitamos juntarnos. Los maestros sí saben, pero no como todos juntos."

■ **Presciliano Pérez Ramírez, E'znar (Jonaz Chichimeca) de Misión Chichimeca, San Luis de la Paz, Guanajuato**
La decisión del capitán de Francesca Gargallo

Colaboradores

Alejandro Toledo Ocampo, profesor-investigador del Área de Economía Política del Departamento de Economía de la Universidad Autónoma Metropolitana-Unidad Iztapalapa. Especialista en economía política de la biodiversidad. Autor de múltiples libros y artículos sobre la temática entre los que destaca *Geopolítica y desarrollo en el Istmo de Tehuantepec*, del Centro de Ecología y Desarrollo del que formó parte hasta su cierre. Miembro del Sistema Nacional de Investigadores.

Ana Esther Ceceña, investigadora del Instituto de Investigaciones Económicas de la Universidad Nacional Autónoma de México. Especialista en competencia internacional, tecnología, recursos estratégicos y regionalización. Autora de diversos libros y artículos entre los que destacan *Producción estratégica y hegemonía mundial*, en Siglo XXI Editores, y algunas publicaciones en el extranjero. Es miembro del Sistema Nacional de Investigadores y directora de *Chiapas*.

Edur Velasco Arregui, profesor del Departamento de Economía de la Universidad Autónoma Metropolitana de Azcapotzalco. Doctor en Economía por la Universidad Nacional Autónoma de México. Especialista en economía del trabajo y movimiento obrero. Fundador de la Intersindical 1° de Mayo. Ha sido profesor invitado en las universidades de Nueva York, Los Ángeles, Atenas y Malasia.

Francisco Pineda, profesor de la Escuela Nacional de Antropología e Historia. Autor de *La irrupción zapatista. 1911*, de Ediciones Era. Especialista en movimientos revolucionarios en América Latina y autor de diversos ensayos sobre el tema. Sus trabajos obtuvieron mención honorífica en el Premio Salvador Azuela 1995.

Márgara Millán, coordinadora del Centro de Estudios Latinoamericanos de la Facultad de Ciencias Políticas y Sociales de la Universidad Nacional

Autónoma de México. Especialista en estudios de género y cultura. Tiene diversos trabajos y un libro en prensa sobre mujeres en el cine, y es coordinadora de la serie *Teoría Social Latinoamericana* (cuatro volúmenes) en la editorial El Caballito.

Ramón Vera Herrera, fundador y coordinador editorial de la revista *Ojarasca*, actual suplemento de *La Jornada.* Especialista en la problemática indígena y comunitaria. Gran conocedor del pueblo wixárika. Autor de un gran número de artículos y ensayos en la temática indígena. Fue oficial de Protección y Programa de ACNUR en Honduras. Participa en el proyecto Red India y fue coordinador editorial de *México indígena.*

Richard Roman, profesor del Departamento de Sociología de la Universidad de Toronto, Canadá. Especialista en estudios latinoamericanos. Doctor por la Universidad de Berkeley. Entre sus trabajos destaca un estudio sobre el movimiento obrero mexicano en la década de los años treinta.

Rodolfo Uribe Iniesta, investigador del Centro Regional de Investigaciones Multidisciplinarias de la Universidad Nacional Autónoma de México. Candidato a Investigador Nacional. Especialista en comunidades indígenas de Tabasco. Es compilador del libro *Medio ambiente y comunidades indígenas del Sureste: prácticas tradicionales de producción, rituales y manejo de recursos,* de CONALMEX-UNESCO.

Fotocomposición: Alfavit, S. A. de C. V.
Impresión: Fuentes Impresores, S. A.
Centeno 109, 09810 México, D. F.
15-VI-1998
Edición de 3 000 ejemplares

Chiapas en Ediciones Era

EZLN: Documentos y comunicados

Tomo 1: 1o. de enero / 8 de enero de 1994
Prólogo de Antonio García de León; crónicas de Elena Poniatowska y
Carlos Monsiváis
Tomo 2: 15 de agosto de 1994 / 29 de septiembre de 1994
Prólogo de Antonio García de León; crónica de Carlos Monsiváis
Tomo 3: 2 de octubre de 1995 / 24 de enero de 1997
Prólogo de Antonio García de León; crónica de Carlos Monsiváis

Antonio García de León, *Resistencia y utopía*
Memorial de agravios y crónica de revueltas y profecías
acaecidas en la provincia de Chiapas durante los últimos quinientos
años de su historia
Adolfo Gilly, *Chiapas, la razón ardiente*
Ensayo sobre la rebelión del mundo encantado
Guiomar Rovira, *Mujeres de maíz*

Revista *Chiapas*

NÚMERO 1
Recursos estratégicos ● Historia económica ● Problemas agrarios ● Convención
de Aguascalientes ● Congreso Indígena ● Movimiento campesino ● Cronología
● Documentos

NÚMERO 2
Autonomía ● Mesa de Derechos y Cultura Indígena ● Simbolismo y nuevo
lenguaje político en la lucha zapatista ● Problemas de salud y conflictos agrarios

NÚMERO 3
Razones y resonancia del zapatismo ● Mujeres zapatistas ● Política y cultura ●
Otros Chiapas ● Foro para la Reforma del Estado ● Encuentro Intercontinental
● Entrevista ● Libros

NÚMERO 4

Guerrillas, movimiento indígena y reformas legales ● Neoliberalismo e insubordinación ● Europa y el EZLN ● Valores políticos ● Guatemala: acuerdos de paz ● Brasil: los Sin Tierra ● Francia: los Sin Papeles

NÚMERO 5

Revuelta y dignidad ● Saberes multiculturales ● Neoliberalismo y nación ● Che Guevara ● Indígenas en Cerro Hueco ● Nuevo libro sobre autonomía indígena

Chiapas ⑥

TARIFA POR 1 AÑO ■ 3 NÚMEROS

México $ 129.00

*Resto del mundo   U$ 19.00

*Por concepto de correo agregar:

Norte y Centroamérica   U$ 9.00
Europa y América del Sur   U$ 9.00
Asia y Oceanía   U$ 21.00

Ediciones Era, S. A. de C. V.
Calle del Trabajo 31
Col. La Fama, Tlalpan
14269 México, D. F.
☎ (525) 528 12 21 Fax (525) 606 29 04